二十五史藝文經籍志考補萃編續刊 第十六卷

王承略 劉心明 主編

明史經籍志
　[清]金門詔 撰
　解樹明 整理

明史藝文志史部補
　蔣孝瑀 編
　李兵 整理

大清國史藝文志
　清國史館 編
　邱琬淳 李兵 整理
　顧力仁 張高評 審訂

大清國史藝文志
　清國史館 編
　邱琬淳 李兵 整理
　顧力仁 張高評 審訂

清代藝文略
　朱師轍 述
　李兵 整理

清華大學出版社 北京

版權所有，侵權必究。舉報：010-62782989，beiqinquan@tup.tsinghua.edu.cn。

圖書在版編目(CIP)數據

二十五史藝文經籍志考補萃編續刊. 第十六卷/王承略，劉心明主編. —北京：清華大學出版社，2023.1
ISBN 978-7-302-62132-4

Ⅰ. ①二… Ⅱ. ①王… ②劉… Ⅲ. ①二十五史－藝文志 Ⅳ. ①Z838

中國版本圖書館 CIP 數據核字(2022)第 204643 號

責任編輯：馬慶洲
封面設計：曲曉華
責任校對：王淑雲
責任印製：叢懷宇

出版發行：清華大學出版社
網　　址：http://www.tup.com.cn，http://www.wqbook.com
地　　址：北京清華大學學研大廈 A 座　　郵　　編：100084
社 總 機：010-83470000　　郵　　購：010-62786544
投稿與讀者服務：010-62776969，c-service@tup.tsinghua.edu.cn
質量反饋：010-62772015，zhiliang@tup.tsinghua.edu.cn

印 裝 者：三河市東方印刷有限公司
經　　銷：全國新華書店
開　　本：148mm×210mm　　印　張：12.5　　字　數：280 千字
版　　次：2023 年 1 月第 1 版　　印　次：2023 年 1 月第 1 次印刷
定　　價：78.00 元

產品編號：098882-01

《二十五史藝文經籍志考補萃編續刊》編纂委員會

學術顧問：張高評
主　　編：王承略　劉心明
副　主　編：馬慶洲　李　兵
特約作者：劉兆祐　顧力仁　劉　琳　聶鴻音　張固也
點校整理：辛智慧　李學玲　張　雲　李玲玲　于少飛
　　　　　　　楊勝男　由墨林　張　偉　陳福盛　解樹明
　　　　　　　邱琬淳
校　　對：王成厚　李　博　王　瑞　王志遠　肖鴻哉
　　　　　　　楊潤東　靳亞萍　馬慶輝　李古月　王銀萍
　　　　　　　張孜烜　盧姝宇　林　相　朱世堯　侯穎格

目　　録

明史經籍志 ……………………………………………… 1
　明史經籍志小序 ……………………………………… 6
　經籍志總序 …………………………………………… 7
明史藝文志史部補 ……………………………………… 32
　序 ……………………………………………………… 34
　凡例 …………………………………………………… 36
　　正史類 ……………………………………………… 38
　　雜史類 ……………………………………………… 41
　　史鈔類 ……………………………………………… 62
　　故事類 ……………………………………………… 70
　　職官類 ……………………………………………… 82
　　儀注類 ……………………………………………… 85
　　刑法類 ……………………………………………… 87
　　傳紀類 ……………………………………………… 90
　　地理類 ……………………………………………… 118
　　譜牒類 ……………………………………………… 193
　　目錄類 ……………………………………………… 201
　後記 …………………………………………………… 207

大清國史藝文志 213

藝文志 215
大清國史藝文志卷一 216
　聖製 216
大清國史藝文志卷二 221
　經類 221
大清國史藝文志卷三 228
　史類 228
大清國史藝文志卷四 236
　子類 236
大清國史藝文志卷五 242
　集類 242

大清國史藝文志 255

修輯凡例 257
藝文志序 259
大清國史藝文志卷一 261
　聖製 261
大清國史藝文志卷二 266
　聖製 266
大清國史藝文志卷三 271
　經部 271
　　易類 271
大清國史藝文志卷四 280
　經部 280
　　書類 280

詩　類 …………………………………… 282
　　　春秋類 …………………………………… 284
大清國史藝文志卷五 ………………………… 288
　經部 ………………………………………… 288
　　　禮　類 …………………………………… 288
　　　孝經類 …………………………………… 292
　　　諸經總義類 ……………………………… 292
大清國史藝文志卷六 ………………………… 295
　經部 ………………………………………… 295
　　　四書類 …………………………………… 295
　　　樂　類 …………………………………… 298
　　　小學類 …………………………………… 299
大清國史藝文志卷七 ………………………… 302
　史部 ………………………………………… 302
　　　正史類 …………………………………… 302
　　　編年類 …………………………………… 302
　　　紀事本末類 ……………………………… 303
　　　別史類 …………………………………… 303
　　　雜史類 …………………………………… 304
　　　奏議類 …………………………………… 304
　　　政書類 …………………………………… 305
大清國史藝文志卷八 ………………………… 309
　史部 ………………………………………… 309
　　　傳記類 …………………………………… 309
　　　史鈔類 …………………………………… 313
　　　載記類 …………………………………… 313
　　　時令類 …………………………………… 314

大清國史藝文志卷九 ························· 315
　　史部 ····························· 315
　　　地理類 ························· 315
大清國史藝文志卷十 ························· 321
　　史部 ····························· 321
　　　地理類 ························· 321
　　　職官類 ························· 324
　　　目錄類 ························· 324
　　　史評類 ························· 326

清代藝文略 ····························· 328

總叙 ································ 330
藝文略一 ··························· 334
　　易類 ····························· 334
　　書類 ····························· 338
　　詩類 ····························· 345
　　禮類 ····························· 349
　　樂類 ····························· 357
　　春秋類 ························· 359
　　孝經類 ························· 366
　　四書類 ························· 368
　　經總義類 ····················· 375
　　小學類 ························· 380

明史經籍志

[清]金門詔 撰
解樹明 整理

底本：復旦大學圖書館藏清乾隆間刊《金東山文集》本

經籍志目錄

經部

易　　伏羲《易》、神農《易》、黃帝《易》、夏《連山易》、商《歸藏易》、《周易》、《易緯》，凡擬《易》如《太玄》，關朗、焦贛及一切《易林》《易占》諸書附見於後。

書　　《古文尚書》《今文尚書》，其《汲冢周書》及《漢尚書》《後漢尚書》《魏尚書》之類，皆歸史部。

詩　　《魯詩》《齊詩》《韓詩》《毛詩》。

春秋　《左傳》《公羊》《穀梁》《國語》，其擬《春秋》如《吳越春秋》《十六國春秋》之類，皆歸史部。

禮　　《儀禮》《周禮》《禮記》《三禮》《大戴》。

論語　《魯論》《齊論》，凡《孔子家語》《孔子集語》《孔子世家》《孔子全書》，一切孔子之書，皆附見於後。

大學　《大學古本》《大學今本》。

中庸

孟子　凡《續孟子》《刪孟子》《疑孟子》及翼孟與尊孟之類，皆附見於後。

四書　自朱子刊於臨漳，始有四書之名。

孝經　《古文孝經》《今文孝經》，其《女孝經》《武孝經》《臨戎孝經》《農孝經》之類，皆附見於後。

爾雅　《爾雅》《小爾雅》《廣雅》《大爾雅》《埤雅》凡十雅，其《方言》《釋名》《草木蟲魚疏》之類，皆附見於後。

經解　五經、六經、七經、九經、十一經、十三經、經總。

小學　凡周秦以來，字學蒙訓等書，皆稱小學，不獨朱子小學也。自劉向《七錄》，班固《漢書》，皆附經解後。

史部　十六種。

正史　司馬遷外有各家《史記》，班、范外有各家《漢書》，歷代皆然，不獨廿一史各家解釋也。

編年　太古以來紀年，共和以來紀年，統紀、分紀及竊取春秋之名者，歷代皆有，不獨《通鑑》《綱鑑》也。

雜史　凡一切史論、史要、史通，分門別類并竊取尚書之名者，皆附見于後。

霸史　凡周秦以來之霸國俱載。

起居注

故事

職官

儀注

法令

天文

地理

食貨

傳紀

譜系

簿錄

史總

子部　十四種。

儒家

法家

名家

縱橫家

農家

兵家

雜家

類書家

小說家

醫家

藝術家

墨家
道家
釋家

集部 十八種。

詔誥
表奏
策論
頌贊
箴銘
書牘
駢體
七
連珠
碑志
羽書　露布附。
騷賦
詞曲
詩章
文史
制義
別集
總集

明史經籍志小序

　　此門詔備員明史館所作也。方少時遍觀廿一史,其于紀傳而外,如天官、地志諸書,未暇究心,獨愛經籍一志,爲古今藏書者一大簿錄也。遂取《漢藝文志》《隋經籍志》、唐宋兩《藝文志》凡四書,又以遼金元三《史》無藝文志,乃博採三朝所著述,增爲《三史藝文志》,而以焦竑《明史經籍志》附之。自漢迄明,凡六志合爲一編,仿鄭樵《通志》,分部就班,各系以小序,名曰《古今經籍志》。

　　聖祖朝,集天下儒生修《古今圖書集成》一萬卷,令各分任一二百卷。門詔以經籍素所熟諳,遂獨任《經籍典》五百卷,而以所增《遼金元三史藝文志》附入其中,則此編已藏秘書,可與漢、隋、唐、宋四志並垂不朽矣。及奉世宗命修《明史》,因就焦竑舊《志》,增其未備,加以參考,更訂叙錄,秩然可觀。時議者,以簡爲貴,止存明朝一代著作,其內府所藏前代之書,概從芟除,故未載入《明史》。今不忍其書之湮沒,使後世無所考據,因取其叙錄載於集中,而全書則俟另刊,以貽來世云。門詔謹識。

經籍志總序

粵自班固因劉氏《七略》撰《藝文志》,至唐太宗御定《隋書》,更曰經籍志,時魏徵總其事,顏師古、孔穎達之徒爲之參考,變《七略》而取荀勗四部之例,區爲經史子集,約文緒義,凡五十五篇,辭正義精,無復可易。後世撰唐宋二代之《志》,亦分爲四部,仍名藝文,罕所發明,不逮《隋志》遠甚。遼金元三《史》於經籍闕而不載,識者少之。明太祖既克元都,大將軍徐達盡收奎章、崇文秘書圖籍,羅致金陵,詔購求遺書,設秘書丞,尋改翰林典籍掌之,以海寓初平,經籍殘缺,復命頒四書五經於各學,既又命頒國子監子史等書於北方學校。而帝於《洪範》有注,書傳有選,其他編類諸書尤多。初奮起隴畝,未嘗學問,龍飛而後,揮毫染翰,睿藻葩流,雖曰天縱,要其垂情經籍者,亦良深矣。成祖即位,御便殿閱書史,問文淵閣經史子集皆備否。解縉對曰:"尚多闕略。"帝曰:"人家稍有餘貲,尚欲積書,况朝廷乎?"遂召禮部尚書鄭賜,遣使訪購,不可較值,惟其所欲與之。迨定鼎燕京,詔修撰陳循取文淵閣書,一部以至百部,各擇其一,得百匱,連艫運京。命儒臣集五經四子、《性理大全》頒之學宫。復選耆儒宿士,輯《永樂大典》二萬餘卷。宣宗臨視文淵閣,少傅楊士奇等侍取經史,躬自批閱,面與討論,約貯書二萬餘部,近百萬卷,刻本十三、抄本十七,其時通集庫、皇史宬悉充牣。復命士奇、楊榮於館閣中擇能書數十人,取經史子集之精,各錄數本,分貯廣寒、清暑二殿及東西瓊花島,游觀所至,悉置墳典。正統間,士奇等上言:"文淵閣現貯書籍,有祖宗御製文籍及古今經史子集之書,自南京取來,向貯左順門北廊,今移於文淵閣、東閣,臣等逐一點勘,編成書目,請用寶鈐識,永永藏弆。"制曰"可"。正德十年,大學士梁儲等上言:"內閣并東閣藏書年久殘缺,宜命原管主事李繼先等,次第修補,其書又爲繼先等所盜。先是秘閣藏書皆宋、元所遺,無不精美,書皆倒摺,四周外向,雖遭蟲鼠蝕齧而中未損。惜文淵閣制既庳狹,庸復黑暗,抽閱者必秉炬以登閣,臣無暇檢省,付籖鑰於中翰涓人之手,漸以汩没,然精本雖差,而規模尚具。"萬曆間,大學士陳于陛議修國史,以修撰焦竑專領其事,竑遜謝,乃先撰《經籍志》,仿鄭樵《通志》之法,群分類別,秩然有條,且其言曰:"今之所錄,亦準勵例,以當代見存之書,統於四部。"則知竑所載皆明代之所見存,信而可徵已。後儒乃謂明季秘書已亡,前代陳編無憑記載,僅欲就二百七十年著述,以成一《志》,是因末季之殘缺,竟删一代之藏書,使後世徵文考獻者,欲辨其典籍之存亡,卷帙之多寡,與夫著作之真贗,皆考據無從也。不亦惜哉。竊觀前代史志,皆兼錄古今載籍,非獨紀一時,柱下搜藏之富,凡以見古昔聖賢之篇簡流布人間者,世世相沿,不致湮滅,其用意至深遠而所關固甚鉅也。兹準竑《志》詳加參考,並取竑以後所出之書,悉增之。是猶班氏之準劉歆,魏徵之準荀勖,其或不失前賢之遺意也夫。

易 以下經部。

考之《周官》，太卜掌三易之法，一曰《連山》，二曰《歸藏》，三曰《周易》，又筮人掌三易，以辨九筮之名。《連山》《歸藏》亦與《周易》並列，則夏商二《易》，固未始無書也。乃焦竑據蜀生之説，謂有法數而未有書，似或未允，然其書出于後世，真贋未辨，先儒論之已詳。今準竑例，冠于其首，備三易之缺，以存《周官》之舊，而焦氏復以《三皇太古書》與《連山》《歸藏》並稱《古易》，此本于鄭樵之説，尤爲非經。竊按其文辭，于《易》義毫不相蒙，未敢輒溷。兹各以類相從，分載于左，以古易、擬易、讖緯三種附見于後。古易者，出于王洙家，未經諸儒更定之《易》也。擬易者，楊雄《太玄》，關朗《易傳》之屬，皆擬易象而别爲之，非孔子之正傳也。此二者《易》之所獨，而讖緯者則諸經之所同云爾。

書

焦竑之論《尚書》者，曰古者言爲《尚書》，事爲《春秋》，蓋左右二史分職之。秦置尚書禁中，通章奏，漢詔命在尚書，主王言，故秦漢因以名官。《七略》曰："尚書，直言也。"而以爲上古之書者，失之矣。始伏生授晁錯《書》二十八篇，漢魏數百年間，諸儒所治僅此耳。至東晉梅賾增多二十五篇，即所稱壁藏書也。考《漢志》有《古經》十六卷，以其後出，别于經，其慎如此。唐人不能深考，猥以晚晉雜亂之書定爲義疏，而漢魏專門之學遂廢。近吳幼清《叙録》，悉還伏生之舊，而趙子昂、歸熙甫之流各著爲書，糜不懸合。朱元晦嘗深疑之，而未及是正。今學官既有著令，學士大夫循習不辨，遂使唐虞三代之遺掇拾於故老者，盡亂于後人之手而不覺，可勝惜哉。故於臚列諸家，而特著其事，俟廣石渠、白虎之義者，有所考鏡焉。竑之説如此。竊以壁經出於孔氏，得之河間獻王，上之内府，時武帝以巫蠱事，未及列于學官，至晉梅賾始奏上之，故頒行至今，載諸前史，歷有可據。而古文、今文之別，原不妨兩存，後儒各有好尚，互相是非，亦不獨竑也。唯《三墳書》，識者皆知其贗，固無煩再辨，竑載諸易首，據左氏之説，列諸《尚書》前者，誠不忍没其名，猶夫褚少孫之補《史記》，金履祥之《通鑑前編》，原不能並于兩司馬之書，特以姑存其意耳。

詩

《詩》有齊、魯、韓、毛四家。而今頒于學官者，唯毛公單行，於是習《詩》者，皆稱《毛詩》，故《毛詩》傳注，諸家獨盛。然儒者果好學深思，亦必兼取四家，互相參考，則齊、魯、韓三家，亦不可偏廢，雖秘府亦並藏之。焦竑以詩之道與樂通，故曰今錄其見存諸編，令學者與樂部類而觀焉。而樂則仍自爲一類，以附于《禮經》之後云。

春秋

昔孔子觀周室，使門人子夏之徒十四人求周史記，得百國寶書，而作《春秋》。漢初，諸傳並興，鄒氏無師，夾氏未有書，博士惟公羊一家，宣帝益以穀梁，至平帝時左氏始立。左氏傳事不傳義，故其失也誣；公穀傳義不傳事，故其失也短。追後世黨同伐異，各守一家，往往主傳而賓經，其失滋甚。善乎！趙鵬飛之言，"學者當以無傳求《春秋》，不可以有傳求《春秋》"，得之矣。焦氏故有取焉。自荆公有斷爛朝報之説，信孔氏之罪人也。至胡安定申明大義，專以崇王絀霸、敬天法祖爲主，而王迹以明。逮後世賓興，以合傳命題。又不免牽合傅會，過於穿鑿。今以《石經》冠於首，而以《左氏》《公》《穀》分列于中，以諸家之説統載於後，而附以《國語》終之。學者由博返約，以溯尼山之心源，自知所折衷已。

禮

經之有《三禮》，皆非其舊矣。先儒《儀禮》爲經，《禮記》爲義疏，而《周禮》者，周官制、官政之法，故謂之《周官禮》。秦火以後，盡皆散佚，《儀禮》十七篇，傳之高堂生，《禮記》一百十四篇，傳之后蒼，蒼爲《曲臺記》，以授梁人戴德，及德兄從子戴聖。德删爲八十五篇，①是爲《大戴》，聖删爲四十六篇，是爲《小戴》。後漢馬融又以《月令》《明堂位》《樂記》三篇足成之，共四十九篇，以授鄭玄，玄爲作注，於是言禮者皆宗之。《周禮》則自前漢李氏上於河間獻王，獨闕《冬官》，乃取《考工記》補成六篇，奏之。至劉歆始置博士，遂知有"三禮之學"。其後取士，獨專主《小戴記》，而《三禮》皆典制所係，考古者所宜究心。今準班固例，以《禮古經》冠于首，故《儀禮》先之，尊經也。而《喪服傳》乃子夏所爲，昔人皆列諸《儀禮》之後，故仍之。其次則《禮記》，而以《大戴禮》並著于前，存其舊也。唯《大學》《中庸》二篇入于四書之内，遵制舉例也。至《周禮》雖或以爲贗書，或以爲真聖作者，或以爲《冬官》未嘗闕，原散見于五官之中。唯取五官羡數，還之《冬官》，不獨百工得歸其部，而六官偶舛，並因類可考，各執所是，衆説紛紜。然張、程、朱子于《周禮》皆有取焉，故次以《周禮》，而仍以《考工》附之。是以《禮》分三種，而三者之中，各有條緒，其不能分者，統之以通禮，并由家禮以及郊廟、昏喪、祭葬諸禮，皆以次列。至考正與圖，及讖緯之屬，皆準例爲之，以便稽考，不至混淆云耳。

樂

《漢志》以禮、樂著之六藝，而其書則三代以後之編，非孔氏所

---

① "删"下原衍一"爲"字，今删。

訂之舊章也。然今所傳《三禮》，猶皆先世遺書，悉漢時所輯，唯《樂經》不可復覯。考之武帝時，河間獻王好儒，與毛生等共採《周官》，及諸子言樂事者，以作《樂記》。馬融因而錄于《小戴》，則古樂已不復有書，乃諸史相沿，至取樂府教坊琵琶、羯鼓之類，以充樂部，欲與聖經埒，宜焦竑之所深非也。然竑亦不能更前史之例，而備錄其書，以俟考定，謂由今之器，寄古之聲，去其涇灉靡漫而一歸雅正，其亦可識竑之用心矣。今第就竑以後所出之書，益而成之，俾學者溯流窮源，以求先王禮樂遺意之所在，庶亦考古者之津筏云。

論語[①]
大學
中庸
孟子
四書

古無"四書"之名，有之自宋儒始。漢唐以來，唯《論語》專著于經，而《孟子》則入儒家，《大學》《中庸》附見《戴記》。至《宋史》稱程子學本於誠，以《大學》《論語》《孟子》《中庸》為標旨，而達于六經。朱子于紹熙改元，始刊《四子書》於臨漳。寶慶三年，理宗詔曰："朕觀朱熹集注《大學》《論語》《孟子》《中庸》，發揮聖賢蘊奧，有補治道。朕勵志講學，緬懷典型，特贈太師，追封信國公。"淳祐元年，令學官崇祀。十一年，真德秀乞進讀《四書集注》。元始祖至元二年，定國子學制，凡讀書必先四書。仁宗皇慶二年，詔于四書內出題，用朱子《集注》。明洪武三年，詔會試第一場試五經、四書義各一道，自是五經四書，得以並列，昭昭如日月之經天矣。今于六經之後，繼以

[①] "論語""大學""中庸""孟子"四類，國家圖書館藏乾隆中刊《金東山文集》本，以及南京大學圖書館藏民國年間據乾隆中刊《金東山文集》抄本，均無此四類內容。

四書，足以光越前史，雖聖人復起，不能易已。
孝經
《史記》稱孔子以曾子通孝道，故授之業，作《孝經》，何休亦稱子曰："吾志在《春秋》，行在《孝經》。"則《孝經》者，孔子所自著也。而竑以爲門人録之，其信然乎。漢儒所傳《孝經》有古文，有今文。古文與《尚書》同出孔子壁中，分《庶人章》爲二，《曾子敢問章》爲三，又多一章，凡二十二章，安國爲之傳。今文則河間顔芝所藏，漢初芝子貞始出之，凡十八章，長孫氏、江翁、后蒼、翼奉、張禹皆爲之説。至劉向校古今二本，除其繁惑，仍以十八章爲定。唐玄宗定爲御注，詔元行冲爲疏。五代兵燹，二本並軼。周顯德中，新羅國獻《別序孝經》。至宋邢昺，始合元氏《疏》爲《正義》，今所行皆今文十八章也。明文淵閣于今古文並藏之。兹以古文列于前，而今文諸家仍踵前例，分類載之。獨怪緯書《孝經》尤多，常考之《宋書·符瑞志》，稱孔子作《孝經》，告成于天，曰《孝經》四卷已備，天乃降以赤虹化玉之祥，皆由諸緯有跪受寶文，及餘文飛爲赤鳥翔摩青雲之説。嗚呼，此讖緯之所由盛也，毋亦好事者爲之歟。

爾雅
《爾雅》者，昔人謂周公所作，《西京雜記》以《爾雅》稱張仲孝友。張仲，宣王時人，必非周公之制。劉歆以問子雲，子雲曰："孔子游、夏之徒所記，以訓詁六藝者也。"故《漢志》以《爾雅》《小爾雅》附于《論語》。《隋書》遂以《爾雅》《方言》《釋名》并經解皆列《論語》之後。《唐》《宋》二志，別立經解，而以《爾雅》冠小學之首，焦竑遂因之，似爲未允。竊考自宋儒作疏，以《爾雅》列于十三經，誠以《爾雅》實有補經學，即使出于孔子門人，亦非《三蒼》等篇可比。今以《爾雅》自爲一類，而以

《廣雅》《方言》《釋名》訓學附之，以繼《孝經》、四書，後庶不失宋儒遵經之意，而小學則別自爲編云。

經解

孔子刪訂六經，漢儒爲之注解，專家師授，各有源流。自劉向作《五經通義》，已會爲一篇。至唐孔穎達、顏師古諸儒並興，承命作疏，撰《五經》注疏、正義，頒之學官。宋邢昺等復爲《孝經》《論語》《爾雅疏》，孫奭爲《孟子疏》，析《三禮》《三傳》，共爲十三經。理宗時，立《四子五經》，明代因之。永樂中，又命儒臣彙爲《大全》，刊行天下，而正學益明，制舉之興，百世不能祧矣。今于前帙既部分之，其歷代諸家囊括群經不能離析者，揔爲經解，條著兹篇。

小學

小學一編，綴于經後，自班固始也。首以周宣王時《史籀》十五篇，而以秦漢時《八體六技》，及《蒼頡》《凡將》《急就》諸篇繼之。《隋》《唐》二書，所載字體日繁，音韻並晰，究其著作，皆教童蒙之書，而于立教明倫、修身稽古、嘉言懿行之道未備，則其所爲養正之功猶未密也。自朱子分爲六條，著《小學》一書，於是後儒論說，日事推廣，雖或各有異同，要皆不越其軌，而後小學之名，乃不虛立。今以先代蒙書，可成句讀者，仍冠于前，稱蒙書以溯其源流，即繼以朱子以來小學諸書，使端其趨向。然後以字學、音韻之編，分類剖析，次第詳列。至焦竑以算術並載，區爲書數二種，夫數亦六藝所不廢，而前史諸《志》，俱以曆算並稱，故仍以曆算歸之子部，與諸家並列，不敢違舊史以從竑也。

正史　以下史部。

《漢書》志藝文未立史部，惟以《太史公》百三十篇，及馮商所續七篇，與《世本》《漢紀》諸書，同附春秋。迨後世紀載日繁，區爲四部，甲乙首列，經史並垂，迄明代刊二十一史，頒於南北兩監，學者始知廿一史與十三經，垺其寶貴。若夫編次史類，先以正史，此史氏之舊例也。今則每一史俱以監本爲首，唯首監本，故撰人先後，可不復論。至有明國史，勝朝雖未成書，而堪備正史者，例應附載。擇其要者，併綴于後，作正史篇。

編年

編年者，《左傳》之體，以年繫事者也。紀傳創自龍門，編年本于左氏，故正史之後，即繼以編年，此亦史氏之例也。今叙編年，而以歷代春秋爲首，如《春秋前傳》《春秋後傳》諸書，雖不敢上希宣聖，以附于經，而作史者知以尼山爲宗，亦可稱左氏之功臣也。凡名以春秋者，向或散見于雜史、霸史，茲悉羅而括之，萃于斯編。觀其所作，罔不識尊王大義者，殆不媿編年之冠冕也。次之以《通鑑》，《通鑑》一書，誠爲治之本，而《朱子綱目》與六經并懸，儼如二曜爭烈。昔《宋史·藝文》及焦竑《經籍》二志，皆與他書錯綜溷淆，今亦聚爲一條，庶俾觀者洞心焉。又次之以紀。紀者，紀帝王之事。自太史公作《本紀》，而紀之名非復傳紀可比，故先以統紀，紀歷代也。繼以分紀，紀一代或一朝也。紀之外，又有要略、典錄諸稱，亦區爲合編、分編二條。而以運歷綴于其後，則歷代世運，按籍而稽，皆可如燭照數計也。

雜史

雜史者，正史、編年之外，朝野所紀，各有著述。或身列史官，未竟厥修；或名顯于朝，職非珥筆；或伏處泉石，不忘丹鉛。咸欲宣著美惡，垂鏡將來，故歷代皆有，亦前史所并收也。今以歷朝雜記錄，依次分列于前，而以征伐寇亂附于後。庶參雜之中，仍不乏條理云耳。

霸史

霸史者，竊據一方，自相雄長而未成帝業者也。如陳勝、項籍、張耳、陳餘《列傳》之外，其有逸事可考者，皆得而稱之。昔《漢志》未有正史之名，安有霸史。自《隋書》志經籍，以蜀李漢、趙南燕、苻秦之屬，皆列于霸史。而霸之名，始于晉楚，故漢世有撰《晉乘》《楚檮杌》者，書雖晚出，然溯霸之源流，固不得不自此始矣。幸勿以作者之先後例置，用爲訰屬焉可也。至《戰國策》一書，則載之子部縱橫家，似爲允當。茲編篇帙不多，無俟條分，故統謂之霸史。

起居注

起居注者，注天子起居者也。自周穆時，內史記其事，彙爲《穆天子傳》。晉得之《汲冢周書》，郭璞注本謂之《周王游行記》。初未嘗以起居名也，約觀其製，與起居正同。唯漢武帝始有《禁中起居注》，後世遂沿之不廢。然體例日繁，名稱各異，于是日曆、贊録、時政、寶訓之類，史法雖有不同，而記言記動，無非起居注之義，今粹爲一篇，仍各以類序，俾易以參考焉。

故事

故事者，一朝之典章制度，藏于掌故，尊爲法守者也。周官御史掌治朝之法，太史掌萬民之約契與質劑，以逆邦國之治。蓋百官治事，必咨故實，此古今定制也。然隨世湮沒，存不什一，今據所傳者部而類之。其各有專司者，別有職官儀注、法令等篇。茲以舊事搃其首，而東宮、宗藩、公主、中官、封賞諸大政，他編所未載者，薈于斯篇之次，存其古制，示以鑑戒，道以典要。而又以《通典》《通志》《通考》等書，總列于後，爲治者誠能審而擇之，以決其趨避，信可奉爲蓍蔡云爾。

職官

《周官》内有公孤、六卿、庶府、百職，外有州牧、侯伯、表臣、百司，而八法六弊，以計群吏，森如也，秩如也。後世沿革不一，而所以飭官。方肅官箴，俾各守官職者，胥不越此。今以職官總居于前，而首以宰輔，次以六卿及王畿大小臣工，又次以在外諸臣，自督撫以迄守令，莫不分班就部，井然有條。而治之利弊，人之賢否，凡我有官，皆可借鑑，即王者黜陟，進退之權，亦可操之，自上賴以不替云。

儀注

孔子適周，學禮于柱下史。歎曰："大哉聖人之道，洋洋乎！禮儀三百，威儀三千。"則禮儀、威儀，雖掌之宗伯，而綜覈典章，俾學者有所參考，史之職也。其或紀載不詳，叙列失次，亦史之過也。蓋禮者，先王之所以範世宜民，後世禮教放失，遺經出魯淹中者，什不得一，然明君察相，因時定制，制定而民安之謂禮，至今存可也。漢興，叔孫通、曹褒雜定其儀。唐宋以來，斟酌損益，代有不同。而適物觀時，類有補于化民成俗之治，君子皆有取焉。今首以禮義總及吉、凶、賓、軍、嘉五禮，提其大綱；次以朝廟、封禪、汾陰、耕耤諸儀，列其條目，皆君禮也；又次以后儀、東宮儀、王國州縣儀及車服儀，而儀制備矣。其謚法、國璽，原出他部，焦竑以謂禮之類，改而傅焉，仍之是也。至若家儀、射儀、書儀及雜儀注，皆家國通用之儀也。作儀注篇。

法令

漢初，蕭何定律令，張蒼制章程，雖除秦苛法，而法令綦嚴矣。《晋令甲》九百餘卷，杜預、賈充删采其要，有律有令有故事，各還官府。儻所云章程者，非乎。史稱魏相明經，有師法，好觀漢故事，及便宜章奏，故知前事不忘，後事之師也。故事已別爲一部。舊志有刑法一類，而奏事、訪舉、貢監、學校法參錯其間，近於不倫，今更名法令，而分爲律、令、格、式、敕條例諸目，其合併者，復總而類之，皆王者之法令也。其事不獨刑法，故以刑法、斷獄，復別爲二條，重祥刑也。終之以德音、赦書，而王者好生之德，從可見矣。

時令

《書》曰："敬授人時。"蓋敬天勤民之首務也。孔子曰："我欲觀夏道，得夏時焉。"謂夏四時之書，其存者《小正》而已。鄭康成稱《月令》呂不韋所修，是其書由來已舊，不韋特修之耳，故戴氏列之《禮記》。今載于經者不重出，而後世仿其遺法，代有作者，宜與《歲華》《節令》諸書，薈萃成編，以見王治之序。百物而成，歲功也。前史類入農家，焦竑以諸籍鱗次，非專爲農設，故特增時令一條，從《中興館閣》例云。作時令篇。

地理

孔氏《尚書序》云："九州之志，謂之九丘。"丘，聚也。言九州所有，皆聚此書也。《周官》別山川，分圻界，條物產，辨貢賦，六卿分掌之，而總于冢宰。太史以典逆冢，宰治其書，蓋昔之史職如此。漢承百王之末，壤地變改，劉向始略言其分域，丞相張禹使蜀，潁川朱贛條其風俗而宣究之，後世地志之濫觴也。摯虞《畿服經》至百七十卷，可謂備矣，而世罕傳。後人因其所經，自爲纂述，即未必成一家之體，而夷險之迹，區域之界，星野之分，土風之宜，考古者率有資焉。今以地理總志冠于前，地理分志踵于後，此地理之紀綱也。山川圖經，地理之脈絡也；宮殿陵墓，地理之鴻規也；古迹，地理之勝概也；朝貢、聘使、行役，地理之要務也；邊防，地理之控禦也；外域，地理之宏圖也；方物，地理之出產也。而地理之書，劃然可觀矣。作地理篇。

食貨

《洪範》八政,食貨先之,古者服食器用,所以資生,非以窮嗜欲而黷貨賄也。後世風流波蕩,日事侈靡,于是食必山海,飲必瓊酥。明珠翡翠,無足而馳;怪石奇花,不翼而至;珍禽異獸,來自遠方;促織鷹鷯,形諸圖譜。一罹歲凶,始悔珠玉,之不可爲襦粟晚矣。此焦氏之所謂編列諸籍,勸誡具存者也。作食貨篇。

傳記

耆舊者,鄉國之傳記也,名賢者,海內之傳記也。名臣、功臣、忠臣、孝友、循吏、科第、高隱、列女、交游則以類聚矣。別傳則以人分矣。行實、年譜、年表、名錄者,傳記之餘也。雜傳者,傳記之雜者也。神異,則鬼神之傳記也。祥瑞,則嘉祥之傳記也。讀書考古以鏡今,因人以鑑己,如觀班固《人表》,將欲自居何等矣。即女子亦分正雜二錄,此其爲風世之微權也夫。

譜系

古之爲春秋學者,有年曆、譜牒。桓譚云:"太史公《三代世表》,旁行斜上,①竝效《周譜》。"則譜系所從來遠矣。周官小史主次序,先王之世,昭穆之繫,述其德行,矇瞽主誦詩。若世系以戒勸人君,故《國語》曰:"工史書世,宗祝書昭穆。宗廟之有昭穆,以次世之長幼,等胄之親疏。"若此者,凡以教之世序,而爲之昭明德,其意遠矣。江左以來,譜籍漸盛。太元中,賈弼篤好薄狀,廣集諸家,撰十八州百十六郡,合七百十二卷,斯爲獨備。嗣後劉湛、王儉、王僧孺、路敬淳、柳沖、韋述世多稱之。夫氏族勛格,史之流例,可不區而列之歟。今

---

① "斜",原誤作"衺",據 2017 年黃山書社《桓譚新論校注》改。

首以帝系，繼以皇族，高卑陳矣；次以官族，又次以統譜，貴賤列矣。郡譜，譜郡縣族姓也。家譜，譜一家族姓也。殿之以韻譜，則依韻求姓，檢括匪勞，本源可溯，而萬姓理矣。作譜系篇。

簿録

簿録者，群書之總目也。自向歆父子，剖別百家，條綱粗立，總括群書，撮其指要，著爲《七略》。班固編之爲《藝文志》。晋荀勖因鄭默《中經》，更著《新簿》，分爲甲乙丙丁四部，惟録題及人名鮮所論辯，而簿録興矣。追宋謝靈運造《四部目録》，王儉更爲《七志》。梁祖暅撰《五部目録》，阮孝緒更爲《七録》。嗣後世運遞遷，卷帙多寡既殊，名目各異，至《隋書·經籍志》，始定爲經史子集四部，脈絡分明，條理燦然矣。至經籍全志，以《隋書》爲宗，以焦竑《志》見存書爲據，而簿録亦準其例，彙爲總要，列于斯篇。

史總

群史紛綸，凡一代一朝之事，既各有專家而兼綜各代，彙爲一書者，乃別立總類與經總相配。通史居前，史鈔次之，史評又次之，區爲三種，合成一編。庶觀史者瞭如指掌，不虞淆雜云。作史總篇。

儒家　以下子部。

《戴記》載《儒行》一篇，孔子肇闢儒宗，聖門諸子，親侍杏壇，以其所得轉相師授，自此流分派別，各有專門，識其端緒，厥後邪説恣行。秦焰旋熾，儒之道幾于淪替。漢興，表彰六經，崇尚儒術，一時儒者輩出。董子之學，卓越群表；白虎東觀，後先相望。躋躋蹌蹌，可不謂盛哉。自隋有文中，唐有韓子，宋則周、程、張、邵，以及龜山、豫章、延平諸儒，接踵嗣興。迨朱子出，而集其大成，如日中天，於是理學大明，孔孟正傳，百世不能湮滅矣。雖象山白沙之徒，黨同伐異，亦所不免，然要其大指，皆以闡揚正學，羽翼聖門焉。且儒者之道，有體有用，非以獨善。故《性理》一書之外，獨標君道臣道，以立人倫之極，其政治一條，尤儒者經濟之學，身範所以修身，家範所以齊家。《女訓》其化起閨門乎。于是各依類敘之作儒家篇。

名家

名者，所以正名、敘分、定位而辨物者也。《周官・宗伯》以九儀之命，正邦國之位，辨其名物之類，然則名之辨，可不慎哉。今仍前史而稍增之，其或爲志人物紀姓名，無關於辨論，無繫于考覈者，別載史部傳記、名錄諸條，蓋其間不少區別云。

法家

法者，人君所以紀綱人倫，而遏絕亂略者也。然以古之法，行之今，而不適于用。故後世之法，如律令、格式、條例、刑罰、斷獄之屬，皆別爲法令一類，而司寇所掌，又載于職官，皆隸史部。獨管、商、慎、韓之書，仍存其舊，列于法家，以著其所自始。

墨家

墨者之學，貴儉、兼愛、上賢、右鬼、非命、上同，皆其所長。而班固謂出于清廟之守，蓋固之緒論諸家，必歸之官守，以明其有關于國治之大，而紀載之，亦史臣之體固爾，豈好爲傅會者哉。顧溯其流派，與釋氏同軌，而後世皆言釋，不復言墨，墨之存者止三家，舊本以《晏子》附之，毋亦以其貴儉，有相類者耶。然觀其能彰君之賜，而于三黨各有差等，即孔子亦嘗稱其善與人交，是皆明于倫道之大，非儒者不能爲也。今仍歸之儒家，而以道家所載《墨子》《枕中記》附之。大概楊墨釋道皆異端之流，既不若兵農諸家，有補於國家之用，並不如雜家小說，談言微中，尚可資于治道。彼毀倫滅性，與儒者相悖，固孔孟之徒不取也。特以流傳既久,盛世亦不能廢,第不得居諸家之前,故以墨與道、釋三家,附載于子部之末。

縱橫家

縱橫者,起于游説之士,抵掌于秦與六國之間,所稱合縱而連橫者也。其學本于《鬼谷子》,捭闔之説,及蘇張之徒,必欲罩其術而盡用之,其終于捭而不能合者歟。《漢志》縱橫家,首以《蘇子》三十篇、《張子》十篇,而以《戰國策》附《春秋經》之後。今按蘇張之書,皆見于《國策》,故焦竑依晁公武《讀書志》,附于縱橫家,庶爲得之。

農家

農家者,所以力耕桑,贍衣食,以給賦税,以供祭祀、燕饗之用,以備錄賞軍旅之需,皆取諸農,故曰農者,國之本也。其説詳于六經。兹採其有裨農政者,于王制不無小補云。

兵家

兵之興也,權輿於涿鹿。雖曰人事,天實啓之。觀夫紫、太二垣,將衛環峙,將軍羽林,棓槍旗弧,騎官陳車,鈇鉞積卒,靡不錯列於經星之次,天之垂象,昭昭已。蓋木行文,金行武;春序文,秋序武;經事文,緯事武,東西分向,而實相須者也。迨自《司馬法》廢,言兵之家,各呈其智能。本陰陽者,推五行順時日以制敵;尚伎巧者,習手足便器械以立勝;識形勢者,雷動風舉,離合背向,務變化輕疾以信威。若夫委以銛刃,而無瓦解之心,則壹稟于人和。人和者,仁義之師。荀卿子有言"兩帝四王,皆以仁義之兵,行于天下",故人無不和。此孫子所謂"不戰而屈人之兵,兵之善者也"。撰兵家。

雜家

雜家者,兼綜諸子,涉獵百家,以其博聞,馳其渺論,不拘于一藝,局于一説,採而聽之,亦有裨于大道。班固謂出於議官,

《隋書》又以爲出于史官之職,總以見國體兼該,王治之無不貫也。至慮其漫羨無歸,要其流弊,或亦有不免者已。

類書家

類書者,綜貫群典,以類相從,彙而爲書者也。自魏《皇覽》而下,莫不代集儒碩,開局編摩,包絡今古,原本終始,雖百世可坐而知也。如《太平御覽》《册府元龜》各一千卷,已炳然大觀矣。迨明成祖脩《永樂大典》,凡二萬二千二百餘卷,自古卷帙未有若斯之多者。然公私作者,先後如林,繁簡雖殊,要各有心得,不相沿襲,皆可爲博物者之一助。以此施之文,爲通儒厝于事,爲達政其爲益甚宏,非待含毫吮墨時,始以供其獺祭也。前史有雜家無類書,近代纂述叢雜,乃爲別出。要之雜家出自一人,類書兼括諸籍,自不容淆也,撰類書家。

小説家

小説家者,班固謂"出於稗官,街談巷語,道聽塗説者之所造也",張衡稱"小説九百,本自虞初"。特漢武帝時方士耳,且以其書傳。晋唐以來,士大夫亦往往爲之,或得之見聞,或有所寄托,馳其博洽,以騰其口説,非盡街巷所傳淺陋不經之語,以此列之稗官,其于治道不無小補云。

醫家

語云:不爲良相,則爲良醫。雖利濟多寡懸殊,要其操生活人之權一也。自神農嘗百草,黄帝著《素問》,而醫學傳矣。如俞跗、和緩、扁鵲、淳于意、華陀而後,通其業者亦代有名人。然自庸者爲之,則生人之術亦能殺人。苟非具有智慧之性,而又能旁搜博覽,講習精貫,出之以小心,周之以切問,其不殺人者,亦希矣。今于明代現存之書,群分臚列,各依類以求,俾知學有原本,而非逞其矜心躁氣者之所能爲也,亦可爲好生之一助云。作醫家篇。

藝術家

德成者上，藝成者下，而藝亦有別。繪畫之事，詳諸考工、投壺之禮，列于《戴記》，此藝之上者也。博奕猶賢，聞宣聖之訓，賢者愧矣。摴蒲則投諸江流，雙陸則行於宮掖。凡此諸戲，誰實俑之，以爲無所用心者之屬階乎。若夫工執藝事，各有專長，則冬官掌之，未肯與牧豬奴輩逞其技巧已。故術不可不慎，惟自擇之可耳。作藝術篇。

道家

班固《志》九流，儒家之後，即次以道家，黃帝、伊尹、太公之說皆載焉，辭多假託，不足深辨。唯老子《道德》一書，信而可徵，列莊之徒，皆宗之。其學以清靜無爲爲本，虛以自守，卑以自持，煉養服食所不道也。赤松子、魏伯陽始言煉養，李少君始言服食。自張道陵出，而符籙之說興。降至杜光庭以來，獨言經典科儀，蓋不惟失清靜之旨，而煉養服食之書，亦懵如矣。顧悉稱老氏，以鳴道家，不亦謬乎。焦竑雖稍刪次之，不能盡廢也，唯真知老子者能辨之。

釋家

釋氏之教，行於中國，自漢明帝始。明帝夜夢金人，飛行殿庭，以問于朝，而傅毅以佛對，遂遣使天竺，得《佛經》四十二章，及釋迦立像，並與沙門攝摩騰竺法蘭以白馬負經東來，因立白馬寺以處之。緘其經于蘭臺石室，而畫其像于清源臺，于是經之來，像之設，僧之至，寺之立，皆自此始。嗣是齎佛經至者甚衆。魏黃初中，中國人始依佛戒剃頭爲僧。沿及梁武隋文，並崇佛法，華林秘閣之間，寫藏佛書，多于六經數十百倍。于是以佛所說經分爲三部，一曰大乘，二曰小乘，三曰雜經，其假托者別爲部，謂之疑經。其戒律與論，並有大小及中三部之別。《隋志》以道佛二經總目，附載集部之後，而未嘗詳其名數。唐宋以來，皆不著録，唯焦氏始以《道經》附道家之後，而以釋氏別爲一家，與《道經》並立，謂因其籍而刪次之。今所載釋家，悉準竑例，並取竑以後者參考增訂，以論著篇。而佛經之始于何時，盛于何代，亦可知其大略已。

詔誥 以下集部。

王者淵默黼扆，風行四表，其唯詔誥乎。授官選賢，則氣含風雨，詰戎燮伐，則威凜浡雷。肆赦而春日同溫，敕法而秋霜比烈。蓋文章之用，巍乎極矣。兩漢詔令，最爲近古，然敕鄧禹、侯霸，體例有乖，難于行遠。武帝以淮南多士，屬草相如，良有謂也。後世材者弗任，任者不必材，欲令騰義飛辭，懾服遐邇，不可得已。顧王治人心，卜于綸綍，考覽者所宜先也。古惟誥誓，近有詔有令，有制敕，有册書，名目小異，總爲王言。今悉列之詔誥篇，以爲集部之冠云。

表奏

古人臣言事，皆稱上書，秦改書爲奏，漢定章奏、表議爲四品，乃班固志《藝文》，則唯以石渠議奏，散見於諸經，秦奏事附于《春秋》，其他止封禪、議對，及《河間獻王對》等篇，要未有專集。至《隋書》所載，表奏衆矣，然亦難于總集之中。鄭樵析表章、啓事、奏議爲三種，今合而編之，爲表奏一集，綴於詔誥之次。其於歷代名臣讜言碩畫，覽其名目，覘其丰裁，而佞者爲之，祇增詬厲已。

策論

策者，上之問難，下之籌對，如董子天人，賈生治安，策之宗也。論者審其源流，度其指歸，別是非於毫釐之間，辨邪正于疑似之介。劉勰所謂彌綸群言，研精一理，百慮之筌蹄，萬事之權衡也。今策之見于奏議者，無庸分析，統入前篇。論之關於學術，通于政治，自名一書者，已列儒家。茲復于二者之外,別其條緒,爲之探惠莊之舌,傾濂洛之胸,果能理析繭絲,辨同白馬。由此深造聖域,究極精微,當不獨爲翰苑之津梁,詞壇之橐鑰也。作策論篇。

頌贊

頌者,古之帝王建鴻勛者,須鴻筆之臣,褒頌紀德也。故曰頌者,容也。《詩序》以爲美盛德之形容也。昔帝嚳之世,咸墨爲頌,以歌九韶,頌之始也。商周以下,文理備矣。讚者,明也。抑揚唱嘆,以明其事也。昔虞舜之祀,樂正重讚,贊之始也。遷《史》固《書》,託贊褒貶,辭義精矣。後代以來,稱揚益繁,上自朝廷,下達里巷,謳功誦德,馳幽顯之鴻聲,並窮達而增美。彙而集之,爲頌贊篇。

箴銘

銘者,名也。觀器以正名,記事以名功也。軒轅刻諸几輿,大禹勒乎鐘簴,成湯著之盤盂,武王題于户席,慎言則三緘于金,人盈滿則改容于欹器。先聖鑑戒,其來久矣。箴者,鍼也,謂刺其闕失,如鍼砭也。盤庚有箴言之顧,左氏稱箴諫之工,辛甲垂箴于百官,揚雄範箴於州牧。夫銘題于器,而箴誦于官,名目雖異,警戒實同。若夫直謂之誡,則尤深切著明矣。唯誡子諸書,別載儒家,餘則並附于篇。既銘且箴,并以垂誡,庶檢身寡過之,君子皆有取焉。

書牘

書者,舒也;牘者,簡也。舒布其言,陳之簡牘,取象乎夬,貴在明決而已。秦繞朝以贈士會,鄭子家以與趙宣,楚巫臣以遺子反,鄭國僑以諫士匄。昔人稱詳觀四書,辭若對面,書之祖也。後世稱爲尺素,古詩云"遺我雙鯉魚,中有尺素書"是也。廣武君謂韓曰:"君若使一介,奉咫尺之書。"蓋簡牘長咫尺者,故又謂之尺牘。後漢以來,遂有掌記、箋記,及啓劄之名。夫記以書其志，牋以箋其情，啓以開其誠，札以達其意。要取於丁寧款密，使觀者悦服，此魯連之力，過百萬之衆；荀勖之辭，勝十萬之師。而劉荆州一紙，賢於十部從事，其爲用也，豈小小哉。作書牘篇。

駢體

駢體者，對偶之辭也。陰陽對待，奇偶相生，其端兆於易象，其體著於繫辭，乾坤易簡，見造化之工，龍虎風雲，亦天生之匹。況乎明目達聰，早聞於帝典；滿損謙益，復著於臣謨。當年豈尚麗辭，落筆自然，合撰循是以求，欲括取六經四子之儷語，正如屑玉盈筲，碎金滿握，手不勝捋矣。迨至馬、楊、張、蔡濬源於兩漢，潘、陸、鮑、庾揚波於六朝。自是而降，代不乏賢，今就其見存者，以著於篇。

七

七之體自枚乘始。發者，借吴楚爲主客，先言出入輿輦痿蹷之機，深宫洞房寒熱之媒，皓齒蛾眉伐性之斧，甘膩肥醲腐腸之藥，宜進之以要言妙道説而去也。既提其綱要，示以趨避之徑，而後説以聲色逸游之樂，其説不入，乃陳精微之論，辨萬物之理。孔老覽觀，孟子持籌而算之以娛，其神而暢，其體於是霍然病已，有不聳聽者乎。自此作者繼踵，昔人稱傅毅《七激》，會清要之工。崔駰《七依》，入博雅之巧。張衡《七辨》，結采綿靡。崔瑗《七厲》，植義純正。陳思《七啓》，取美於宏壯。仲宣《七釋》，致辨於事理。自桓驎《七説》以下，左思《七諷》以上，枝附影從，十有餘家，莫不高談宫館，壯語畋獵，窮瑰奇之服饌，極蠱媚之聲色，始之以淫佟，而終之以居正。子雲所謂先聘鄭衛之聲，曲終而奏雅者也。今就所見傳之作，彙於斯篇，先連珠而爲之前導云。

連珠

連珠者,始終於揚雄,而大興於漢章帝之世。班固、賈逵、傅毅三子,受昭作之,及蔡邕、張衡之徒又廣焉。其爲體也,語麗而言約,義精而指遠。不斥說事,情必假喻以達其旨,循環以暢其詞,使讀者微悟,纍纍如貫珠,明目而悅心,故謂之連珠也。傅玄曰:"班固喻美辭壯,文章弘麗,最得其體。蔡邕似論,言質而辭碎,然旨彌篤矣。賈逵儒而不艶,傅毅文而不典。"知言哉。大抵連珠之作,欲合於古詩,諷興之義至,陸機拓其義,而廣之作《演連珠》五十首。演者,引而伸之也。昭明獨取機所作,而盡登之選中。而於班賈三君子之作,顧不復載,誠以得此五十篇,亦足以盡連珠之大觀已。今皆合擴而併採之,作連珠篇。

碑誌

碑誌者,臣子述功,史臣頌德之所作也。摯虞云:"初有宗廟之碑,後世立之衢路,其流布爲已廣矣。"而立賈逵之石,魏帝愴然;刊陳寔之碑,四方爭至。徘徊項縣,聞瑞石之生金;瞻望峴山,徧行人而墮淚。若夫文出蔡邕,惟郭有道無愧;名傾子建,獨虞文肅不虛。迨濫觴所及,鑴之隴邱,鏤之寺塔,植者雖多,傳者絕少。今以歷代所遺,藏之秘府,彙集成帙者,著於斯篇。

羽書 露布附。

羽書者,插羽於書,所以調將帥,遣士卒也。漢高祖以羽檄召天下兵。師古曰:"檄以木簡爲書,長尺二寸,有急加以鳥羽,示速也。"魏武奏事云:"今邊有警,輒露檄插羽,而後世羽書,則以軍機告,密加以釘封,法彌慎矣。"露布者,彭城王協所謂布於四海,露之耳目者也。司徒露布,由鮑昱之降封胡,蜀漢露布,諭天下以伐僞魏。虞松著征遼之作,袁宏稱倚馬之才,而書帛告捷，建於漆竿，欲使天下聞之。杜祐以爲自後魏始也。夫武以止戈，故以止戈書殿焉。庶亦知兵者，豈聖王之所得，已而用之者乎。

騷賦

楚辭者，始於屈原所稱《離騷經》也。宋玉、唐勒之屬，仿其體爲之，並稱楚辭。淮南王云："國風好色而不淫，小雅怨誹而不亂。若離騷者，兼之矣。"史遷取其語以作傳，自《離騷》行而賦之體已肇，蓋其聲韻情寄皆賦之祖也。賦者，班固所謂不歌而頌，謂之賦也。感物造端，材智深美，可與圖事，列大夫之選也。故曰登高能賦，可以爲大夫。後世名卿士夫，多以二者擅長，爲風雅宗其篇帙傳者，人亦樂觀覽之。《文選》所載騷體，自屈原而下，止宋玉《九辨》五首，《招魂》一篇，劉安《招隱士》一篇，其他皆未有取焉。所載賦體，亦止古賦。自唐始興爲律賦，至宋賦則去古尤遠，非作者之始意矣。律賦拘於聲韻，似不及古賦之典雅質實，然律法之嚴，與律詩同妙，非可言喻。以視宋賦之隨意揮灑者，其工拙難易，殆迥懸殊矣。今悉括之爲騷賦篇。

詞曲

詞者詩之餘也，曲則又加艷矣。覩佳冶之容，而情不怡。聞靡曼之音，而志不變者，君子有以觀其摻已。體興於漢魏，而風盛於宋元。雖士君子亦往往爲之，蓋音之雅鄭，自有辨焉，未可盡非也。作詞曲篇。

詩章

詩者，所以言志者也。鄉雲八伯，四言之體，已肇其端，而皇娥白帝，則已宛然七言之章矣。或以爲後世贗作，然明良喜起，見於《虞書》。而所謂詩歌聲永者，皆協之以律，豈不信哉。故奏之郊廟，播之朝廷，而神人以和，蓋詩之來已久，固不自雅頌始也。商周以下，體制繁矣；漢魏以降，聲韻密矣；自唐以來，格律嚴矣。而返之天地自然之音，則昔爲天籟，而今不免於人籟也。作詩者，其知之乎。樂府者，教樂之官，聚樂之府也。殷曰瞽宗，周因之又有大司樂之屬，至漢乃有樂府名。孝惠二年，使樂府令夏侯寬備其蕭管，作《安世樂》。武帝定郊祀之禮，乃立樂府采詩，以李延年爲協律都尉，舉司馬相如等數十人，造爲詩賦，略論律呂，以合八音之調。顏師古謂樂府之名，蓋起於此。顧見於《史記》者，班固間亦更定其辭，而後世依仿爲之者衆矣。今以歷代之詩，與樂府彙爲一編，而詩之各自成家，別爲一集者，仍附於別集之後。

文史

文史之名，前史未有也。《隋志》雜見於總集，《唐志》附總集之後。《宋志》始區分之，不與總集參錯，娛心瞭目，彌覺洞然。今準其例，既別爲一類，復列文格、賦格、詩話爲三條，後之學者觀其緣起，知所師承；觀其格律，知所楷範；觀其評論，知所變化。則以之名世，可以黼黻太平；以之傳世，可以衣被後世矣。

制舉

制舉者，有明所定選舉試士之作也。選舉之文，歷代制有不同。八股之興，則自明太祖始其制，仿宋熙寧以後經義，而代古人語氣，法律尤密，蓋太祖與劉基所定也。二場用論及詔誥表判，三場用策。制舉之法一定，遂使百代遵行不替。凡士子潛心研究者，於理學經濟必能深入閫奧；體用兼備之才，皆可摸索於糊名易書之中。而有明一代名卿之著作，以視列國歌詩，漢唐作賦，麟麟炳炳，較古尤盛矣。宜乎雕蟲小技，壯夫之所不爲也。二百七十年間，程墨之文不勝錄，略存數種，以備一代制作云。作制舉篇。

別集

別集者，人自名家，別爲一集者也。班固志《藝文》散於各體，未有專集。自梁阮孝緒著《七錄》，而文集録居一焉。《隋志》因之，遂與經史子並稱四部，至今學者慕尚，波委雲屬，棟不勝充矣。顧兵燹流移，百不存一。以彼掉鞅辭場，馳風雨於比底，羅珠璣於毫端，豈不謂獨擅一時，垂聲千古哉。而一如雲煙撩目，轉盻咸消。此以知士之樹立，不專恃此也。然而名談瑋搆，足以闡道濟時者，亦往往有之。除詔誥、表奏、策論、箴銘之屬，另爲條目，已列於前。復各就其生平著作，諸體咸備，卓然有名于世，自成一集者，謂之別集。其詩之自成一集者，謂之詩別集。而文以閨秀附於其後，方外綴於其末。凡能摛辭挨藻者，皆得流傳後世，不獨拓豪傑之心胸，攬英賢之經濟。作者無憾，讀者悦心，並使陰陽各得其理，内外不踰其防，抑亦見直道之公也。

總集

總集者，肇端於晉摯虞之《流別》，而大暢於梁蕭統之《文選》。自《文選》行，而世之論文者皆宗之，謂之選體。故以《流別》先之，以溯其源；選體繼之，以會其要。外此諸家，亦各有品騭，趨向既殊，取舍自判。唯西山之正宗，疊山之軌範，至今珍爲鴻寶。蓋其見理真而識解高，信道篤而持論正，且其品行足師法也，故學者貴之。至若一代文章之盛衰，視國運爲轉移。今上自秦漢，下訖明季，隨世之先後以次列之，而學者亦可知興替所由矣。大抵隆盛之世，其文典雅渾厚，縱極其充暢而仍自渾涵有餘；衰弱之世，其文必支離薄弱，縱極其收斂而祇覺敷衍不足。此中之推移變化，作者不自知，閱者亦不能解也，唯識者自辨之。

明史藝文志史部補

蒋孝瑀 编
李兵 整理

底本:《明史藝文志史部補》,台北台聯國風出版社,
1969 年 1 月

序

　　孝瑀在台大歷史系肄業時，曾選習我所講授的明清史，對明史有研究的興趣。在他剛入四年級的時候，他想作《明史藝文志補》，以當畢業論文。我怕這個工作的範圍太大，不是一年所能畢事，勸他先做史部史增補。同時還決定了搜集資料的幾個途徑：

　　（一）明的《藝文志》是以黃虞稷的《千頃堂書目》為底本的，但被刪削了很多；因此，先從黃氏《書目》裏錄出那些被刪掉的明人著作，以為增補的主要資料。

　　（二）清初文網甚密，明人著述多遭忌諱而不行於世。清修《明史》，自不能在《藝文志》中著錄此類著作。欲補其闕，當於清代禁書目錄尋求資料。

　　（三）近人多有專題目錄之作。其於明代有關的，如謝國楨《晚明史籍考》，吳玉年《明代倭寇史籍志目》，朱士嘉《明代四裔書目》及《中國地方志綜錄》之類，皆可取材。

　　（四）國立北平圖書館、"中央圖書館"以及江蘇省立國學圖書館所藏善本書皆多，其藏書目中必有《明史·藝文志》未曾著錄的明人著述。

　　依照上述的幾個線索，孝瑀搜羅了十幾種書目，著手抄錄、整理，在一年內利用課餘的時間，把《明史·藝文志》的史部增補了四千五、六百種書，定名為《明史藝文志史部補》。雖其資料來源只限於十幾種書目，不能視為完備，但所補的數量也就可觀了。

　　孝瑀在台大歷史系畢業後，又考入台大的歷史研究所。攻讀數載，得碩士學位，其碩士論文爲《明代的貴族莊田》，我是他的導師。今年十月，孝璵遠游英倫，入牛津大學研究院深造。離台之前把他的《明史藝文志史部補》著稿交印刷店排印，託友人爲之校對。頃又來信要我寫一篇簡短的序文，我因他讀書努力，向學之心很切，所以樂爲之序。

我希望孝璵將來費點功夫，從多方面搜集資料，先將現在所印的《史部補》再補充一下，然後更把經、子、集三部也都增補。最後連同《明史・藝文志》原來著録的書名一齊排編，並加校正，成爲一部《明史藝文志補正》，那就更有價值了。

一九六九年十二月四日，夏德儀序於台北寄廬。

凡　　例

　　一、以所見公私藏書目録補《明史・藝文志》史部所未收入者。

　　二、依《明史・藝文志》史部之分類：(一)正史類、編年在內。(二)雜史類、(三)史鈔類、(四)故事類、(五)職官類、(六)儀注類、(七)刑法類、(八)傳記類、(九)地理類、(十)譜牒類，另增附(十一)目録類。

　　三、各書各條下之英文字母爲書目名稱之代字。

　　例：(地理類)新寧縣志八卷　沈文系　萬曆時修。　　JY

　　JY爲日本東京文庫之代字。

　　四、撰著人姓名不詳，則書名下無撰者姓名。

　　五、各書目記載相異者，則以一書目爲主，其他附注各書目代字下。

　　例：(雜史類)甲申紀事五卷　馮夢龍　C・F　作十三卷。・N　作十三卷、作十四卷。

　　六、所錄各書僅限於明人著作，明末遺民著作在內。同時代海外人之著作概不收錄。

　　七、書目名稱之代字：

《千頃堂書目》　黃虞稷　　T

《北平圖書館善本書目》　P

《江蘇省立國學圖書館圖書總目》　C

《天一閣書目》　D

《書目長編》　邵瑞彭　S

《北京人文科學研究所藏書目録》　B

《中國地方志綜錄》 朱士嘉 Q
《晚明史籍考》 謝國楨 ML
《清代禁毀書目（補遺）》 清姚覲元 F
《明代四裔書目》 朱士嘉 MF
《明代倭寇史籍志目》 吳玉年 ME
《明代敕撰書目》 MG
日本內閣文庫 JP
日本東京文庫 JY
《年譜考略》 梁廷燦 YE
《"國立中央圖書館"善本書目》 N
《荊駝逸史》 H
《明季稗史彙編》 G
《勝朝遺事初編》 R

正史類

二史會編十六卷　《史》《漢》。　況叔祺　N・T

元史略二卷　張延登　T

元史略　劉實　T

元史輯要　尤義　T

元史提綱　葉夔

元史舉要　陳濟　T

元史正舉　呂光洵　T

史統一百四十六卷　鄭郊　T

史記瑣瑣二卷　郝敬　T・C

北史瑣瑣四卷　郝敬　C

光宗皇帝寶訓四卷　T

熹宗七年都察院實錄十四卷　李長春　T・ML

舊唐書瑣瑣四卷　郝敬　C

歷代紀年甲子圖　李旻　D

皇明大訓記十六卷　朱國禎　C・N

西園彙史□□□卷　彙史義例二卷　張萱　T

綱鑑正史三十六卷　顧錫疇　T・C・D・N

通鑑紀事本末前編十二卷①　沈朝陽　T・C

前漢通紀　穆孔暉　T

神宗大事紀要二卷　許重熙　T

綱代紀元二卷　韓承祚　T

綱目備忘　余本　T

綱目前紀　謝九成　T

---

① "紀",原誤作"記",據民國烏程張氏刻《適園叢書》本《千頃堂書目》(以下引用該書皆據此本)卷四改。

綱目續麟彙覽三卷　張自勛　C
綱鑑統宗□百卷　趙時濟　T
綱鑑世史類編四十五卷　李棨　T
綱鑑會纂六十九卷　王世貞　C
綱鑑彙編九十一卷　喬承詔　C
綱鑑要編二十四卷　于慎行　C
編年合錄八十卷　包萬年　T
諸史通編　穆孔暉　T
歷代帝王世統　張家玉　T
歷代紀元彙編二卷　袁仁　T
歷代帝王統系二卷　夏承基　_{崇禎時人。}　T
歷代甲子編年一卷　龔良　T
歷代統系五篇　袁時億　T
歷代世曆四卷　陳士元　T
歷年圖　王漸逵　T
歷代紀元錄一卷　郁紹賢　T
憲章外史續編十四卷　許重熙　T・P
續麟正史　許孚遠　T
續憲章錄　薛敷教　T
大方綱鑑三十九卷　李廷機　T・N　_{作廿一卷。}
三國志瑣瑣四卷　郝敬　C
元史本末　謝鐸　T
古今通曆　朱謀㙔　T
甲子會紀五卷　薛應旂　T・C
正統世年表　涂觀　T
皇明七朝帝紀四十卷　劉應秋等　T
南宋書六十八卷　錢士升　C・N

紀元考四卷　郁邵賢　T
紀元錄　邱文學　T
帝王世系圖記①　韋相　T
帝祖萬年全鏡錄　汪循　T
帝王基命錄　方孝孺②　T
皇明通紀述遺十二卷　卜世昌　T·N
年代紀要　李頲　T
明季編年十二卷　鍾惺　C
明大政記　張元忭　T
年號韻編一卷　陳懋仁　T
世略二卷　周祁　T
世緯一卷　袁袠　T
后妃傳一卷　楊繼禮　T
光宗大事紀要一卷　許重熙　T
宋史偶識三卷　項夢原　T
宋系統圖二卷　王行　T
明朝紀事本末補編五卷　彭孫貽　ML
殘元世系考一卷　茅元儀　F
戰國紀年四十卷　湯桂楨　N
歷代帝王統系國記　曾濤　F
皇明紀略□卷　T
遼國世系四卷　T
古今歷代大統易見錄　D
歷代傳統　D
萬曆起居注二十卷　T

---

① "記"，原誤作"紀"，據《千頃堂書目》卷四改。
② "方孝孺"，原誤作"李沂"，據《千頃書书目》卷四改。

萬曆編年　T
歷代世譜十卷　T・N
十六朝彙記二十八卷　T
仁廟聖政記二卷　P
仁宗聖政記二卷　T
宣廟聖政記二十一卷　P
皇明聖政記十卷　T

雜史類

乙丙紀事一卷　孫奇逢　C・ML
十朝小議　顏木　T
九朝談纂十卷　P
人變述略一卷　黃煜　C
大同平叛志一卷　尹耕　T
三朝遼事實錄十七卷　王在晉　T・C・F
大同款貢志一卷　吳伯興　T
三垣筆記三卷　附識三卷　李清　C・F・ML
王公東征紀略一卷　吳紹勛　T
五胡指掌錄六卷　張大齡　T・B
太祖洪業五卷　金日升　T
太和禦寇始末二卷　吳世濟　C
古春秋傳六卷　孫如法　T
古言二卷　鄭曉　C
四朝大政錄二卷　劉心學　C・ML
月山叢談四卷　李文鳳
玉堂叢語八卷　焦竑　T
玉堂日記　盛訥　T

永曆實錄二十六卷　一作二十三卷。　王夫之　C・ML
永曆紀年一卷　黃宗羲　C
召對日記一卷　蔣德璟　T
召對紀事一卷　楊嗣昌　C
戊寅紀事　楊士聰　T
甲申大事紀六卷　沈國元　T・F　不著卷數。・ML　不著卷數。
北虜事迹一卷　王瓊　N・MF
北虜紀略　汪道昆　C・MF
甲乙事案一卷　文秉　T・C　作二卷。・F　作二卷,不著撰人。・ML
北鹵始末一卷　鄧林、喬三封　T
北征紀略一卷　張煌言　C・F
甲申核真略　楊士聰　T
平巢事迹考一卷　茅元儀　T
甲申使信錄十卷　訂錄一卷　錢士馨　C・F　作錢馼。
甲申三月忠逆諸臣記事一卷　錢邦芑　C
甲申紀事五卷　馮夢龍　C・F　作十三卷。・N　作十三卷、作十四卷。
北使紀略一卷　陳洪範　C
北鹵封貢始末三卷　涂宗濬　T
北征事迹一卷　袁彬　C
平妖紀事一卷　徐從治　T・ML
平粵錄二卷　後平粵錄一卷　汪佅　P
平蠻錄　韓襄毅　T・C
平濠記一卷　錢德洪　C
平夷錄一卷　趙輔　T・F　無卷數。
平倭錄　任公　T・ME
平㺚始末二卷　李日宣　T
再征南紀事一卷　李士達　T

舟山興廢一卷　黃宗羲　C
李仲達被逮紀略一卷　蔡士順　C・H・ML
汰存錄一卷　黃宗羲　C・ML　　不著卷數。
至正近記二卷　吳源　T
攻渝紀事一卷　徐如珂　C・H・ML
廷諍錄一卷　曾忭　T
孝陵紀略一卷　T
孝陵碑一卷　成祖御製　T
南吳舊話二十四卷　西園老人　ML
兩廣紀略一卷　葉復蠡　C・G　　"葉"作"華"。
明興雜記四卷　陳敬則　　一作《開創歷記》。　T
明季實錄一卷　顧炎武　C・B・ML
革除逸史二卷　朱睦㮮　C
革除錄　宋端儀　T
東林紀事本末三卷　吳應箕　T
東江始末一卷　柏起宗　C
東征公議四卷　邢玠　T
東征雜記　劉黃裳　T
東朝記①　王泌　T・C
東事紀略一卷　陳夢璧　T
東便門紀事一卷　孫承宗　T・F　作茅元儀著。
東征客問　楊伯柯　又作楊伯珂。　T
征東實紀一卷　錢世禎　C
征剿古田事略一卷　俞大猷　C
征西記事二卷　謝詔　T

---

①　"記"下原衍一"王"字，據《千頃堂書目》卷五刪，另此書《千頃堂書目》著錄作"一卷"。

李克齋平倭事略一卷　蔣應奎　D·ME
炎方慟哭記　劉昌　T
奏對錄一卷　楊士奇　C
朔雪北征記　屠隆　C
病中抽史一卷　鄧平垣　C
勘定三城錄　呂高　T
滇南慟哭記　王紳　C
圍城日錄一卷　登州人叛事　徐從治　T
聖朝泰交錄八卷　鄒德冰　T
聖朝略記十二卷　項篤壽　T
福王登極一卷　文震亨　C·ML
魯紀年二卷　黃宗羲　C
擒妖始末二卷　岳和聲　P
頌天臚筆二十四卷　金升　T·C·P·N·ML
啟禎兩朝剝復錄三卷　吳應箕　C·ML　作六卷。
捫膝錄　劉琳　T
訓行錄三卷　一名《近光錄》。　楊起元　T
秘錄　李夢陽　C
朝野異聞□卷　王世貞　T
尊聞錄二卷　梁億　T
尊今林二卷　徐來鳳　T
督師事宜十八卷　孫承宗
客舍偶聞一卷　彭孫貽　ML
征南記事一卷　周光鎬　T
金陵野鈔十四卷　顧苓　C·ML
定譁兵略一卷　徐從治　T·ML
定變錄一卷　張崑崍　T

定亂紀事二卷　朱一、馮福寧　T
妖書事迹一卷　沈裕　T
庚申紀事一卷　記嘉靖末振武營事變。　楊希淳　T・C
青燐屑一卷　應棐臣　T・C　"棐"作"棐"。・G　作應廷吉。・ML
林居漫錄八卷　伍袁卒　T
使虜錄一卷　趙榮　T
抽簪罪言一卷　畢自嚴　P
所知錄三卷　錢澄之　C・F・H・ML
孤樹裒談十卷　趙可與　T
臥憂志一卷　丁相　T
洪武聖政纂二卷　董穀　T
洪武聖政記三十二卷　趙錡美　T・N　不著撰人。
昭代芳模三十五卷　涂昌治　T・F・B　作二十五卷。
昭代史略　鄒守益　T
戰國策編年輯遺十二卷　程元初　T
戰國策譚棷十卷　附錄一卷　張文燿　C・N
皇明肅皇外史四十六卷　范守己　P・C
皇明野史　吳肇東　T
皇明異典述五卷　王世貞　T
皇明末造錄二卷　金鍾　C・F・ML
皇明開泰錄　吳桂森　T
宣召紀略一卷　王世昌　T
皇明平吳錄三卷　吳寬　D・O
皇明大政纂要十八卷　金懋　T
皇明從信錄四十卷　陳建　C・F・H
南征實錄一卷　郭仁　T
南征錄三卷　張瑄　T・P　作一卷。

南都死難紀略一卷　顧苓　C・ML
宣宗政要一卷　霍韜　T
宣靖備史　陳霆　T・C　作四卷。・B
後督師記略一卷　孫承宗　T
春秋別典十五卷　薛虞機　C
建文遜國月表二卷　劉廷鸞　T・C・D　不著撰人。
建文史待　陳繼儒　T
建文逸史　陸時中　C
建州考一卷　陳繼儒　C
建文野史　王會　T
問世狂言一卷　劉塙　T
問時尚論録十六卷　蔡士順　T
病逸漫記二卷　陸釴　T・R
病榻遺言一卷　高拱　T・R
海外慟哭記一卷　黃宗羲　C・ML
海寇議後編一卷　茅坤　C・ME
存是錄一卷　姚宗典　C・ML
交黎末議三卷　蔣光彥　T
伏戎紀事一卷　高拱　C
列國史補十八卷　魏國賢　T
安邊記　霍尚守、翁襄敏　T
西征歷一卷　梅之焜　T
西征記　宗臣　C
西南紀事二卷　郭應聘　T・P　作六卷。
西番事迹一卷　王瓊　N・P
沙定洲紀亂一卷　黃宗羲　C
考信編七卷　杜思　T

考信編二卷　吳士奇　T
全吳紀略一卷　楊廷樞　C·ML
行朝錄十一卷　黃宗羲　C·F·B　作三卷。·ML　作六卷。
在田錄一卷　張定　T
權幸錄□卷　王世貞　T
守鄖紀略一卷　高斗樞　T·C　即《存漢錄》。·ML　一名《存漢錄》。
宋史辨疑　宋諫　T
宋西事案一卷　張鼎　T·F　不著卷數，祁系光撰。
宋蓍龜錄　楊譓　T
廷樞紀聞　唐于謙　T
忭園涇襟錄一卷　白愚　C·H·ML
君初政記一卷　沈文聖　T
祖師紀略一卷　一名《笏記》。　謝三賓　T
乘城日錄二冊　周宇　T①
倡亂始末二卷　武塘　T
從吾錄　吳源元　T
俺答前後志二卷　馮時可　T
晉唐指掌四卷　張大齡　T
泰昌日錄二卷　楊維休　T·ML
烏槎幕府記一卷　鍾兆斗　C
徐念陽定蜀記一卷　文震孟　C·ML
唐藩鎮指掌一卷　張大齡　T
延陵校劄二卷　吳中行　T
僞吳雜記三卷　趙琦美　T
勤王檄稿一卷　李日宣　T

---

①　"T"原脫，據《千頃堂書目》卷五補。

曾中丞平蠻録二卷　許一德　T
致身録一卷　史仲彬　T・C
馭交記十八卷　張鏡心　T
盛事述三卷　王世貞　T
紹武爭立紀一卷　黃宗羲　C
洸海近事二卷　俞大猷　C
符離弭變紀事一卷　朱一、馮福寧　T
啓禎記聞録八卷　葉紹袁　C・ML　作六卷。
流寇志　戴笠　T
倭功始末　熊尚文　T
清流摘鏡四卷　王岳　C・F　作六卷,吴獄撰。・ML　作吴獄撰。
清録始末二卷　李日宣　T
崇禎朝紀事四卷　李遜　C・F
崇禎甲申燕都紀變實録一卷　錢邦芑　C・H・ML
國史紀聞十二卷①　張銓　萬曆時人。　T②
國初明良隆遇録十卷　T
國朝謨烈輯遺二十三卷　朱當㴐③　P
國朝紀要十卷　姚文蔚　T
國史類記一卷　張以誠　T
國史舉凡　劉元卿　T
國朝史略四十九卷　王禪　T
國朝武功紀勝通考八卷　顏季勝　T
痛餘雜録一卷　史惇　C・ML

---

① "紀",原誤作"記",據明天啓刻本《國史紀聞》原書題名及清乾隆間武英殿刻本《明史・藝文志》改。
② "T"原脱,據《千頃堂書目》卷四補。
③ "朱",原誤作"米",據《中國古籍總目》著録此書題名改。

猶軒紀事一卷　姜日廣　C・MF・T・ML
復社紀略三卷　陸世儀　C・ML
復辟錄一卷　楊暄　T・C・D
朝事日錄　王佐　T
滄州退賊事略一卷　胡世寧　T
籌遼末議　朱祖文　T
張司馬定浙二亂志一卷　王世貞　C
經略復國情節二卷　沈思賢　T
滇南紀亂錄一卷　倪鉅　T
閣諭錄四卷　楊一清　C・P・T　作七卷。
聖安本紀六卷　顧炎武　C・H・G　作二卷。・ML
聖旨日記五卷　郭子章　T
督師紀略十三卷　茅元儀　T
罪謫錄　張謫　記張鶴齡事。　T
罪黜錄一卷　林瓊　T・B・ML
楊監筆記　楊德澤　C
誅仇鸞始末　趙時春　T
圍城日錄一卷　劉錫元　T
聞見摘鈔　葉茂才　T
聞見漫錄　盛訥　T
靖海紀略一卷　高拱　T・C
靖危錄　記江西之變。　李元嗣　T
雲事評略一卷　吳伯與　T
雲中降虜傳一卷　劉紹岬　T
萬曆起廢考三卷　周永春　T・ML
萬曆辛亥京察紀事十卷　丁元薦　T・ML
綏廣紀事一卷　高拱　C

嘉靖平倭通録一卷　徐學聚　C·ML

漏居寓言一卷　顧季亨　T

遜園逸書　錢士升　T

潯陽紀事一卷　袁繼盛　C·ML

播事述一卷　鍾奇　T

播酋始末一卷　程正誼　T

撫安東夷記一卷　馬文升　T·D·F

撫裔紀略二卷　鄭洛　T

賜姓始末一卷　黄宗羲　C·G

遼邸紀聞　錢希言　T

盡心録六卷　李栻　T

彈園雜志四卷　伍袁萃　T

歷代先賢傳贊六卷　孫承恩　T

龍興慈記一卷　王文禄　C

鬭宫始末一卷　岳駿聲　T·ML

燕都日記　馮夢龍　C·N　著一卷,不著撰人。·ML

賢識録一卷　陸釴　T

樵史補遺　秦約　T

遼事備考一卷　顧季亨　T

遼事顛末一卷　方震孺　T

遼籌四卷　張鼐　T·F　作二卷。

撻虜紀事一卷　高拱　C

謇齋瑣綴八卷　伊直　N·T

藩封紀略　蕭大亨　T

識小編十四卷　周應賓　T·ML

驅除録三卷　姚涞[1]　T

---

① “涞”,原誤作“綀”,據《千頃堂書目》卷五改。

續瑣綴錄□卷　張問仁　T
贛州失事紀一卷　黃宗羲　C
乙未私志　余寅　T
人代紀要三十卷　顧應祥　T・N・D　作三十六卷。
交黎勦平事略四卷　張鰲　T
諭鹵俗言四卷　鄭洛　T
諭鹵俗言四卷　王象乾　T
螽雪編一卷　張守敬　T
遼略□卷　顧季亨　T
遂古記八卷　朱謀㙔　P・T・N
日本乞師記一卷　黃宗羲　C・ML
四明山塞記一卷　黃宗羲　C
平夏疏錄　劉芳譽　T
明良交泰錄　尹直　T
西南紀事三冊　朱袞　T
暖閣召見紀事一卷　王錫爵　T
雲棲紀事　釋袾宏
萬軍門勘處夷情一卷　黃鐣　D
賀氏危言　賀燦然　T
中興頌治三卷　金升　T
江上日錄一卷　吳子孝　T
江陵遺事一卷　支大綸　T
守襄危言　唐大章　T
征藩功次　王守仁　C
比曹紀實一卷　徐大化　T
和衆乘域略　閻應元　ML
安南供役紀事一卷　朱之瑜　ML

素王紀事三十三條　西蜀王璿公瑾　D
仿指南錄一卷　范康生　C・H・ML
瑣事賸錄八卷　周暉　D
歷代敘略一卷　梁寅　D
龍飛紀略八卷　吳僕　D
交泰錄二卷　楊士奇　D
大禮始末一卷　鮑應鰲　T
大禮正義　陳杞　T
大禮續奏議　何淵　T
大禮輯略揭帖　何淵　T
國策膾四卷　項應祥　N
籌邊一得一卷　易文　N
出使錄一卷　李實　N
人代紀略三卷　顧應祥　B
三代戰事錄一卷　顧岑　B
宣德別錄十卷　吳廷燮　B
征夷雜記一卷　張瓚　B
戍樓閒話四卷　茅元儀　B
三戍叢談八卷　茅元儀　B
三湘從事錄一卷　蒙正發　B・ML
燕敵記二卷　燕道記二卷　郭造卿　B
伏闕稿　王世貞　D
椒宮舊事一卷　王達　T
備倭紀略　歸有光　C
知罪錄一卷　黃綰　D
閱視大同錄一卷　T
兩廣平蠻錄一卷　D

奉天靖難記四卷　T
皇明思明錄　D
國初事迹四卷　附國初禮賢錄二卷　D
朝鮮史略六卷　P
補遼律儼皇帝朝實錄七十卷　T
漢雜事秘幸一卷　T
大越史略三卷　T
朝鮮國三咨錄　MF
日本受領之事　MF
渤泥入貢記　宋濂　MF・N
安南事宜　MF
入緬顛末　MF
征倭雜志　ME
備倭事略　ME
倭事徵信錄　ME
海防經略纂要　ME
叙嘉靖倭入處東南事　ME
南征實略　ME
嘉靖倭亂備鈔二卷　ME
汪直傳一卷　ME
禦倭條議一卷　海上丈人　ME
明小紀四册　林時對　ML
明史大事紀聞　徐鳳垣　ML
明紀撮奇　陳子英　ML
狗馬史記二十七卷　李世熊　ML
鞠旃日記　潘居貞　ML
文史　吳鍾巒　ML

明季綫　周容　ML
殿事錄三卷　周永春　ML
朝野見聞紀略一卷　王瑞國　ML
萬曆戊申考證二卷　楊廉　ML
天啓記政錄一卷　徐肇　ML
熹宗諒闇　顧炎武　ML
門户志略一卷　姚宗典　ML
陸忠烈挺擊實錄一卷　陸夢龍　ML
紅丸一卷　移宮一卷　朱國禎　ML
宦夢錄四卷　黃景昉　ML
北行日譜一卷　朱祖文　ML
閹黨逆案一卷　韓爌　ML
丙寅紀事一卷　王光經　ML
黨鑑四卷　吳麟徵　ML
漆室葵忱　劉虞　ML
丙丁雜志　侯岐曾　ML
復社同人姓氏一册　吳翿　ML
光武紀年　吳鉏　ML
聖安實錄十二卷　永曆史臣撰　ML
南渡紀事　錢光綉　ML
南渡紀略　楊秉燧　ML
南江藏史　史逸裘　ML
南都大略三卷　沈鴻南　ML
戾圉疑迹　錢氁　ML
中興綱目　徐樹丕　ML・F
中興頌治　顧紳　ML
中興紀錄　顧紳　ML

中興全盛錄　何光顯　ML
中興金鑑　張應鼇　ML
中興十二論　馮京策　ML
熒火秋光記　林賓　ML
聖安書法　戴笠　ML
南都時事　顧炎武　ML
乙丙時事　周燦　ML
南福兩京實錄　李沂　ML
餘燼前錄　呼谷　ML
乙丙日記　葉繼武　ML
閩事紀略一卷　華廷獻　ML
閩粵春秋　周齊曾　ML
行在陽秋二卷　劉湘客　ML
庚寅十一月初五日始安事略一卷　瞿元錫　ML
平寇志十二卷　彭孫貽　ML
虎口餘生記一卷　任邱、邊大綬　ML
守汴日志一卷　李㽔　ML
大梁城守記一卷　周在浚　ML
蜀難叙略一卷　沈荀蔚　ML
蜀事紀略一卷　朱燮光　ML
禦寇詳文一册　ML
永城紀略　馬士英　ML
寇營記事一卷　陶泓　ML
國難睹記一卷　原題《草莽東海臣瀝血謹記》。　ML
三楚舊勞記　高斗樞　ML
紳志略一卷　馮夢龍　ML
北事補遺一卷　馮應龍　ML

崇禎十七年保定府紀事一卷　陳僖　ML
甲申大難錄　孫容逢　ML
勾吳外史　朱明德　ML
蒙難偶記　鄭興僑　ML
金陵對泣錄　談遷　ML
甲申野證　董說　ML
甲申臆議　陸世儀　ML
汰存錄紀辨　盛端明　ML
明代野史　福王時編　ML
留都見聞錄二卷　吳應箕　ML
南都應試記一卷　吳應箕　ML
安龍紀事一卷　江之春　ML
安隆事略　周元初　ML
風倒梧桐記二卷　何是非　ML
嶺海焚餘三卷　金堡　ML
嶺表紀年　魯可藻　ML
萍滇信筆　劉蒞　ML
象郡紀事　劉湘客　ML
北征紀略一卷　張煌言　ML
魯王紀事　任光復　ML
南疆遺事　李文靖　ML
島上紀事一卷　楊期演　ML
今魯史　于潁　ML
浮海記　馮京第　ML
井中錄　李文纘　ML
海疆紀略　高斗權　ML
延平王戶官楊英從征實錄　ML

春秋涉録　李世熊　ML
流寓考一卷　沈光文　ML
江上孤忠録一卷　黃明曦　ML
東塘日記一卷　朱子素　ML
嘉定縣乙酉紀事一卷　朱子素　ML
虔臺逸史一卷　彭孫昭　ML
蒙難紀言一卷　張茂滋　ML
洪業彙編　金升　N
孤臣哭記一卷　程源　N
南國春秋　N
炎徼瑣言一卷　郭棐　N
明史紀事　蔣棻　N
沈氏戈説六卷　沈長卿　N·F
徐氏庖言　徐光啓　N·F·B
客燕雜記　陸啓浤　F
客燕日記　陸啓浤　F
石浦衛族考　葉盛　N
文廟靖難記二卷　N
懷陵流寇始終録十八卷　附甲申剩事一卷　戴笠　F
先朝遺事　程正撰　N
七國考十四卷　董説　N
惠潮兵紀　崇禎時人輯①　F
評遼續記　王在晉　F
評遼紀要　王在晉　F
崇禎實録一卷　王世德　N·B　"實"作"遺"。·C　"實"作"遺"。

---

① "時"，原誤作"吋"，據清光緒九年歸安姚氏刻《咫進齋叢書》本《清代禁毀書目》改。

倭志　　N
罪惟録一百二十卷　　查繼仕　　ML
續時略　　黄宗羲　　ML
明史輯略　一作《明書輯略》。　莊延鑨等　　ML
辟雍記事十五卷　　盧上銘　　ML
玉光劍氣二十四卷　　張怡　　ML
馬端肅公三記三卷　　馬文升　　F
甲申南社鄉寇變紀略　　謝重華　　ML
揚州十日記　　王夷楚　　F・ML
明季三朝野史四卷　　顧炎武　　F
甲申日記八卷　　李清　　F・N　　作四卷。
平巢事迹考一卷　　茅元儀　　F
徵吾録二卷　　鄭曉　　F
遼左六忠述二卷　遼事附録一卷　何如召　　F・N
掖垣封事　　馬思理　　F
中興肇記　　朱鎰　　F・ML
千山語録　　釋函可　　F
地緯　　熊人霖　　F
甲申核真略　　釋法通　　F・ML
甲乙編年　　李清　　F・ML
遼紀一卷　　田汝成　　N
檄文一卷　　袁良弼　　N
甲申罪己詔一卷　　思宗御撰　　N
北狄順義王俺答謝表　　N
辛壬録　　戴有孚　　N・ML
南樵外紀　　署罪臣天末山樵編　　F・ML
東事書一卷　　郭溫　　N

閩外春秋三十二卷　尹商　　F
登碑紀略　繆況　　N
討逆闖檄一卷　史可法　　N
禦寇武略　周大章　ME
閩海紀事　戚繼光　ME
徐海本末一卷　茅坤　ME
沈莊進兵實錄　劉燾　ME
禦倭雜著　唐樞　ME
永陵傳信錄六卷　戴笠　ME
海寇議一卷　黄表　ME
籌倭末議　張寰　ME
海寇議　俞元升　ME
平倭管見　胡國材　ME
琉球錄二卷①　郭士霖　李際春　MF
甲申紀事一卷　程正揆　F
五雜俎十六卷　陳留、謝肇淛　F
也是錄一卷　自非和尚　F·ML　　鄧凱撰。
青油史漫　茅元儀　F
冰署筆談九卷　黄汝良　F
江變紀略二卷　徐世溥　F
南渡錄五卷　李清　F·ML
南渡紀事二卷　李清　F·ML
南征紀行一卷　齊之鸞　F
岱史十八卷　查志隆　F·N
明朝小史十八卷　呂瑟　F

---

① "琉"，原誤作"疏"，據《浙江采集遺書總錄》改。清乾隆間武英殿刻本《四庫全書總目》(以下引用該書皆據此本)著錄"使琉球錄二卷，明郭世霖撰"。

建州女直考一卷　吳繼任　F
柴庵寱言二卷　吳甡　F
朝鮮國紀一卷　黃洪憲　MF
朝鮮世紀一卷　吳明濟　MF
使交録　吳伯宗　MF
安南傳二卷　王世貞　MF
滇緬紀事　鄧凱　MF・ML
滇緬日紀　鄧凱　MF
南翁夢録一卷　黎澄　MF
前聞記　祝允明　MF
大理入貢録　周邦政　MF
平倭録　朱平涵　ME
紀事一卷　崔鳴吾　ME
嘉禾倭寇記略　李日華　ME
台州平倭記略　沈明臣　ME
江陰倭事舊聞　張之純　ME
倭難紀略　陳良璟　ME
昆山倭寇始末　歸有光　ME
倭情考略一卷　郭光復　ME
三朝平攘録海寇　諸葛元聲　ME
浙省倭寇始末略　郎瑛　ME
海防略　錢薇　ME
備倭議①　皇甫汸　ME
倭寇紀略　陳鳳章　ME
備倭全書②　張泳　ME

---

① "備"，原誤作"傋"，據明嘉靖四十一年胡宗憲刻本《籌海圖編》改。
② "備"，原誤作"傋"，據清嘉慶七年刻本《嘉慶直隸太倉州志・藝文》改。

倭患考原二卷　貫侯卿　ME
綏交録二卷　T
綏交記一卷　T
國事雜志　T
國朝謨烈輯遺二十卷　T・D
逐鹿記　T
倒戈録一卷　T・ML
御製長陵神功聖德碑一卷　T
開國紀略　T
崇禎紀略　T
建文事迹　T
建文君逸事　T
海寧倭寇始末一卷　P
高廟紀事本末　T
朔方紀事一卷　T
隆武遺事一卷　C
彭大司馬征西紀事一卷　T
揚州變略一卷　C
關白據倭始末　T
楊都御史使虜録一卷　楊善　T
燼宮遺録二卷　C・ML
續眉山論二卷　姜□□　T
天鑑録一卷　T
天啓虐燄録　T・ML
元史外聞十卷　T
天啓邸鈔四册　T
元朝秘史十二卷　P

北樓日記一卷　T
平黎紀事　T
平北録一卷　T
平夏録三卷　D
平蜀録一卷　T
邪氣録一卷　T・ML
京口變略一卷　C
星變志二卷　T
保越録一卷　張士誠幕客　記呂珍守紹失事。　T
昭代遺聞二卷　T
革除漫録一卷　T
革除紀遺一卷　T
革除編年三卷　T
東事紀實　T
東封始末　T
東林同志録　T
征安南事迹一卷　T
金陵紀略一卷　C
斥奸書二十卷　T
西事紀略一卷　T
張江陵忍情遺迹一卷　T

史鈔類

十七史摘奇　金瑤　T
三史鉤元　朱右　T
廿三史綺編十七卷　周延儒　C
廿一史識餘三十七卷　張鏞　C

元史雋　許應　T
史書纂略二百二十卷　馬維銘　C
史鈔二十卷　沈科　T・N
史略啓逢　徐咸　T
史鈔二十二卷　李裕　D
史闕十四卷　張岱　C・B
史略標疑　王逢　T
西漢書鈔六卷　茅瓚　C
南北史撫言　錢穀　T
南史伐山四卷　馮時可　T
南北史藻四卷　陳朝璋　T
班孟堅漢書粹言　淩迪知　C
荊川批點史記二卷　唐順之　C
漢書市言八卷　楊滇　C
精選批點漢書六卷　唐順之　C
讀史詳節十卷　王大紀　T
讀史日鈔　陶大年　T
八書一卷　陳堯　T
木峰史論　趙遷　T
六月譚　茅元儀　P
外紀辨疑　盧璣　T
史評　鄭全棠　T
史解　曹珖　T
史奕　胡纘　T
史學辨疑　王尊賢　T
史通會要四卷　陸深　T・C　作三卷。
史記雜論四卷　一作《史記質疑》二卷。　黃淳耀　T

史辨書疑　吳從周　T

史學斷義　貢珊　T

史要編十卷　梁夢龍　T

史斷一卷　寧獻王權　T

史記纂補二卷　朱焊　T

史衡六卷　陳堯　T·D

史漢愚按八卷　郝敬　T

史評一卷　鄒維璉　C

史測二卷　謝肇淛　T

史談補五卷　楊一奇撰、陳簡補　P

史通評釋二十卷　郭孔延　T

史通訓故二十卷　王惟儉　T·B

史輪一卷　吳見末　C

史懷　鍾惺　T·B　作十七卷。·N

史論一卷　陳子龍　T

史評　曹珖　T

史疑一卷　鄒守愚　T

史疑　王廷幹　T

史乘考誤　陳朝璋　T

百史繩愆二卷　黃克纘　T

世史稽疑二卷　李士實　T·D　"稽"作"積"。

朱子綱目折衷　周禮　T

狂狷裁中十卷　楊時偉　T

呆齋宋論三卷　劉定之　T

宋遼金正統辨一卷　楊維楨　T

宋元史臆見　何喬新　T

宋元綱目愚管二十卷　南山逸老　T

宋論十五卷　王夫之　C
宋史要言　方孝孺　T
蘇談一卷　楊循吉　T
訂補綱目摘要六卷　梅士亨　T
秋士史疑四卷　朱存標　P
貞觀小斷一卷　張吉　C・T
留餘堂史取十二卷　賀祥　P
記史十二卷　羅鴻　T
通鑑綱目集覽鐫誤一卷　瞿佑　T
通鑑外紀論斷　周禮　T
通鑑綱目續編考正　呂原　T
通鑑博論二卷　寧王奉敕撰　T・D・N
通鑑隨筆一卷　蔡清　T
通鑑綱目例考異一卷　汪克寬　T
評史心見十二卷　郭大有　T・N
綱目問答　陳曾曄　T
閱史管見　瞿佑　T
綱目撮要補遺　鄭瑾　T
綱目集覽正誤　釋信受　T
說史僑言十八卷　張大齡　T
疑史自質二卷　張崔　T
諸史品節四十卷　陳深　T・D
綠滋館考信編二卷　吳士奇　T
膚見餘論一卷　趙仙　T
蘭臺讀史日記　熊尚文　T・N　作四卷。
續資治通鑑綱目書法　金江　T
讀史漫稿　陳鯨　D

讀史日錄四卷　王志慶　T

讀通鑑論三十一卷　王夫之　T

讀史博論　許讚　T

讀史編　魏偁　T

讀史筆記　胡粹中　T

讀史愚見四卷　趙宸　T

讀史漫鈔二卷　張泰復　T

讀史雜記二卷　鄒維璉　C

讀史摭言　劉述　T

讀史續談四卷　鄭宣　T

讀史通編　穆孔暉　T

讀史訂疑一卷　王世懋　T

讀史備忘四卷　鄭休　T

讀史商語四卷　王志堅　T・P・B

天運紹統一卷　朱權　P

太史公史記粹言　陳繼儒　C

五代史鈔二十卷　茅坤　C・B

古今一覽二卷　黎貞　T

古史談苑三十六卷　錢世揚　P

歷代一覽一卷　盧文政　T

通鑑集謀錄五十卷　余繼登　T

通鑑分解　馮琦　T

通鑑直解二十八卷　張居正　C・B

通鑑集要十卷　諸燮　D・T　作三十八卷。・N

通鑑釋義□卷　王逢　T

通鑑綱目集要十卷　蔡伸　T

通鑑綱目事類一百二十一卷　包瑜　T

綱目訂正　楊伯珂　T
史學綱領六卷　王伸　T
通鑑綱目音釋一集①　孫吾與　T
歷代史書總論二卷　魏國顯　T
歷代統紀要覽　T
史斷一卷　涵虛子曜仙　D
宋史筆斷十二卷　T·D
青油史漫二卷　茅元儀　N
青萊續史十八卷　朱里　N·F
兩漢儁言十六卷　淩廸知　N
讀史集恨一卷　楊以任　N
讀史管窺二卷　楊慎　N
歷代史鑑斧六卷　N
漢語二十七卷　許應元　N
讀史綱　左昊　F
歷朝綱鑑輯要二十卷　孫鑛　F
歷朝綱鑑全史七十卷　湯賓尹　F
歷朝捷錄二十四卷　本朝聖政捷錄六卷　鄭以律　F
歷朝捷錄增定全編大成四卷　鍾惺　F·N
元明捷錄八卷　顧充　F
歷朝捷錄評林十卷　顧充　F
綱鑑紀要二十卷　蘇濬　F
通鑑纂二十卷　鍾惺　F
通鑑箋注七十二卷　王世貞　F
通紀會纂十卷　鍾惺　F

---

① "綱""一"二字原脱，據《千頃堂書目》卷五補。

通紀會纂四卷　諸燮　F
國朝武功紀勝通考八卷　顏季亨　F
南唐書合訂二十五卷　李清　F
歷代史鉞　楊維楨　T
讀漢書改本　劉瑞　T
日講通鑑直解十七卷　馮琦　C
元史評　胡粹中　T
荊川批點漢書六卷　唐順之　C
陳評後漢書一百二十卷　陳仁錫　C
陳評漢書一百卷　陳仁錫　C
鍾評後漢書一百二十卷　鍾人傑　C
史記彙集十卷　蔣善　B
晉書纂六十卷　蘇文韓　B
晉書鉤玄二卷　陳與郊　B
快史拾遺十二卷　趙繼寶　B
國史唯疑十二卷　黃景昉　B・ML
古今彝語十二卷　汪應蛟　B
史略詞話正誤二卷　楊慎　B
史通評釋二十卷　李維楨　B
諸史夷語解義二卷　陳士元　B
史評十卷　范光宙　B
史取十二卷　賀詳　B
讀史唯疑十六卷　黃景昉　B
史評小品二十二卷　江用世　B
四部正偽三卷　胡應麟　C
通史補遺二卷　鄒璧　T
通鑑筆記　周禮　T

史說　洪垣　P
讀見備遺　沈津　D①
元羽史論　張大齡　T
史彠二十五卷　余文龍　C
八十六朝史綱捷錄十四卷　張位　N
玄羽外編四十六卷　張大齡　N
史緒四十四卷　楊滇　N
史斷選粹一卷　譚澤②　N
史薈五卷　王家植　N
史綱要領三十六卷　姚舜牧　N・F
史要編十卷　梁夢龍　N
史糾　朱明鎬　N
史異編　余文龍　N
史砭二卷　程至善　N
史拾載補十九卷　衆斷五卷　吳弘基　N
史事易求　沈天祥　N
史纂　屏石氏　N
史鈔二十二卷　吳文度　N
史書論纂四十卷　陳士元　N
世史類編四十五卷　李槃　N・F
古史評要五卷　吳崇節　N
史乘纂誤　周之綱　N

---

① 按，檢清嘉慶十三年阮元文選樓刻本《天一閣書目》（以下引用該書皆據此本），未見著錄沈津此書。另明嘉靖四十年刻本《浙江通志・藝文志》著錄"沈津《讀史備遺》"，明萬曆三十年松江府刻本《續文獻通考・經籍考》著錄《讀史補遺》，沈津著，《千頃堂書目》卷五著錄"沈玤《讀史備遺》"。

② "譚澤"，原誤作"譯"，據《中國古籍總目》著錄明萬曆間刻本《史斷選粹》原書題名改。

全史論贊八十二卷　項篤壽　N
宋論三卷　劉定之　N
南北史合注一百九十一卷　李清　F
明通紀直解十六卷　張嘉和　F
宋元史發微　陸伂　F
明史略　程嗣章　F
明史竊　尹衡　F・C　作一百一卷，尹守衡撰。《清代禁毀書目補遺》作一百
　　五卷，尹守衡撰。
史綱評要三十六卷　李贄　F
史縈　魏柏祥　F
通鑑紀略　寧閑則　F
通紀統宗　袁黃、卜大有　F・N
通紀捷覽　譚元春　F
讀史綱　左昊　ML
明史綱　莫以寅　ML
讀史稗語十一卷　徐枋　ML

故事類

三河聞荒條議二卷　T
山東鹽法志　王貴　T
山東鹽法志四卷　譚耀　T
大明通寶義一卷　羅汝芳　T
大明會典鈔略十三卷　余夢鯉　T
戶部餉款目　T
戶部漕運議草　T
六衛倉條革二卷　陳善　T
吉安貢舉考四卷　甘雨　T

西江振粟策① 張世昌　T
同政要覽二卷　連標　T
里役書　章嘉禎　T
兵糧考二卷　松潘　T
兩淮鹽政疏理成編　袁世振　T
兩淮鹽法志六册　陳聘　T
兩浙長蘆事宜　許天贈　T
兩浙戰船則例　李釜　T
兩浙鹺志　唐臣　T
兩浙鹺志十四卷　劉仕賢　T
宋登科錄　張朝瑞　T
刷卷事例　楊紹芳　T
牧政事宜　蔣宗魯　T
狀元紀事三卷　張幹　T
蘇松浮糧考一卷　陸世儀　C
宮中鑑錄七卷　王幾中　T
明元魁表　雷禮　T
金華荒政　張朝瑞　T
河南派糧告示一卷　D
河東運司志五册　蔣春芳　T
長蘆運司志七卷　林庭㭿　T
軍政事例　思齊霍公　侍御史。　T
南國賢事正編六卷　前編二卷　張朝瑞　T・B　作五卷。・C
皇明三元考十四卷　張弘道　C　"弘"作"凝"。・T・N
皇明科名盛事錄七卷　張弘道　T・N

---

① "江"，原誤作"泣"，據《千頃堂書目》卷九改。

皇明諡法纂十卷　孫能傳　T
皇明諡類鈔二卷　鄭汝璧　T
皇明進士登科考十二卷　俞憲　T・N
皇明浙士登科考十卷　陳汝元　T
皇明狀元圖考五卷　顏祖訓　T・N　作六卷。・F　作三卷，顧鼎臣、孫祖訓撰。
馬政條例　汪宗元　T
馬政事宜　何熊祥　T
派徵稅糧則例一卷　撫州府臨川縣刊　D
留儲志　余懋學　T
荒政紀略一卷　楊德固　T
荒政輯略二卷　宋纁　T
海運籌略一卷　于仕廉　T
海運圖說一卷　鄭若曾　T
漕運折議一卷　徐學謨　T
倉儲彙覆　許豸　T
茶馬志　譚宣　T
鱉鑑四卷　吳徵驎　T
國朝條例　呂懃　T
救荒續錄　蒲登辰　T
救荒雜議一卷　祁彪佳　C
救荒定議一卷　陳瑚　C
救災集議　倪復　T
救荒策一卷　于仕廉　T
常平枚法一卷　陸世儀　T
常平倉記　張朝瑞　C
淮南中十場志四卷　徐充國　T
清軍條例　楊紹芳　T

備荒書一卷　何孟春　T
運册新考　陳鍾盛　T
運事摘要　楊一鵬　T
福建醝政全書二卷　周昌晋　T
福建運司志三卷　林大有　T
福建省城防禦火患事宜一册　龐高鵬　T
齊梁監兌錄①　蔣宗魯　T
漕書八論一卷　張鳴鳳　T
漕船志八卷　潘塤　D
賑備疑義一卷　義田圖　P
廠記　沈啓南　T
錢通三十二卷　胡我琨　P・B
豫章科目表　雷禮　T
謚法考六卷　王世貞　T
謚法通考十八卷　王圻　P・B
歷代内侍考　毛一公　T
豐城科第記　雷禮　T
廬陽荒政錄　陸夢麟　T
廬陽荒政錄　龍誥　T
開采圖說　姚思仁　T
開溝法一卷　葉東敬　T
鄞縣丈量田總錄一卷　D
吳郡二科志一卷　閻秀卿　C・T
宋行宮考一卷②　徐一夔　T
兵政紀略　蔡承升序　D

① "監兌"，原誤作"鹽克"，據《千頃堂書目》卷九改。
② "一卷"二字原脱，據《千頃堂書目》卷八補。

全史吏鑑四卷　徐元太　C・N・B　作十卷。
同年敦誼録一册　朱應雲　D
成化八年會試録一卷　萬安　C
工部類處財用一卷　D
王陽明保甲鄉約法一卷　C
分科事宜一卷　嘉靖十六年纂　D
歷代市舶記　卜大同　T
膠萊末議　來斯行　T
膠萊河始末會議　龍文明　T
漕河通考四十五卷　黃承玄　T①
漕河紀事二卷　宋禮開　T
漕渠七議一册　何堅　T
漕河治標議一卷　姜志禮　T
濬湖議　倪複　T
講筵恭紀一卷　衛周祚、李霨銓、金之俊等　T
金昌事纂　伍餘福　T
金陵舊事十卷　焦竑　T
鄒魯水利　張朝瑞　T
經世要略二十卷　黃廷言　T
黃河或問　龔弘　T
水利書　錢仁夫　T
水利書　姚文灝　T
水利事宜　姚文灝　T
水利節略　周大韶　T
水利圖　姚文灝　T

---

① "T"原脱,據《千頃堂書目》卷八補。

水利書　陸容　T
海運說一卷　華乾隆　C
兩宮鼎建記　賀仲軾　C
后鑑錄三卷　謝蕡序　T
文獻通考纂二十四卷　胡震　B
兵部續驛傳事例　T
兩浙訂正鹽法四卷　T
兩淮簡明鹽法二卷　T
兩浙南關榷事書一卷　T
兩浙鹽法條例五十卷　T
宋狀元考十二卷　T
宋歷科狀元錄六卷　朱希召　C·N　作八卷。
宗藩名對錄　T
宗藩事宜覆疏　T
宗藩要例二卷　T
招商事宜一卷　T
明狀元考四卷　T
河南舉人錄一册　洪武起嘉靖止。　D
河東鹽地錄四卷　D
咨訪謚號一册①　T
洪武中招撫逃民榜文一卷　T
治水或問　T
治水筌號　T
長洲縣清查全書六卷　T
長洲縣救荒全書八卷　T

---

① "一",《千頃堂書目》卷九無。

軍門節制一卷　D
軍政一卷　D
軍政條例摘鈔十卷　T
軍令一卷　D
皇明歷科進士考二十卷　T
重修兩浙鹺志三十卷　T
船政買本事宜二卷　D
秘閣元龜政要十六卷　T
荒政　C
浙西海防兵糧疏一冊　T
條例節略三十二卷　T
海運末議一卷　T
海運膠河通考　T
宮殿額名　T
國朝山陵考　T
常盈倉志四卷　T
教民榜一卷　D・MG
場所公費事宜一卷　T
開國以來節決賞賜則例文冊三秩　T
煮粥議　T
運司志四卷　T
萬曆九年清田丈糧録四卷　T
漕運圖説　T
漕務全書　T
漕運通志十卷　T
漕船新志一卷　T
漕河撮稿六卷　　嘉靖三年纂。　D

三省鑛防考二卷　T・B　　劉畿撰。
中貴芳摹一卷　T
中都儲考　T
天下都司衛所一卷　T
天津儲考　T
公侯襲封底簿　T
功臣廟壁圖一卷　T
史記事救荒補遺二卷　T
江西賦役全書　萬曆年間。　P
古今廉鑑八卷　喬懋敬　N
全陝政要四卷　　一作二卷。　龔輝　T
全陝政要錄　浦鋐　T
成祖軍令一卷　T
均平全議二卷
均役均田條議　T
邦政條例二卷
武進士登科考二卷　T
武舉錄式樣一卷　　正德年間。　T
兵部行事例　T
兵部見行事宜一卷　D
兵部會議揭帖一卷
兵部清軍事宜　T
松潘兵糧考二卷　T
諸司便覽見行條例十册　T
德州倉新集便覽一卷　T
慈谿量實田地文册一卷　　隆慶五年刊。　D
謚號錄一册　T

淳安政事録　　T
臨清倉志二卷　　T
蘆政條例一卷　　嘉靖年間。　　T
驛傳事例　　T
漕河志三卷　　T
漕河十硯六卷　　T
溫州水利考四卷　　T
八閩鹽政志　　T
土官底簿二卷　　C
同年録一册　　D
吉安進士録一册　　D
西北治田説一卷　　T
吏部考功司題榜　　P
武選條例一卷　　D
防禦條疑一卷　　D
防禦火患事宜一卷　　D
六部事例六册　　D
均平録　　T
守城事宜一卷　　福州巡撫龐某　　D
國朝功臣鐵劵式　　T
吏學指南八卷　　徐元瑞　　T·D
按豫仁言四卷　　邱兆麟　　T
治病説一卷　　陳瑚　　C
治河記一卷　　楊旦、劉松石　　T
治開政績①　　李嘉祥　　T

---

①　"續"，《千頃堂書目》卷十作"迹"。

修河事宜　任邱　T

皇明經世要略四卷　黃仁溥　T

軍政事例　思齋霍公　侍御史。　T①

軍政條例五卷　嘉靖卅一年。　蔡克廉序②

食貨志選三卷　余玉崖　T

晉政略二卷　南居益　T

浙洋哨兵一册　盧鐔　T

救荒活民補遺三卷　宋維吉　T·N

貂璫史鑑四卷　張世則　T

粵中猺訓　劉穩　T

湖南訓規　呂高　T

惠安政書十二卷　葉春及　T

當官三事錄三卷　梁綱　T

廣同姓名錄十六卷　朱統鑘　T

漕書八論一卷　張鳴鳳　T

漕河一硯五卷　周之龍　P·T　作十卷。

監司守令寶鑑二卷　徐學聚　T

撫吳公移四卷　周孔教　T

撫黔公移四卷　郭子章　T

仁孝皇后內訓一卷　MG

太祖訓行錄　MG

紀非錄一卷　MG

儲君昭鑑錄一卷　MG

海防事宜　茅坤　ME

---

①　"T"原脫，據《千頃堂書目》卷九補。《千頃堂書目》著錄此書爲六卷，不著作者。

②　《千頃堂書目》卷九著錄"軍政條例七卷"。《中國古籍總目》《中國古籍善本書目》均著錄明孫聯泉撰《軍政條例續集》五卷，天一閣藏明嘉靖三十一年江西臬司刻本。

展城或問一卷　呂坤　N
山東鹽法志四卷　查志隆　N
全吳籌患預防錄四卷　陳仁錫　N
事備　楊炎　N
事編八卷　孫慎行　N
明功臣襲封底簿　吏部編　N
河東鹽法考一卷　N
陝西靈州鹽法考一卷　N
廣東鹽法考一卷　N
皇明外夷朝貢考二卷　N
治河管見四卷　潘鳳梧　N
景藩三國事宜一卷　景府長吏編　N
營造法式　李誡　N
龍江船廠志八卷　李昭祥　N
福建運司志十六卷　林烴　N
廣治平略三十六卷　續八卷　蔡方炳　F
經濟言十二卷　經制考略八卷　陳子壯　F
興朝治略十卷　周時雍　F
古今兵鑑三十二卷　鄭璧　F
秦璽始末一卷　沈德符　B
濟漕志補略二卷　邵經濟　B
洲課條例一卷　王侹　B
兵政紀略五十卷　李材　B
興朝治略十卷　周時雍　B
皇明貢舉考八卷　張朝瑞　B
河南管河道事宜一卷　商大邱　D
中都儲志十卷　張良知　D

徽州府賦役全書　田生金　P
救荒全書　陳幼學　T
江西學政申言　黃汝亨　T・N　不著撰人。
海運議　程可試　T
通糧廳志十二卷　周之翰　T・N
各省世官表　雷禮　T
武選司邦政條例十一卷　T
郊社宗廟沿革一卷　MG
女誡一卷　MG
辨奸錄一卷　宋濂　MG
孝慈錄一卷　MG
資世通紀一卷　MG
省躬錄一卷　劉三吾　MG
爲政要錄一卷　MG
集犯諭一卷　MG
孝順事實十卷　MG
武備秘書四卷　施永圖　F
武備要略十四卷　程子賢　F
武備志二百四十卷　茅元儀　F
武備全書　潘康　F
治平言　曾大奇　F
狀元圖考十四卷首一卷　陶洪　F
皇明歷科狀元錄四卷　陳鑑　F
守筌　冒起宗　F
守官漫錄　劉若愚　F
守官漫錄　劉萬春　F
全史謀篇　郭古春　F

備考彙典　　楊彝、顧夢麟　　F
甲乙紀政錄　　徐肇台　　ML
福王諡法考　　周朱來　　ML
明季災異錄一卷　　黃宗羲　　ML
書事七則一卷　　陳貞慧　　ML
過江七事一卷　　陳貞慧　　ML

職官類

元京畿官制二卷　　熊太古　　T
太常志　　陳贄　　T
太宰問　　王佐　　T
列卿年表　　項篤壽　　T
吏部新修四司職掌四十卷　　T
吏禮二部條例①　　T
光祿須知②　　黃宗明　　嘉靖時修。　　T
兵部四司職掌　　T
品級考二卷　　劉元霖　　P
宋兩府年表　　雷禮　　T
明吏部職掌十册　　D
供儲錄　　高尚賢　　T
秋官記　　范宗文　　T
秋臺錄　　彭韶　　T
南京工部職掌條例五卷　　劉汝勉　　T
南京刑部志四卷　　呂欽　　D

---

①　"禮"，原誤作"部"，據《千頃堂書目》卷九改。
②　"知"，原誤作"志"，據《千頃堂書目》卷九改。

留臺雜考　T①
南京太常寺志十三卷　屠楷序　D
曹日録　彭韶天　T
南雍條約一卷　黃佐　T
符司記　熊尚文　T
橋門録　王佐　T
風憲事宜一卷　T・D・B　　王應鶴撰。
官品令三十卷　D
諸司職掌三卷　D
大明諸司衛衙門官制考二卷　凡三十五篇。　T
大明官制二十八卷　T
太常總覽六卷　P
太常寺外備録一卷　T
戶部職掌十三卷　T
刑部便覽四卷②　T
禮部制司職掌八卷　T
兩館題名記一卷　T
明職一卷　T
官常政要十四卷　T
使規　T
南京光禄寺志四卷　T
南京大理寺志七卷③　T
太常續考八卷　C
使職文獻通編二十二卷　T

---

① "T"原脱，據《千頃堂書目》卷九補。《千頃堂書目》著録此書爲八卷。
② "便"，原誤作"使"，據《千頃堂書目》卷九改。
③ "志"字原脱，據《千頃堂書目》卷九補。

國子監建置沿革一卷　吳王元年至永樂五年。　T
憲綱事例二卷　T
鴻臚寺志四卷　T
續殿閣詞林記□卷　T
南京上林苑志　T
館閣漫録十卷　張元忭　T
翰林記　陸深　T
翰苑須知一卷　張位　T
續宋宰輔編年録二十卷　呂邦耀　T
吏部四司條例八卷　洪武中　D
南京兵部營規一卷　D
計部大事記　曾嶼　T
馬政志一卷　歸有光　C
吏部四司條例八卷　洪武年間。　D
南雍志二十四卷　黃佐　T[①]
掾史芳規二十卷　耿定向　T[②]
太常紀二十二卷　蕭彥　T
工部器皿志　都穆　T
監長編　吳錫胄[③]　T
官職會通十四卷　魏莊梁　D
申明憲綱二卷　王廷相　D
雍略二卷　陳念先　T
南京國子監條例六卷　洪武十五年至成化十五年。　續條例二十六册

---

① "T"原脱，據《千頃堂書目》卷九補。
② "T"原脱，據《千頃堂書目》卷十補。
③ "胄"，原誤作"胃"，據《千頃堂書目》卷九改。

至嘉靖止。　王㒜①　T②

御史臺憲綱一卷　MG

皇明百官述二卷　鄭曉　N

吏部職掌　方九功　N

儀注類

大高玄等殿圖一卷　T

大仙都等殿並旋坡臺圖樣一卷　T

大駕鹵簿圖一册　T

巾帽局圖四册③　T

中宮以下及郡王冠服圖式一卷　T

中宮鹵簿圖一册　T

太學儀節二卷　王材　T

太廟儀注使説一册　趙楷　T

太祖諡議一册　永樂元年。　T

正德二年新奏禮儀一卷　T

禮儀定式一卷　李源　D

禮儀定式一册　董綸等　D

行移體式二卷　T

世宗尊上皇天上帝儀注一卷　T

東宮監國事宜一册　嚴嵩　T

東宮妃及公主郡主儀仗圖一册　T

東宮儀仗圖一册　T

迎接都監都廳儀軌　P

---

① "㒜"，原誤作"偶"，據《千頃堂書目》卷九改。

② "T"原脱，據《千頃堂書目》卷九補。

③ "局圖"二字原脱，據《千頃堂書目》卷九補。

到任儀注一册　T・MG
洪武禮制一卷　T・D・P　作太祖敕撰。
容臺儀注　T
泰神殿圖册一卷　T
秦泉鄉禮一卷　汪鐸　D
建言格式　洪武八年。　T・MG
射禮儀節二册　萬曆二十三年。　黄允纘　T
祭祀儀注十卷　T
國初郊壇祭亨儀注十卷　T
累朝禮儀榜例一册①　T
欽降禮制一册②　T
朝服圖一册
欽禁奢侈一册　T
獻皇帝廟殿圖一卷　T
龍鳳船方船四脊黄船圖一卷　T
鴻臚寺儀注要錄二卷　T
銓曹儀注五卷　唐伯元　P
正祀考八卷　李景山、閔煦　B
孔廟禮樂考六卷　瞿九思　B
禮律類要　陳璋　T
頖宫禮樂疏十卷　李之藻　D
軍禮一卷　MG
皇太子親王及士庶婚禮制一卷　MG
官員親屬冠服之製一卷　崔亮等　MG
官民相見禮一卷　MG

---

①　"榜"，原誤作"傍"，據《千頃堂書目》卷九改。
②　"欽"，原誤作"領"，據《千頃堂書目》卷九改。

郊社宗廟社儀　李善良　MG
禮儀定式一卷　MG
稽制錄一卷　MG
到任儀注一册　T
欽定儀注輯錄一册　T
親王儀仗圖一册　T
鴻臚寺儀注要錄二卷　T①
累朝禮儀榜例一册　T②
鍼工局圖四册③　T
皇穹宇崇雲壇神祇壇圖樣一卷④　T
皇史宬並景神等殿圖一卷⑤　T
朱文恪公册立光宗儀注　朱國祚　ML
天啟大婚禮儀注一册　周道登　ML

刑法類

平刑八議⑥　何熊祥　T
申明誡諭書　<small>洪武五年頒佈。</small>　T
仁獄類編三十卷　余懋衡　T
王恭毅公駁稿二卷　王槩　T
山西恤刑疏草六册　杜辂　T
大理駁稿　魏有本　T
大理駁稿　熊桂　T

---

① 此條前已著錄，當刪。
② "榜"，原誤作"傍"，據《千頃堂書目》卷九改。此條前已著錄，當刪。
③ "鍼"，原誤作"鈂"，據《千頃堂書目》卷九改。
④ "雲"，原誤作"零"，據《千頃堂書目》卷九改。
⑤ "史宬"，原誤作"穹"，據《千頃堂書目》卷九改。
⑥ "議"，原誤作"識"，據《千頃堂書目》卷九改。

大理駁稿　戴時宗　T
大明律直引五卷　洪武三十年御製序。　D
大明律解□□卷　鄭汝璧　T
大明律附錄一卷　太祖敕撰　P
三邑政編三卷　劉時俊　T
讀律瑣言七卷　汪克用　D①
讀律管見　陸東　T
增補疑獄集一卷　任智志　T
敬刑錄四卷　閭世科　T
慎刑錄二冊　王世翹　T
祥刑集覽二卷②　盧廷佐③　T
棘台駁稿　張綸　T
棘寺駁審　王樵
御製新頒大明律例釋招折獄指南十八卷　P
法司駁稿六卷　李祐南　T
律解辨疑一卷　魏銘　D
律解附例四卷　劉惟謙　D
律條疏義三十卷　張楷　P
律條撮要□□卷　張楷　T
律法詳明　徐舟　T
明刑錄二卷　翁汝進　T
明刑錄六冊　熊尚、文天中　T
明律釋義五卷　洪武三十年御撰　D
代庖公案八卷　沈節甫　T

----

① "D"原脫，據《天一閣書目》補。
② 《千頃堂書目》不著卷數。
③ "佐"，原誤作"柱　"，據《千頃堂書目》卷十改。

牧民懿矩　李廷寶① T
牧政略　許孚遠 T
牧越議略　沈啓② T
烱戒録　李署 T
洗冤叙述録　王鵬 T
政刑辨釋五卷　蕭緒 T
政學訓言録三卷　李希雛 T
政訓五卷　彭韶 T
陝西審録揭帖一卷　鄭世威 T
蔣璞山政訓一卷　譚秉清 T・D
牧津四十四卷　祁承爍③ P・N・T④
大誥武臣三十二卷　洪武二十年纂。 D
大誥續編八十七條　洪武十九年。 D
比擬指南五卷　龔大器 T
楚中宗招擬一卷　宋廣 T
萬曆敕命　N
靖江王招一卷　D
張文博招一卷　D
張體乾等招一冊　T
崔呈秀招一冊　T
律疏附例　洪武三十年御製序。 D
律條疏議十卷　成化三年倪謙序。 D
刑統三十卷　D

---

① "寶"，原誤作"賛"，據《千頃堂書目》卷十改。
② "啓"，原誤作"啓"，據《千頃堂書目》卷十改。
③ "爍"，原誤作"業"，據《千頃堂書目》卷十一改。
④ "T"原脱，據《千頃堂書目》卷十一補。

五虎五彪招一册　T
大明律比例一卷　D
三朝律例事實四十册　T
發落便覽　T
招擬假如十五卷　T
政刑類要八卷　T
增輯殷棠川仕途監懲錄　李春芳① T
操練軍士律一册　T②
龐公練兵條約一卷　D
龐公飲依捕盜格例一卷　D
驗封條例五卷　洪武十七年。　D
魯府招一卷　D
武定侯招一卷　D
刑部十大招十卷　T
牧鑑三卷　徐昱　D
聽斷衡鑑一卷　李文麟　T
移駁稿　王駿川　D
讞獄稿五卷　應檟　D
讞獄記四卷　何魁　D
審錄編二卷　孫燧　D
恤刑錄二卷　孫燧　D

傳紀類

七國人物志　陳泰交　T
十二故人傳一卷　羅治　T

---

① "李春芳"三字原脱,據《千頃堂書目》卷十補。
② "T"原脱,據《千頃堂書目》卷九補。

人鏡陽秋　汪廷訥　T
人倫外史　劉陽　T
八貞女傳　葉世才　T
義命彙編十二卷　李仲　P
山東壬午死事七忠傳① 周應治　T
千孝行錄　鄭豁　T
子劉子行狀一卷　黃宗羲　C·ML
三朝昭忠錄一卷② 胡宗憲　T
三蘭倪公崇祀名宦鄉賢錄一卷　倪翁吉　P
大中丞肅庵王公傳一卷　葛守禮　T
大司寇徐公行狀一卷　周經　T
大理寺卿王宇行狀一卷　馬維　T
大司馬三原王公傳一卷　王俱　T
今賢懿行　王廷簡　T
方簡肅公遺行錄三卷　方良永　T
女貞傳　葛焜　T
文天祥傳　張彥示　T
文山寓揚忠憤錄　趙鶴　T
中州人物志　何鏜　T
王文成公世德記二卷　王守仁　錢德洪　C
大常磊齋吳公殉節實錄一卷　吳繁昌　P
太平人物傳　謝理　T
太保劉文肅公遺錄一卷　劉忠　劉存思　T
正氣錄十卷　林命　T
外戚傳三卷　成祖編輯　T

① "七"，原誤作"亡"，據《千頃堂書目》卷十改。
② 《千頃堂書目》卷十著錄無"朝"字。

本朝生氣録十六卷　徐與參　T
永康先民傳　應廷育　T
四明先賢記　李本　T
四十八孝廣　胡良臣　T
四烈傳一卷　吳國倫　T
四侯傳四卷　王士騏　T
古逸民傳贊　蔣宗澹　T
古今將略四卷　馮孜　T
古今賢妾傳　丁雄飛　T
古今義僕傳　丁雄飛　T
古今義烈傳八卷　張岱　P
死事備遺編二卷　馮汝弼　T
百將傳略　胡良臣　T
西吳琬琰録　沈節甫　T
西湖雙忠傳二卷　岳武穆、于忠肅。　吳之鯨　T
名相行略　丁旦　T
名將傳十七卷　陳元素　T・B　作二十卷。
名賢卓行　孟化鯉　T
名臣言行録　章時鸑　T
名臣言行録　馬叔奇　T
名臣論贊　張家玉　T
名臣類纂　過庭訓　T
吉州正氣四卷　劉陽　T
同姓諸王傳二十卷　陳懿典　T
同里先哲記　吳驥　T
行狀神道碑一册　趙瀫陽　T
世胄知名録　王若之　T

世德錄　陳靜誠　T
世恩錄五卷　李臨淮　T
世旌孝義集　竇文照　T
先賢言行錄　蔣宗澹　T
興國縣四賢傳一卷　郭子章　T
武夷人物志　汪佃　T
武安王全志二卷　吕柟　T
宋名臣言行錄　劉廷元　T
宋陳少陽先生盡忠錄八卷　陳沂　P・D
宋陳忠肅公言行錄八卷　陳載興　P
宋太學生陳東盡忠錄八卷　陳沂　P
宋濂溪周元公志十三卷　李嵊慈　C
宋丞相李忠定公輔政本末一卷　陳邦瞻　C
孝節錄　秦約　T
赤城人物志　高紈　T
沈紫江生墓碑記一卷　唐順之　C
沈青霞戍死始末一卷　沈鍊。程正誼　T
吳興人物志十卷　嚴有穀　T
吳興名賢錄□卷　陸昆　T
吳少君遺事一卷　姚士麟　T・C
李周傳十二卷　程元初　T[①]
慶勛懿集八卷　郭良毓　T・P
呂成公外錄四卷　吕祖謙。阮元聲　C
青陽先生忠節錄二卷　張毅　P
青州人物考　鍾羽正　T

---

① "T"原脱，據《千頃堂書目》卷五補。

卓忠貞傳　卓敬。　劉球　T
良慶會錄三卷　程孟明　T
河南忠臣集八卷　楊俊民　T
尚書黃公傳二卷　李夢陽　T
東越文苑傳六卷　陳鳴鶴　T・B
東陽人物志十卷　杜儲　T
忠節錄　吳雲。　徐溥　T
忠臣烈女傳　朱睦㮮　T
忠鯁錄　胡純　T
忠貞錄三卷　附錄一卷　卓敬。　李維樾、林增　C
忠烈小傳　盛稔　T
忠節錄一卷　陳洽　T
忠烈編十卷　孫堪　D・T　著九卷。
忠貞集　卞臺　T
忠貞合璧三卷　許有穀　T
吳文定公考德錄二卷　吳奭　T
尚書嚴公流芳錄三卷　嚴震直。　閔珪　C
尚友編　范沂　T
李杜志林　陳懋仁　T
青霞沈公事紀一卷　沈存德等　C
忠靖王實錄二卷　錢守常　T①
忠賢奇秘錄一卷　王詔　T
侍郎宋公行狀一卷　黃汝亨　T
明人物志　陳茂義　T
明弼直錄　項德　T

---

① "T"原脱，據《千頃堂書目》卷十補。

明名臣錄略二卷　蔡瓚　T
明名士志　陳茂義　T
沔陽人物考　陳柏　T
宛陵人物傳　梅守德　T
奉使安南水程日記一卷　黃福　C
革朝五忠傳一卷　許相卿　T
革朝遺忠錄　杜思　T
革朝遺忠列傳　郭應旂　T
革除遺忠錄二卷　郁襄　T
革除年前史失記五十四人一卷　林塾　T
金氏陳氏世德錄一卷　陳恭　P
金姬傳一卷　楊儀　C
金華先民傳十卷　應廷育　C
金華賢達傳　王稌　T
忠節錄五卷　考誤一卷　一名《表忠彙錄》。　張朝瑞　T
忠義集四卷　賈斌　T
唐文襄公傳　雷禮　C
明遜國臣傳五卷　朱國禎　C
周顛仙人傳　太祖御製　D·C
近代人物志　董宜陽　T
征蠻將軍都督虛江俞公功行記①　李杜　C·T　作一卷。
蘇長公外紀十六卷　王世貞　C
蘇米志林二卷　毛晉　C
奇女子傳五卷　吳震元　T
厚鄉錄　王承裕　T

---

① 《千頃堂書目》卷十著錄作"都督知同虛江俞公功行紀一卷"。

馬端肅公行狀一卷　賈咏　T
觀我編五卷　馮倫。　邵欽武、朱勛　C
南忠紀一卷　錢肅潤　C
毗陵人品記四卷　一作十卷。　王憲　T
毗陵忠義録二卷　葉夔　T
郭襄毅公家傳一卷　海瑞　T
持正録二卷　劉文介①　T
貞懿録十六卷　楊應震　P
貞節録　馮孜　T
皇明中州列女傳一卷　朱睦㮮　D
皇明名臣言行録十四卷　王宗林　P
皇明名相贊一卷　伊直　T
晋陵崇祀先賢傳　歐陽東鳳　T·C
徐蘇傳一卷②　李廷貴　D·T　作二卷。③
浦陽人物補遺一卷　張德行　T
浦陽人物記一卷　張應槐　T
浦江鄭氏旌義編三卷　鄭濤　P
孫忠烈公傳一卷　崔鐵　D
孫愷陽殉城論一卷　孫承宗、蔡鼎　C·H　闕名。
神僧傳四卷　成祖御製　C
唐才子傳十卷　辛文房　T
唐宰相傳　雷禮　T
唐御史中丞録一卷　張巡。　厲雪庵　T
唐小漁傳　唐汝輯。　莊起元　C

---

① "劉文介"，原誤作"劉介文"，據《千頃堂書目》卷十改。
② "徐"下原衍一"爲"字，據《千頃堂書目》卷十删。
③ "二卷"，原誤作"五卷"，據《千頃堂書目》卷十改。

殷太師比干錄十卷　曹安　T
逐鹿先賢傳一卷　頓銳　T
許襄毅公傳一卷　王俱　T
開國功臣續錄一卷　黃金
康懿陳公錄一卷　汪來嘉　T
康山群忠錄一卷　唐龍　T
國朝名臣言行錄　李廷機　T・B　作四卷。
國朝名臣履歷　張同仁　T
國朝名臣傳　洪武至崇禎。　劉同升　T
國朝江右名賢編二卷　劉天卿　T
蕭陽名公事迹五卷　吳源　T
陳張事略一卷　吳國倫　C
黃孝子孝行集　王華元　T
昭鑑錄簡略二卷　文原吉　P
胡少司馬傳　胡大順　D
馬百愚傳一卷　馬理　T
觀感錄一卷　李顒　C
南遷日記一卷　陸深　C
宣府昭德祠十二公傳一卷　呂枬　T
鄭司馬公傳一卷　陳經邦　T
思命錄一卷　王之垣　P
孫高陽前後督師略一卷　蔡鼎　C・H
桃源死事傳一卷　許相卿　T
高奇往事十卷　何鐣　T
高帝紀事　凌廸知　C
留丹錄一卷　沈東。　沈給諫　T
梅墟先生別錄二卷　李日華、鄭琰合　T・C

許忠節世行錄三卷　許叔文　T・P
許襄毅公二傳異一卷　何塘　T
淮封日記一卷　陸深　T・C
都御史謝公行狀一卷　沈思輝　P
紹興名宦鄉賢傳一卷①　王綎　T・D　"綎"作"延"。
國朝名臣言行略四卷　劉廷元　P
莆陽列傳七十五卷　鄭岳　P・C・B
陳子言行錄　何維柏　T
項襄毅公實紀四卷　補遺四卷　項德禎　T・P
華亭馮氏世濟錄一卷　馮大業　T
端峰遺範錄　邵銳。　邵存省　T
廣陵十先生傳一卷　歐大任　T・C
廣右戰功錄一卷　唐順之　C
蔡福州外紀十卷　宋蔡襄。　徐𤊹　C・B
遜國正氣記九卷　曹參芳　T
嘉隆臣略一卷　范守己　C
潤州先賢錄六卷　姚堂　T・C・D・O
樂平人物傳一卷　程楷　T
鄢陵劉公傳一卷　奉金　T
維揚人物志八卷　黃繢　T
維揚人物志續二十卷　張榘　T
駱侍御忠孝辨一卷　胡應麟　T
歷代名臣芳躅　金汝諧　T
歷代忠孝錄　程浩　T
歷官紀錄　董光宏　T

---

① "傳"，原誤作"讚"，據《千頃堂書目》卷十改。

歷仕録一卷　王之垣　C
歷官舊記四卷　孫承宗　T
歷官記一卷　宋濂　T
歷代象賢録二十卷　郭良翰　T
褒忠録　張忠烈　T
褒忠紀事一卷　沈青霞　T
澄江先賢録　周李賢　T
熹朝忠節死臣列傳一卷　吳應箕　C・ML
錫山先賢録　華雲　T
宰相守令合宙二十四卷　吳伯興　N
戚畹恩榮録　孫繼宗　N
人代紀要考證十卷　顧應祥　N
二老清風五卷　韓霖　N
女史全編二卷　朱瑞圖　N
女範編四卷　馮汝宗　N
古今貞烈維風什四卷　許有穀　N
古今瑞應考五卷　稈海氏　N
古今人物論三十六卷　鄭賢　N
可恨人五卷　附義人二卷　不義人一卷　賀仲軾　N
石衡麓墓誌一卷　鍾羽正　N
安鼎名臣録七卷　王都　N
夷齊考疑五卷　胡其久①　N
李溫陵外紀四卷　潘曾紘　N・F　作五卷，袁中道撰。
考亭淵源録十四卷　宋端儀　N
宋三大臣彙志二十一卷　劉鄩　N

---

① "胡其久"，原誤作"胡基"，據《四庫全書總目》改。

見滄先生待問錄四卷　茅瓚　N
東坡先生遺事十二卷　顧道洪　N
忠義錄　袁中徹　N
明常熟先賢事略十六卷　N
皇明卓異記十五卷　羅弘運　N
胡氏世紀一卷　附《胡氏世紀遺迹》一卷、《胡氏世紀後裔詩》一卷。　胡文煥　N
皇明帝后紀略十一卷　鄭汝璧　N
明相業軍功考　沈夢熊　F
古今將相人物傳　周鍾　F
四朝人物略　劉孟春　F
皇明百將傳　顧其言　F
五朝耆舊記一卷　林時對　ML
國壽錄四卷　便記一卷　查繼佐　ML
孤臣述一卷　許令瑜　ML
碧血錄二卷　附周端孝先生血疏貼黃冊一卷　黃煜　ML
東林點將錄一卷　王紹徽　ML
影壞封疆錄一卷　魏應嘉　ML
同難錄　鹿善繼　ML
東林諸賢言行錄五卷　鄒期福　ML
甲申廷臣傳一卷　李長硏　ML
甲申忠佞紀事一卷　錢邦芑　ML
甲申亡臣志　彭孫貽　ML
兩京求舊錄　朱衡　ML
經國雄略四十八卷　鄭大郁　ML
中興偉略一卷　馮夢龍　ML
西氣錄　林時耀　ML
且存錄　徐鳳垣　ML

翁州死事傳一卷　周容　ML
嘉禾徵獻錄三十卷　外紀六卷　盛楓　ML
煙艇永懷三卷　龔立本　ML・N
忠貞軼記一卷　徐懋賢　ML
王公思成錄　王體恒。　王椿　B
孔子年譜綱目一卷　孔子門弟子傳略一卷　夏洪基　B
歷代合法將軍傳七卷　趙光裕　B
古史談苑十八卷　錢世揚　B
東野志四卷　周周公。　呂兆祥　B
海珠小志五卷　宋李昂英。　李犨　B
凍水司馬源流集略八卷　司馬晰　B・N
毗陵人品記十卷　吳亮　B
玉麒麟二卷　夏樹芳　B
皇明經濟名臣錄四卷　賀中男　B
皇明名臣言行錄新編三十四卷　沈應魁　B
皇明名臣言行錄新編四十四卷　汪國楠　B
思舊錄　黃宗羲　B・ML
新安名族志二卷　鄭佐等　B
聖門通考十二卷　包大爌　B
節義林續編三卷　桑瑾　B
遜國忠記十八卷　周鑣　B
忠孝別傳　吳震元　B
五世進士錄　陶重茂　B
尊鄉續錄　王啓　T
鄉賢考　劉宗周　T
殿閣詞林記二十二卷　廖道南　C
練中丞遺事一卷　練世寧。　郭子章

金華鄉賢志　薛敬之　T
李克齊督撫經略八卷　劉景紹　D
山陽錄一卷　陳貞慧　C
三遷志五卷　呂元善　C
三太宰傳一卷　丁元薦　T
元佑黨籍碑考一卷　附慶元僞學黨籍　海瑞　C
元儒考略四卷　馮從吾　C
天枝旌孝編一冊　成皋王朱載浣編　D
孔子通記　潘孔脩　D
孔門傳道錄十六卷　張朝瑞　C
古今人物論三十六卷　陳繼儒　T
甲行日注八卷　葉紹袁　C・B
甲行日注八卷　釋木拂　C
伊洛淵源續錄六卷　謝鐸　C
朱子實紀　戴翀峰　D
考亭淵源錄二十四卷　宋端儀、薛應旂　D
吳郡獻徵錄　朱存理　T
宋蔡忠惠公別記十卷　蔡襄。　徐𤊹　C
余青陽先生忠節附錄二卷　張毅　D
明良錄略　沈士謙　C
明開國功臣十三卷　朱國禎　C
使西日記　都穆　T
招隱十友傳一卷　樊雙巖　D
貞愍錄一卷　記胡金姑事。　王蓂　D
厚德錄一卷　李元綱　D
萃忠集錄二卷　郎瑛　T
報恩錄一卷　方孝孺　C

甲申日記一卷　黃淳耀　C
景行萃編　王冀　T
景仰撮書一卷　王達　T
景行錄　周履清　T
善行錄八卷　張時徹　T・D
關公志十二卷　丁鑛　C
嵩山傳　嚴本伊　T
新安吳氏傳桂集五卷　吳廷瑞　P
輔輯名臣琬琰錄一百一十册　王世貞　T
聖迹圖一卷　張楷　C・B
歷朝人物志略六卷　蔡瓚　T
豫人物記　雷禮　T
三異人集評　李贄　C
永錫錄十二卷　呂本　T
四臣事評　張愷　T
江右人文贊　王撢　T
先世遺事紀略一卷　陳確　C
曲沃先賢事迹錄　李廷寶　T
宋氏傳芳錄五卷　鄭楷　T
孝順傳芳錄　竇文卿　T
快雪堂日記十六卷　馮夢禎　C
吳中往哲續記一卷　補遺二卷　黃魯曾　P
宦寺考八卷　李騰芳　C
草莽私乘一卷　陶宗儀　C・B
恩恤諸公志略二卷　孫慎行　C・ML
建文忠節錄一卷　張芹　C
西征日錄一卷　揚一清　C

袁柳莊傳一卷　　黃潤玉　D
造邦賢勛錄略一卷　　王禕　C
章樸菴狀志銘傳一冊　　章懋　D
傅尚書傳一卷　傅珪。　崔銑　D
湛東泉先生同門錄二卷　　趙旻　D
廣信先賢事實六卷　　姚堂　T
關天帝紀四卷　　孫際可等　D
廣名將傳二十卷　　黃道周　C
楓山先生實紀八卷　章懋。　章接　C·D　著二卷。
趙清獻公淑清錄①　　丁明登　T
歷代神仙通鑑二十二卷　　徐道　C
遇恩錄　　劉仲璟　C
續武林西湖高僧傳事略一卷　　釋袾宏　C
安危注四卷　　吳甡　C
自靖錄考略八卷　　高承埏　C
遜國忠紀　　周鑛　T
正史太子傳一卷　　陳懿典　T
事定錄三卷　顧充成。　顧憲成　B
沈君典先生行狀一卷　沈懋學。　沈有則　B·N
皇明名臣墓銘八卷　　朱大韶　N
帝鑑圖說　　張居正　N
春秋列傳五卷　　劉節　N
建文皇帝事迹備遺錄一卷　　大獄山人　N
景行錄四卷　　江學詩　N
惠烈錄十卷　　青宗益　N

---

①　"趙"下"清"字原脱，據《千頃堂書目》卷十補。

唐忠臣錄四卷　鄭瑄　N
恩命餘錄一卷　馬璁　N
高皇后傳　N
醫史五卷　李濂　N
歸聞述夢一卷　趙璜　N
曾如齋先生行狀墓誌墓表一卷　于利賓　N
餘生錄一卷　邊大綬　N
遜國神會錄二卷　黄士良　N
廣百將傳二十卷　陳元素　N・B・F
瑞世良英五卷　金忠　N
漢唐三傳十三卷　黄省曾　N
解綱錄一卷　N
賜歸錄九卷　詹仰庇　N
歷代不知姓名錄十四卷　李清　F
關帝紀定本四卷　戴光啓、邵潛同　F
崇禎閣臣行略一卷　閣臣年表一卷　陳盟　F・ML
皇明英烈傳六卷　湯顯祖　F
明分省人物考一百一十五卷　過庭訓　F
金華獻徵二十二卷　徐興泰　T
懷古錄續編　朱存理　T
袁廷玉傳一卷　戴良傳　T
滁陽王碑一卷　張羽　T
尚論編二卷　王達　T①
尊鄉錄節要四卷　王弼　C
尚論編一卷　范光宙　D

---

①　"T"原脱，據《千頃堂書目》卷十補。

備遺錄補贊一卷　張愷　T
羅江東外紀三卷　閔元衢　T
忠孝傳　尹夢璧　T
懷賢錄　沈愚　T
古今人物傳十二卷　何璧　T
宋四大家外紀四十九卷　陳之伸　P
莆陽人物備志　宋端儀　T
憨士列傳二卷　屠本畯　T
豐城人物志　雷禮　T
紹興先達傳　吳源　T
外戚傳一卷　楊繼禮　T
中山武寧王碑文一卷　太祖御製　T
宋名臣補遺　王蓂　T
皇明表忠錄二卷　汪宗伊　T
宦游歷記八卷　余寅　T
忠臣錄　袁祥　T
宋名臣言行節略　向敫　T
祥符鄉賢傳八卷　李濂　T
祥符人物志四卷　張遠　T
程貞白顯忠錄續十卷　程樞　C
程氏顯忠錄二卷　程樞　T・C
程氏世忠事實源流錄十卷① 　程孟明　T
廉吏傳　黃汝亨　T
循良彙編四卷　李仲　T・D　作十二卷。
富春人物志　楊維楨　T

---

① "流錄十卷"四字原脱，據《千頃堂書目》卷十補。

琬琰廣錄　　沈節甫　　T
惠王言行錄一卷　　曹武　　T
張玄著先生事略一卷　　張煌言。　　黃宗羲　　T
張乖崖事文錄四卷　　顧端、徐幹　　C
楊公清政錄二卷　　楊繼宗。　　吳遇賢　　T
楊忠烈實錄　　楊璉。　　胡繼先　　T
婺書八卷　　吳之器　　T
群忠事略　　鄭禧　　T
補金華賢達傳一卷　　楊璥　　T
靖難盡心錄　　郁天氏　　T
楓山實紀　　章懋。　　徐袍　　T
睢陽人物志　　劉瓚　　T
鄉賢考證　　宋端儀　　T
樵李往哲傳一卷　　戚元佐　　T
維揚殉節紀略一卷　　史可法。　　史得威　　T・ML
端友錄　　吳巒稗　　T
澹庵紀年　　朱英　　T
青文勝遺愛錄二卷　　青時中　　T
遲庵府君言行錄　　王樵　　T
澤翁歲歷一卷　　蘇祐舜　　T
盧司馬殉忠錄一卷　　許德士　　C・H
嶺南耆舊傳　　王漸達①　　T
濟美錄四卷　　鄭燭　　C・B
薛文清公行實錄五卷　　王鶴　　T
薛文清公事行錄四卷　　梁格　　T

---

①　"達"，原誤作"遠"，據《千頃堂書目》卷十改。

鵝池生傳一卷　朱登春。　徐學謨　C
顏子列傳　林士元　T
識大録　劉振　T・ML
續癯癯老人傳　李珣　T
續列女傳　邵正魁　T
鑾江人物志　黃瓚　T
顯江録二卷　程通。　程樞　C
三患傳一卷　劉定之　T
無錫華氏傳芳録十四卷　華悰　T
應氏世德録一卷　應璋　C
劉氏慶源録三卷　劉均美　T
鄭氏旌義編二卷　鄭濤　T
帝后紀略　鄭汝璧　T
味水軒日記八卷　李日華　C・O
直道編三卷　倪諫。　鄒德冰　C
少司徒述齋王公榮哀録□卷　P
少保陶恭介公垂休録一卷　T
太師端毅公遺事一卷　遺事外集一卷　王承裕　T
太傅呂公忠節録　呂維祺。　T
太子太保張公葬録六冊　張孟男。　T
古俠女傳六卷　鄒之□　T
向忠節紀事一卷　向樸。　T
朱彥修傳　T
劉公死義記一卷　劉曙。　吳下逸民　C
劉忠愍公事迹一卷　T
孝紀十二卷　T
李祭酒傳一卷　T

狄武襄公功行錄三卷　T
恤忠錄七卷　劉侍御。　T
余肅敏公經略邊修二卷①　余子俊。　D
范方伯實錄一卷　范淶。　T
晉平將軍忠義集一卷　T
張氏世義錄二卷　張廷思。　T
英風紀異錄　記潘陽胡閏事。　T
商文毅公遺行錄一卷　商輅。　T
吳中往哲記補遺四冊　T
解春雨事略一卷　T
清賢記六卷　尤鏜　N
張忠定公文行錄四卷　附錄一卷　劉忠　N
康長公世行叙述　T
都御史顧公恩榮錄一卷　P
都御史羅公傳一卷　羅通。　T
崔文敏公考終錄一卷　崔汲。　T
崔清獻公言行錄三卷　崔與。　T
許襄毅公異政錄一卷　T
浙江按使軒楊二公始末行實　T
翁襄敏紀略六卷　T
戚少保實紀一卷　T
陳忠肅公信行錄八卷　陳瓘。　T
陳金鳳外傳一卷　T
勞母榮哀錄一卷　P
費文憲公遺德錄十八卷　T
華美錄十三卷　P

---

① "余"，原誤作"佘"，據《天一閣書目》改。

焦太史葬錄一册　T

舒梓溪傳一卷　T

尊賢錄一卷　記羅汝芳事。　T

楚昭王行實一卷　T・D

漢壽亭侯志八卷　T

楊文忠公行狀一卷①　楊廷和。　T

楊文貞公事實一卷　T

楊文敏公遺錄一卷　楊可學。　T

楊文敏公事實一卷　楊榮。　T

楊椒山先生言行錄　楊繼盛。　C・B

鳴湮錄一卷　記陳循事。　T

憫忠錄一卷　記陳一臣事。　T

靖難功臣錄一卷　T・P・C　著朱當㴩撰。

廣孝錄　T

愍忠錄四卷　記楊繼盛事。　T

遜國臣記三十卷　T

霍文敏公年紀二卷　T

諸王會要一卷　P

襃功錄一卷　記詹榮事。　T

潞州四貞傳一卷　T

鎮平恭靖王行錄一卷　周藩有爌。　T

薛先生行狀碑誌一卷　T

魏尚書紀年一卷　遺事錄一卷　T

顧都憲公行錄　顧曾魯。　T

顯忠錄二卷　記黃觀事。　T

鑑勞錄一卷　孫傳庭。　C

―――――――――

① "公"字原脱,據《千頃堂書目》卷十補。

山堂章氏傳芳集三卷　T
于少保旌功錄五卷　　于冕。　T
大司寇俞公行實　T
文山紀年錄一卷　T
文節婦葛氏昭節錄一卷①　T
王京兆遺愛錄　　王爌。　T
王貞婦清風錄五卷　T
金華宋氏傳芳錄四卷　T
藁城董氏傳家錄五卷②　T
周敬王行錄一卷　T
周定王行略一卷　T
直道編二卷　　記陳祚事。　T
昭嫄錄二卷　　記余懋學事。　T
胡文穆公兩朝寵澤錄一卷　T
胡少保行實一卷　T
鄭端簡公年譜十卷　　鄭曉。　T
相鑑賢臣傳十六卷　P
夏文靖公遺事一卷　T
省吾林公威惠錄二卷　　林富。　T
郭襄靖公行迹記三册　T
皇系賢錄三卷　T
恩榮曹氏錄一卷　P
畢氏恩綸錄一卷　P・B　　畢自嚴。
徐侍郎恪行實　T
孫繼皋諭祭葬錄一卷　P

---

① "錄"字原脱，據《千頃堂書目》卷十補。
② "家"，原誤作"宗"，據《千頃堂書目》卷十改。

孫三傑事迹　D
涇野行實錄二冊　T
留坡錄二卷　T
海忠介公傳二卷　海瑞。　T
夏忠靖公遺事一卷　夏原吉。　T・D①
毛大將軍海上情形一卷　汪汝淳　ML
黃孝子尋親紀程一卷　滇還日記一卷　黃向堅。　ML
可考錄　李鄴嗣　ML
殉國彙編　戴笠　ML
發潛錄　戴笠　ML
先友傳二卷　陳恭、尹元孝　ML
知是編十二卷　查繼佐　ML
正氣錄　姜埰　ML
忍死錄　姚康　ML
留史　虞卿　ML
諸忠紀略　李清　ML
遺忠錄　鄭凱　ML
紹興十八年同年小錄一卷　P
建文二年進士登科錄一卷　P
永樂十年進士登科錄一卷　P
成化五年進士登科錄一卷　P
成化八年進士登科錄一卷　P・D
嘉靖十四年進士登科錄一卷　P・N
嘉靖十七年進士登科錄一卷　P
弘治十八年進士登科錄　劉健　N

---

① "T・D"原脱，據《千頃堂書目》卷十五及《天一閣書目》補。

嘉靖二十三年登科錄　N・D
嘉靖四十一年進士登科錄　嚴訥　N
萬曆八年進士登科錄　潘晟等　N
皇明進士登科考十二卷　俞憲　P
萬曆三十八年庚戌科序齒錄一卷　P
嘉靖癸丑科進士同年便覽　陳珊　N
萬曆丙戌進士同年總錄　N
建文二年會試錄一卷　P
弘治十五年會試錄一卷　P
嘉靖二十年會試錄一卷　P
隆慶二年會試錄一卷　P
嘉靖三十八年會試錄　李璣等　N
嘉靖四十一年會試錄　袁煒等　N
萬曆十四年會試錄　王錫爵等　N
萬曆辛丑會試錄　馮錡等　N
萬曆己未會試錄　史繼偕等　N
明登科錄
　　洪武元年　D
　　建文元年　D
　　永樂四年　D
　　宣德二年　D
　　正統五年　D
　　景泰二年　D
　　弘治六年　D
　　正德四年　D
　　隆慶三年　D
　　萬曆六年　D

明會試錄
  洪武元年 D
  建文元年 D
  永樂元年 D
  宣德二年 D
  正統五年 D
  景泰二年 D
  天啓三年 D
  成化八年 D
  弘治六年 D
  正德五年 D
  嘉靖二十一年 D
  隆慶三年 D
  萬曆四年 D
順天鄉試錄
  成化四年 D
  弘治五年 D
  正德四年 D
  嘉靖十年 D
  嘉靖十八年 D
  隆慶三年 D
  萬曆四年 D
浙江鄉試錄
  永樂元年 D
  成化四年 D
  弘治七年 D
  正德五年 D

　　　　正德十一年一卷　　P
　　　　嘉靖七年　陸粲　　N
　　　　嘉靖八年　D
　　　　萬曆十年一卷　P・ML
江西鄉試錄
　　　　天啓元年　D
　　　　天啓七年　倪元璐　N
　　　　成化三年　D
　　　　弘治三年　D
　　　　正德二年　D
　　　　嘉靖十八年　D
　　　　嘉靖三十七年一卷　P
　　　　萬曆元年一卷　ML
　　　　萬曆四年　D
　　　　隆慶二年　D
福建鄉試錄
　　　　永樂二年　D
　　　　宣德二年　D
　　　　景泰二年　D
　　　　弘治二年　D
　　　　嘉靖三十一年一卷　P
山東鄉試錄
　　　　天啓元年　D
　　　　成化元年一卷　P
　　　　成化四年　D
　　　　弘治二年一卷　D・P
　　　　正德四年　D

正德十四年　　N

　　　嘉靖十六年　　D

　　　嘉靖三十一年一卷　P

　　　隆慶二年　　D

　　　萬曆元年一卷　ML

　　　萬曆五年　　D

　　　萬曆十三年一卷　P

　　　萬曆二十二年　王登才等　N

山西鄉試錄

　　　天啓元年　　D

　　　成化元年　　D

　　　弘治元年　　D

　　　正德四年　　D

　　　嘉靖十年一卷　D・P

　　　隆慶二年　　D

　　　萬曆四年　　D

河南鄉試錄

　　　成化四年　　D

　　　正德三年　　D

　　　嘉靖十七年　D

　　　隆慶二年　　D

　　　萬曆七年一卷　P

　　　萬曆十年一卷　ML

湖廣鄉試錄

　　　成化二年　　D

　　　弘治二年一卷　D・P

　　　正德二年　　D

嘉靖十二年　D
　　　隆慶二年　D
　　　萬曆四年　D
廣東鄉試錄
　　　正統三年　D
　　　成化五年　D
　　　弘治二年　D
　　　嘉靖十年　D
　　　嘉靖三十七年一卷　P
陝西鄉試錄
　　　成化四年　D
　　　弘治六年　D
　　　正德四年　D
　　　嘉靖十四年　D
　　　隆慶元年一卷　P
　　　隆慶四年　D
　　　萬曆十年　D
　　　崇禎十二年一卷　P
廣西鄉試錄
　　　成化元年　D
　　　成化七年一卷　P
　　　弘治元年　D
　　　正德三年　D
　　　嘉靖十二年　D
　　　隆慶二年　D
　　　萬曆六年　D
　　　萬曆元年一卷　ML

四川鄉試錄
  嘉靖十四年一卷　P
應天鄉試錄
  弘治五年一卷　P
  弘治十四年　王華等　N
  嘉靖元年一卷　N
  嘉靖十九年　張治等　N
雲貴鄉試錄
  嘉靖十年一卷　P
雲南鄉試錄
  萬曆元年一卷　P
  萬曆七年一卷　P
貴州鄉試錄
  嘉靖十六年一卷　P
  萬曆元年一卷　P・ML
  萬曆七年一卷　ML
嘉靖十七年武舉錄　張治等　P
嘉靖二十八年蘇松武舉錄一卷　P
嘉靖三十一年福建武舉鄉試錄一卷　P
嘉靖四十四年武舉會試錄一卷　P
嘉靖辛酉科山東鄉試同年齒錄　N
崇禎十二年山西鄉試序齒錄一卷　姚佃等　N

地理類

九山游志　李天植　T
九江府志二十一卷　陸夢龍　T
九鯉湖記　黃擔　T

九華山志六卷　孫樅　T
九鯉湖新志十五卷　康當世　T
九華山志六卷　史元熙　D
九華山志六卷　蘇萬民　T①
九邊圖記一卷　馬一龍　C
九鯉湖考略二卷　王世懋　T
九邊圖說　陳琦　T
九華山志六卷　王一槐　嘉靖時修。　P
九華山志六卷　蔡立身　T・P
九華山志八卷　顧元鏡　T
千金陂志　姜鴻緒　T
大名府志二十八卷　潘仲驂　嘉靖時修。　T・Q
大名府志　張師尹　隆慶時修。　T
大名府志　鄭禮　嘉靖時修。　T②
大名府志十六卷　唐錦　弘治時修。　T
大峨游記　張振德　T
大同府志二十二卷　汪承爵　萬曆時修。　T
大荊驛志二卷　趙文琪　T
大埔志九卷　吳思立　T・D・Q　嘉靖時修。
三關圖記　唐玉揚　T・Q
三原縣志二十卷　朱昱　T
三關四鎮志　陳琦　T
三江圖說一卷　王億　T
三修天目志四卷　孫昌裔　P
三遷志六卷　史鶚　T・N

---

① "T"原脱，據《千頃堂書目》卷八補。
② "T"原脱，據《千頃堂書目》卷六補。

三關志十卷　廖希賢　T・P・Q
三縣經界錯壞圖説　岳元聲　T
三水縣志　陳渠　T
山陰志十二卷　張天復、柳文　T
山陰志十二卷　許東望　D
山陽縣志　王汝霖　T
山西通志十七卷　胡謐　T・P・D・Q　成化時修。
山海關志五卷　尚絅　T
山東通志　陳沂　T
山水游記　楊子祥　T
屯留縣志六卷　任世華　嘉靖時修。　T
杞乘四十八卷　馬應龍　T
文水縣志八卷　樊從簡　T
文安縣志三卷　唐紹堯、紀大綱　崇禎時修。　P
文安縣志略　車鳴時　萬曆時修。　T
什祁縣志　唐文淵　嘉靖時修。　T
井研縣志　杜如桂　萬曆時修。　T
井徑縣志　李春芳　萬曆時修。　T
大明輿地指掌圖一卷　桂萼　T
大田縣志　謝廷訓　嘉靖時修。　T
大田縣志三十一卷　劉惟棟　T・P　惟作維。・Q　作十二卷。
大足縣志　祝宗文　T
大寧記　吳應台　T
大明一統名勝志二百八十卷　曹學佺　P
大城縣志　狄周煃　T
大竹縣志　江宗槩　T
上思州志　劉寓春　T

義烏縣志十四卷　劉伯詢　正德時修。　T
義烏縣志二十卷　熊人霖　崇禎時修。　T
義烏縣志二十卷　周士英　萬曆時修。　T
義烏縣志　鄭茂林　隆慶時修。　T
義寧縣志　黃榜
上杭縣志七卷　郭造卿　T
上虞縣志二十卷　徐待聘　萬曆丙午年修。　T
上虞縣志十二卷　陳絳、葛桷　萬曆癸未年修。　T
上虞志十二卷　袁鋒　永樂時修。　T
上虞志十二卷　郭南　正德時修。　T
上元縣志十二卷　李登　T・P
上海縣志八卷　唐錦　T・Q　弘治時修。・P・B・D
上海縣續志八卷　鄭洛　T・B・P・Q　嘉靖時修，作鄭洛書撰。
上海縣續志十卷　張之象　T・Q　萬曆時修。・P
三河縣志　王自　T
卞里志二卷　顧羽翱
六合縣志八卷　李箋、黃驊　萬曆時修。　P
六合縣志八卷　黃紹文　T・D・P・Q
六安州志三卷　邵直久、王亮采　P
六安州志　劉垓　萬曆時修。　T
牛首山志二卷　盛時泰　P・Q
分水縣志十二卷　方夢龍　萬曆時修。　T
元和縣志　唐伯　T
元謀縣志　譚鎬　萬曆時修。　T
元氏縣志二卷　周居魯　嘉靖時修。　T
內鄉縣志六卷　胡匡　P
內江縣志　高察　T

內黃志九卷　張鵬、董弦　P・Q　嘉靖時修。
內黃縣志　周萬金　嘉靖時修。　T
內黃縣志九卷　林文俊　T
內邱縣志八卷　高翔漢、喬中和　景泰時修。　P・Q　崇禎時修。
內邱縣志　郝學詩　萬曆時修。　T
尤溪縣志七卷　田頊　嘉靖時修。　P・D・Q
五大游記　張睿　T
五岳臥游一卷　俞瞻白　T・C
五山小史十卷　陳魁文　T
五岳志略　李先芳　T
丹從縣志四卷　楊琬　正德時修。　T・P
丹陽縣志十二卷　馬豸、丁華陽　隆慶時修。　P
天長縣志八卷　王心　T・D　作七卷。
天台縣志十二卷　張宏代　萬曆庚子年修。　T
天台勝記　李素　T
天台縣志　杜寧　宣德時修。　T
天台縣志　劉俸　正德時修。　T
天台縣志　曹宜約　洪武時修。　T
天台縣志十二卷　胡耒聘　萬曆乙卯年修。　T
天龍寺志二卷　釋廣賓　T
天郢紀游　余悅易　T
天童寺志七卷　楊明夫　嘉靖時修。　T
天童寺志六卷　釋通布　崇禎時修。　T
天台勝記　陳偕　T
天台勝迹四卷　潘珹　T・D
天下輿地圖一卷　李默　T
天下名山水志　霍尚守　T

天關精舍志十四卷　吳純　D
天下郡縣志一百卷　夏原吉　T
天姥山志三卷　史起欽　T
天心書院志　岳元聲　T
方輿勝覽　馮如京　T
方輿勝覽　程百二　T・N・F　作十八卷。
方輿勝略十八卷　江方度　T
方廣巖志五卷　謝肇淛　T
中部縣志　劉儒　嘉靖時修。　T
中牟縣志七卷　韓思忠　T・D・P・Q
中牟縣志五卷　段耀然、張民表　P・Q
中吳志餘　周永年　T
中州考　張四知　T
太平府志十二卷　鄒璧　嘉靖時修。　T・D
太平府志　甘東陽　萬曆時修。　T・Q
太平府志十二卷　祝鑾　T・Q
太平縣志十卷　張廷榜　D
太平縣志　李養恕　T
太平縣志八卷　葉良佩　T・D・P
太平縣草志　黃縉　T
太湖縣志十卷　李世洽　T
太湖志十卷　蔡日升　T
太華希夷志　張輅　T
太和縣志七卷　劉玠、陳琯　P・Q　萬曆時修。
太倉州志　陸容　成化時修。　T
太倉州志十五卷　錢肅樂　崇禎時修。　T
太倉新志八卷　李端新　D

太倉志　蔣奎章　景泰時修。　T
太倉州志十卷　周鳳岐　T·D
太岳誌略　方升　P
太湖志八卷　翁浦　T
太康縣志十卷　安都　T·D·Q　萬曆時修。
太原府太原縣志十卷　任亨泰　D
太原縣志六卷　高汝行　T·D
太原府志二十六卷　嚴廷訪、張慎言　P
巴州志　何道衢　T
巴東縣志三卷　楊培之　D·Q　嘉靖時修。
巴東縣志二卷　陳經濟　D
仁化縣志五卷　胡居安　D
仁化縣志二卷　司馬暉　萬曆時修。　P
仁和縣志十四卷　沈朝宣　T
仁壽縣志　羅從素　T
日照縣志　杜一岸　T
中江縣志　安正孝　萬曆時修。　T
日本圖考二卷　鄭若曾　T
古田志略八卷　楊德固　T
古田縣志十二卷　劉日暘　T·P　作十四卷。
古鄮志　即《鄞縣志》。　易宗周　嘉靖時修。　T
古巖志三卷　金云日　T
古今游名山記十七卷　何振　D·N　"振"作"鐚"。
古今形勝圖　喻時　T
丘縣志二卷　侯國安、楊時中　P
汀州郡志十八卷　邵有道、伍晏　D
汀州府志一卷　附錄一卷　吳文度、杜觀光　弘治時修。　P

明史藝文志史部補　125

永昌府志　虞价　嘉靖時修。　T
永壽縣志　楊儀　隆慶時修。　T
永康縣志八卷　洪垣　嘉靖時修。　T
永康縣志八卷　葉式　D
永康縣志　歐陽源、尹士達　成化時修。　T
永康縣志四卷　陳泗　正德時修。　T
永康縣志十卷　應廷育　T
永清縣志　王約　T
永州府志八卷　沈鍾　D
永州府志十二卷　虞自銘、胡璉　洪武時修。　P
永州府志十七卷　史朝富　T・P
永安州志　廖憲　萬曆時修。　T
永安縣志三卷　葉春及、郭之藩　P
永安縣志　蕭時中　萬曆時修。　T
永豐縣志二十四卷　李思敬　T
永豐縣志四卷　管景　D
永新志　尹臺　T
永平府志　郭造卿　T
永平府志　張維城　萬曆時修。　T
永平府志　吳紹吉　T
永平府志十卷　徐國柱　T
永平府志　張廷綱　弘治時修。　T
永定縣志三卷　謝弼　D
永寧縣志六卷　李體嚴、張士科　萬曆時修。
永寧縣志七卷　馬鉦　D
永寧縣志六卷　單有學　T
永寧縣志　田子堅　萬曆時修。　T

永城縣志　鄭禮　T
永和縣志　張守禮　T
永春縣志九卷　林希元　P・D
永春縣志十二卷　宋安期　萬曆時修。　T
永嘉縣志十卷　王叔果　隆慶時修。　T
四川志三十七卷　熊相　T
四川總志二十七卷　吳之皞、杜應芳　P
四夷考八卷　葉向高　T・N
四明郡志十卷　楊實　成化時修。　T
四明山游籍一卷　沈明臣　T
仙居縣志十六卷　顧震宇　萬曆時修。　T・Q・P・B
仙居縣志　蕭鳴盛　崇禎時修。　T
仙潭志　陳霆　T
仙都志　李永明　T
仙都山志五卷　李時孚　T
仙都志一卷　陳性定　T
仙游縣志八卷　沈鑒　T
仙游縣志八卷　林有年　嘉靖時修。　D・T　不著卷數。
仙游縣志　彭大治　T
平都山志一卷　龔自成　P
平涼府固原州志二十卷　楊經　D
平湖縣志九卷　顧廷對　嘉靖時修。　T
平湖縣志十九卷　程楷、過庭訓、陸澄泉　D・Q　天啓時修。　・P
平湖縣志十九卷　楊拙　天啓時修。　T
平利縣志　羅憲祖　萬曆時修。　T
平遙縣志十二卷　楊廷漠　萬曆時修。　T
平遙縣志　冀琯等　萬曆乙卯年修。　T

平樂府志　王文炳　萬曆時修。　T

平陸縣志　崔汝孝　隆慶時修。　T

平陽縣志八卷　侯一元　隆慶時修。　T①

平陽府志　閔懷　正德時修。　T

平陽府曲沃縣志五卷　劉魯生　D

平原縣志二卷　劉思誠、高知止　P·Q　萬曆時修。

平原縣志　黃景章　T

平山縣志　仇天民　嘉靖時修。　T

平鄉縣志　徐繼芳　萬曆時修。　T

平遠志　劉胤祚　嘉靖時修。　T

平陽府志十卷　傅淑川　P

平谷縣志　劉愛　嘉靖時修。　T

平南縣志　張楷　萬曆時修。　T

石埭縣志八卷　姚子莊　T·Q·P·B

石埭縣志八卷　黃鏊、馮光浙　嘉靖時修。　P·Q

石湖志略一卷　盧襄　T

石鼓書院志五卷　李安仁　T·N　作二卷。

白河縣志　普鄆　成化時修。　T

白原山志一卷　商大輅　T

儀封縣志四卷　張鹵　萬曆時修。　T·P

儀封縣志八卷　曹維芳　T

儀真縣志　姜埰、李坫　萬曆時修。　T

儀真縣志六十四卷　楊孫仲、張槊　嘉靖時修。　T

儀真縣志七卷　胡房成　永樂時修。　T

儀真縣志十四卷　申嘉端、李文　隆慶時修。　T·P

---

① "T"原脱，據《千頃堂書目》卷七補。

北山志十卷　錢奎　T
氾水縣志六卷　蕭佩　P
氾水縣志二卷　陳邑言　D
容縣志　鄭儒　萬曆時修。　T
公安志　袁宏道　T
公安縣志二卷　梁善　P・T　不著卷數。
玉華洞志七卷　應喜臣　T
西平縣志四卷　王介　T
西天目山志四卷　譚廷輔　T
西湖書院志　徐奇　T
西樵志六卷　周學心　D
西域番國志一卷　陳誠　P
西天目志四卷　徐嘉泰　T
西樵山志二卷　霍尚守　T
西關志三十二卷　王士翹　P
西岳華山志一卷　王處一　T・D
西安府三原縣志十六卷　朱昱　D
西游記　吳承恩　T
西華縣志七卷　董第　萬曆時修。　T
休縣志　李斗介　隆慶時修。　T
休寧志補　程一枝　T
休寧縣志三十八卷　程敏政　弘治時修。　T・P
休寧縣志八卷　李喬岱　萬曆時修。　P
休寧縣志八卷　邵庶　萬曆時修。　T
休寧縣志八卷　宋國華　D
興縣志　侯純　萬曆時修。　T
興化府志二十六卷　康太和　T

興化縣志十卷　歐陽東鳳、嚴錡　萬曆時修。　P
興都志二十四卷　顧璘　T
興安州志　鄭琦　嘉靖時修。　T
興濟縣志　蕭番　嘉靖時修。　T
興平縣志一卷　續志一卷　藝文志一卷　章平　嘉靖時修。　T
光慶都乘二冊　張前　萬曆時修。　T
光州光山縣志九卷　王家士　D
光澤縣志　汪正直　萬曆時修。　T
光澤縣志八卷　鍾華　正德時修。　T・D
光澤縣志　米倫　正統時修。　T
安陸府沔陽縣志十八卷　曾儲　D
安慶府志三十二卷　李遜　D・Q　嘉靖時修。
安溪縣志八卷　林有年　嘉靖時修。　D・T　作十卷。
安仁縣志　賴霖　萬曆時修。　T
安塞縣志　方盡美　萬曆時修。　T
安定縣志七卷　惲應翼　T
安吉州志十六卷　伍餘福　T・D・Q　嘉靖時修。
安國寺志二卷　董志稷　T
安東縣志　詹泰　T
安州志五卷　張寅　嘉靖時修。　T
安南圖志一卷　鄧鍾　P
江浦縣志十二卷　李維楨　崇禎時修。　T・P
江華縣志　費栢　萬曆時修。　T
江山縣志十卷　徐文溥　正德時修。　T
江山縣志十卷　黃綸　嘉靖時修。　T
江寧府句容縣志十二卷　程文　D
名山雜記　王萬禩　T

名山息游　周光臨　T
台州府臨海縣志二十六卷　劉養浩　D
仰山乘五卷　程文舉　P·T
合肥縣志二卷　胡時化、魏豫之　萬曆時修。　P
成安縣志　劉希尹　嘉靖時修。　T
行唐縣志　吳德溫　正德時修。　T
伊陽縣志　胡從賓　萬曆時修。　T
平和縣志七卷　鄭應旂　D·T　不著卷數。
米脂縣志　張可立　萬曆時修。　T
任縣志　林大畜　隆慶時修。　T
任縣志八卷　衛鈞、楊來游　P
任丘縣志八卷　顧問　萬曆時修。　P
地圖綜要三卷　吳學儼　T·F·N　朱紹本撰。
沙縣志十卷　葉聊芳　T·D
沙縣志　葉文梯　萬曆時修。　T
吉安府志十九卷　王安　T·D　"安"作"昂"。
吉安府志三十二卷　劉養正　T
吉安郡志　徐輔　T
吉州志　丁汝謙　萬曆時修。　T
應山縣志三卷　毛朝璲　T
應山縣志二卷　陳之良　D
應州志六卷　王有容、田蕙　P
曲阜縣志六卷　孔弘毅　崇禎時修。　P
曲靖府尋甸縣志二卷　王尚用　D
曲同縣志　聶鶴齡　嘉靖時修。　T
曲沃縣志　劉魯生　嘉靖時修。　T
交河縣志七卷　馬中良、蔣守倫　P·T　無"中"字,"守"作"景"。

交城縣志　張文璧　萬曆時修。　T
池州府志十卷　李思恭、丁紹軾　P
全州志　王瑩之　嘉靖時修。　T
全州志　王大猶等　萬曆時修。　T
全遼志　徐文華等　T
全遼志六卷　畢恭　D
全遼志六卷　李浦、陳降　嘉靖時修。　P
全遼志　任洛　T
全遼圖志　龔立本　T
全椒縣志　田梃　萬曆時修。　T
光山縣志九卷　沈紹慶　D・T　不著卷數。
光化縣志六卷　曹璘　T・D
江津縣志七卷　楊元吉　T
江陰縣志八卷　馮士仁　T
江陰縣志　洪貫　T
江陰縣志二十二卷　張袞　嘉靖時修。　T・D　作十五卷。　・P　作二十一卷。
江夏志　顏文選、郭正域　T
江心寺志六卷　王蘊　萬曆時修。　T
江都縣志八卷　葛洞　嘉靖時修。　T
江山縣志十卷　徐日葵　天啓時修。　T・P
江心寺志　釋弘斌　成化時修。　T
江浦縣志八卷　張夢柏　T
江都縣志二十三卷　陸君弼　萬曆時修。　T
江西省志　姜鴻緒　T
江安縣志　單汝光　隆慶時修。　T
江寧縣志十卷　周詩　T
江寧縣志十卷　李登　T

江寧縣志十卷　盛敏耕　萬曆時修。　T·P
耒陽縣志　婁九成　萬曆時修。　T
沁州志　楊可大　萬曆時修。　T
興州志二卷　朱學介、緱純　P
興化縣志四卷　胡順華　P
興化新志五十九卷　林堯俞　T
興都承天府志二十卷　張居正　T
興國州志七卷　康寧、林愛民　P
興寧縣志五卷　祝允明　T
興寧縣志六卷　李正芳　T①
同官縣志　楊光溥　萬曆時修。　T
同官縣志十卷　劉澤遠、寇慎　P
同安志十二卷　蔡猶臣
同州志　胡珍　嘉靖時修。　T
同州志十八卷　馬朴　天啟時修。　P
百水縣志　莊濤　T
百水縣志六卷　劉夢陽　P
百泉書院志四卷　馬書林　P
百泉書院志四卷　呂顒　T·D
如皋縣志十卷　李廷材、呂先孝　P
如皋縣志十卷　謝紹祖　嘉靖時修。　T·D
弁山龍華寺志二卷　釋智玲　T
汝州志八卷　承天貴　D
汝州志　陳大貴　T
汝陽縣志　焦希程　嘉靖時修。　T

---

① "T"原脫，據《千頃堂書目》卷七補。

汝南志三十八卷　強晟　T

汝南志三十八卷　馬志　正德時修。　T

汝寧府上蔡縣志三十六卷　馬歇　D

名山游記一卷　王世懋　T

扶風縣志　孫科　嘉靖時修。　T

扶溝縣志五卷　嚴憲　T

扶溝縣志八卷　方瑜序　D

吳縣志五十四卷　牛若麟、王煥如　P

吳江縣志二十八卷　曹一麟、徐師曾　嘉靖時修。　T・P

吳江縣志二十三卷　莫旦　弘治時修。　T・P・N

吳邑志十六卷　楊循吉　T

吳州志　李懿　萬曆時修。　T

吳堡縣志　王邦麒　萬曆時修。　T

吳山城隍廟志一卷　錢斯馨　T

吳興東林志四卷　黃維用　T

庎村志一卷　曹燁　C

武鄉縣志　黃武會　萬曆時修。　T

武夷山志四卷　勞堪　T・D

武夷山志二卷　汪佃　T

武夷小志一卷　卓有見　T

武夷小志十卷　袁仲儒　T・N

武夷雜志一卷　吳栻　T

武林山志　邵穆生　T

武夷圖說一卷　袁中道　T

武安縣志四卷　陳璋序　D

武平縣志二卷　徐甫宰　D

武功縣志三卷　康海　T

武塘勝覽　孫詢　T

武隆縣志　陳策　T

武功縣續志一卷　張文熙　T

武陟志七卷　秦之英、趙五臣　P

武緣縣志　鄭學醇　T

武邑縣志　黃試　萬曆時修。　T

武安縣志　陳璋　T

武義縣志五卷　熊秋芳　嘉靖時修。　T

武義縣志五卷　黃春　嘉靖時修。　T

武義縣志五卷　董遵　正德時修。　T①

武進縣志八卷　吳文輝、唐鶴徵　P

武定州志二卷　劉佃　D

武強縣志　錢博學　隆慶時修。　T

武康縣志一冊　易綱　弘治時修。　T・D

武康縣志八卷　駱文盛　T・D

武寧縣志六卷　徐麟　D

武林內外志　邵重生　T

武清縣志　陶允光　T

汾州府志十六卷　王道一、王景符　萬曆時修。　P

汾州府志　王緝　萬曆時修。　T

汾西縣志　王鼐　嘉靖時修。　T

肥鄉志　廉靖　萬曆時修。　T

夾江縣志九卷　何堅　T

夾江縣志　宿進　正德時修。　T

孝豐縣志　陳表　嘉靖時修。　T

---

① "T"原脫，據《千頃堂書目》卷七補。

孝豐縣志二卷　黃朝選　萬曆時修。　T
孝豐縣志六卷　唐樞　T
孝義縣志　張冕　嘉靖時修。　T
汶上縣志八卷　栗可仕　T・P
呂梁志八卷　王應時　T
甬志二十六卷　崔維岳　萬曆時修。　T
邯鄲縣志八卷　張成教　萬曆時修。　P・T　不著卷數。
沈邱縣志一卷　李宗元　D
沈邱縣志　劉世光　萬曆時修。　T
承天府太和山志卷十七　陳紹　T
完縣志　趙桐　萬曆時修。　T
利津縣志　賈光大　萬曆時修。　T
夷陵州志　俞彥　T
夷齊志六卷　白瑜　T
壽昌縣志十二卷　李世芳　萬曆時修。　T
壽昌縣志十二卷　洪一鰲　嘉靖時修。　T・P
壽寧縣待志二卷　馮夢龍　T
壽寧縣志四卷　張鶴年　D
壽陽縣志　候封等　萬曆時修。　T
壽縣志　張照靈　萬曆時修。　T
壽州志八卷　栗永禄　嘉靖時修。　P
邠州志　閻奉思　嘉靖時修。　T
沂州志　黨承志　嘉靖時修。　T
沂州志四卷　何格　T・D
沂州志四卷　楊維岳　P
沂州志十卷　徐汝冀　P
會稽志十六卷　張元忭　隆慶時修。　T・D・P

懷集縣志　林春茂　萬曆時修。　T

懷仁縣志二卷　楊守介　P

懷慶府志十二卷　孟重、劉溕　P

懷柔縣志四卷　周仲士　萬曆時修。　P

懷遠縣志十二卷　王存敬、孫秉陽　萬曆時修。　P

懷遠縣志八卷　栗永祿　D

懷遠縣志二卷　楊瞻　嘉靖時修。　D①

懷延二衛志　詹州　萬曆時修。　T②

杞縣志八卷　王顯忠　T

慶州志　蘇杴進　成化時修。　T

慶遠府志　王文炳　萬曆時修。　T

慶元縣志　汪獻忠　萬曆戊午年修。　T

慶元縣志　沈維龍　萬曆丙子年修。　T

慶元縣志　楊芝瑞　崇禎時修。　T

慶雲縣志　楊州鶴　萬曆時修。　P·T

東安縣志　張文舉　萬曆時修。　T

東安縣志　吳懷周　嘉靖時修。　T

東光縣志四卷　徐良弼　萬曆時修。　T

東天目山志四卷　章之采　T·N

東夷圖考一卷　蔡汝賢　T

東光縣志四卷　廖紀　T

東流縣志　汪文　P·D

東山志十九卷　胡維新　D

東鄉縣志　雷大任　T

東鄉縣志二卷　饒文璧　D

---

① "D"原脱，據《天一閣書目》補。《天一閣書目》不著作者。

② "T"原脱，據《千頃堂書目》卷六補。

東阿縣志四卷　謝東秀　T
東莞志十五卷　劉存業　T
東莞縣志　李戇卿　T
東明縣志　高豫　嘉靖時修。　T
東明縣志　常澄　萬曆時修。　T
東陽縣志九卷　繆樗　成化時修。　T
東陽縣志九卷　鄭準　隆慶時修。　T
東陽私志　錢奎　T
東昌府博平縣志八卷　胡瑾　D
東昌府志二十二卷　王命爵　萬曆時修。　T
東天目山志四卷　李曄然　T
東野志四卷　呂兆祥　T・C
秀水縣志　周顯宗　T
秀水縣志　戴經　T
秀水縣志十卷　任之鼎　D
秀水縣志　黃洪憲　萬曆時修。　T
盱眙縣志二卷　馬汝礪　T
岳陽縣志　王協夢　萬曆時修。　T
岳州府志　方啓　T
岳州府志十八卷　鍾崇文　隆慶時修。　T・P・D　作十六卷。
岳池縣志　屈乾亨　T
青州志二十卷　王賓、鍾羽　萬曆時修。　P
青城縣志　朱夢龍　萬曆時修。　T
青城縣志二卷　王儀、楊夢袞　P
青田縣志四卷　陳中州　嘉靖時修。　T
青田縣志四卷　葉化寧　成化時修。　T
青縣志　馬政　正統時修。　T

青陽縣志　蔡立身　T·P
青浦縣志八卷　王圻　T·P
房縣志六卷　陶釜　T
房山縣志　黃榜　T
沛縣志十卷　王治　嘉靖時修。　T·D
佛日山淨慧寺志一卷　釋大倫　T
沽頭閘志十二卷①　陸夢韓　T
即墨志十卷　許珽、杜爲棟　P
固原州志二卷　劉敏寬　P·N
固原州志　張志道　T
固安縣志九卷　蘇志皋　嘉靖時修。　T·P
固安縣志九卷　秦士奇　崇禎時修。　P
芮城縣志　劉良臣　隆慶時修。　T
苧羅志七卷　張夬　T·N
和州志八卷　劉禹錫　萬曆時修。　T
和州志十七卷　易鸞　D
和州志　齊柯　萬曆壬亥年修。　T·P　作八卷,嘉靖時修。
和州志五卷　朱沅、陳釣　正統時修。②
泗川志　胡純　T
良鄉縣志　余鏜　萬曆時修。　T
虎邱山志　王賓　P·D
虎志山圖志四卷　文肇祉　T
林縣志八卷　郝持　P
辰州府志八卷　馬協、吳瑞登　萬曆時修。　P

---

①　"頭",原誤作"邱",據《千頃堂書目》卷八改。
②　清同治光緒間吳縣潘氏京師刻《滂喜齋叢書》本《稽瑞樓書目》(以下引用該書皆據此本)卷三載此書,不著作者。

辰州府志　易天爵　成化時修。　T①
忠州志　舒容　T
金華縣志四卷　戚雄　嘉靖時修。　T
金華府志三十卷　陸鳳儀　萬曆時修。　T
金華縣新志十卷　胡頌　萬曆時修。　T
金華府志二十卷　周宗智　成化時修。　T·D
金華雜識四卷　楊德固　T
金華雜記一卷　鄭東昌　T
金山衛志六卷　張奎、夏有文　正德時修。　P
金山小志一卷　楊循吉　T
金山志四卷　胡經　T·D
金溪縣志　王經　T
金陵游覽志一卷　劉同升　T
杭州府志九册　徐一夔　洪武時修。　T
杭州府志六十三卷　吳文元　D
河津縣志　張汝乾　嘉靖時修。　T
河東書院志七卷　張仲　T
河間府志二十卷　賈忠　T
河間府志十五卷②　杜應芳、陳士彥　萬曆時修。　P
河中書院圖記一卷　呂經　T
河南郡志十二册　陳宣　弘治時修。　T
河南志　劉昌　T
河南通志四十五卷　李濂　T·P·N
河曲縣志　王鑛　嘉靖時修。　T
宜都縣志　姬世文　萬曆時修。　T

①　"T"原脱，據《千頃堂書目》卷七補。
②　"志"，原誤作"彥"，據明萬曆四十三年刻本《河間府志》改。

宜昌府歸州志八卷　黃鈞　D
宜黃縣志十四卷　黃漳　D
宜興縣志十卷　陳遴瑋、王升　P
宜川縣志十卷　張倫　T
宜城縣志二卷　朱鴻儒　T
恒岳甘泉書院志九卷　周榮朱　D
京山縣志　王格　嘉靖時修。　T
京山縣志　章聚奎　崇禎時修。　T
京口三山續志二卷　朱文　T
奉化志　汪倫　景泰時修。　T
奉化志十卷　徐紹光　弘治時修。　T
奉化縣志　謝雍　嘉靖時修。　T
沁陽縣志二卷　李鵬　T
泌水縣志　陳嘉猷　萬曆時修。　T
沁陽縣志一卷　趙民質序　嘉靖時修。　D
邳州志　陳柏　嘉靖時修。　T
邳州志十卷　楊輔　D
來安縣志　魏大用　嘉靖時修。　T
易水新志　林烇章　T
易州志三十卷　戴銑　T・D
直隸鳳陽府宿州志二卷　曾顯　弘治時修。　P
祁陽縣志二冊　鄭球　萬曆時修。　T
祁門縣志四卷　余士奇、謝存仁　P
祁縣志　張應峰　萬曆時修。　T
於潛縣志五卷　汪奕[①]　嘉靖時修。　T
昌平州志　崔學履　隆慶時修。　T

---

① "奕"，原誤作"曄"，據《千頃堂書目》卷七改。

昌化縣志九卷　汪子卿　嘉靖時修。　T
昌化縣志十卷　周洛都　萬曆時修。　T
昌化縣志　戴儀　T
昌黎縣志　楚孔生　嘉靖時修。　T
昌黎縣志　石之峰　萬曆時修。　T
昌國縣志五卷　陶恭　隆慶時修。　T
孟縣志　張叔譽　嘉靖時修。　T
阜城縣志　鞏邦固　萬曆時修。　T
阜平縣志　李延賞①　嘉靖時修。　T
邵武府志六十四卷　韓國藩、侯袞　萬曆時修。　P
邵武府志十五卷　陳讓　T·D
邵陽府志　趙維坤　嘉靖時修。　T
含山邑乘三卷　蔣楷、牟蓁　P·T
阿育王山志十卷　郭子章　T
定海縣志十三卷②　張時徹　P·D·T　作十二卷。
定山石室志八卷　蘇景熙、高明、應懷瑞　T
宣府鎮志四十二卷　孫世芳　嘉靖時修。　T·P
宣府鎮志十卷　王崇猷　P
宣平縣志　鄭禧　嘉靖時修。　T·P　作四卷。
長安縣志三卷　張敏　D
長樂乘三卷③　鄭世威　T
長樂縣志五卷　顏容瑞　D
長安縣志　李曄然　萬曆時修。　T
長樂縣志五卷　陳朴　T

---

① "延"，原誤作"廷"，據《千頃堂書目》卷六改。
② "志"字原脫，據《千頃堂書目》卷七補。
③ "三卷"，《千頃堂書目》卷七作"八卷"。

長樂縣志八卷　王渙　P
長樂志十一卷　夏允彝　T
長樂縣志十二卷　張大光　T
長沙府志　吳道行　萬曆時修。　T
長沙府志六卷　徐一鳴　D
長沙縣志六卷　潘鎰　D
長洲縣志十四卷　張德夫　隆慶時修。　D・P・T
長洲縣志十卷　楊循吉　T
長葛縣志六卷　李旋　T
長葛縣志六卷　車明珪　D
長葛縣志　黎墊　萬曆時修。　T
長子縣志　何出圖　萬曆時修。　T
長子縣志二卷　王希賢　正德時修。　P
長興縣志六卷　臧衍　弘治時修。　T
長興縣志十二卷　顧應祥　嘉靖時修。　T
長興縣志十二卷　姚光佑　崇禎時修。　T
長興志　劉吳　洪武時修。　T
長興縣志二卷　黃先升　嘉靖時修。　T
長泰縣志　方應時　萬曆時修。　T
長治縣志　張主敬　萬曆時修。　T
長垣縣志九卷　劉芳等　P・D
長垣縣志九卷　張治道　T
長垣縣志　胡宥　萬曆時修。　T
長寧縣志　翟時雨　萬曆時修。　T
長橋志　姜鴻緒①　T②

---

① "鴻"字原脫，據《千頃堂書目》卷八補。
② "T"原脫，據《千頃堂書目》卷八補。

長春縣志十二卷　張傑夫　D
穹窿山志六卷　李標　T
原武縣志　張祥　萬曆時修。　T
重修邰陽縣志十七卷　葉夢熊　萬曆時修。①
重修漳州府志三十三卷　羅青霄　D
重修邳州志十卷　楊輔、秦文淵　P
重修延平府志三十四卷　易可久　D
重修鄧州志十五卷　敖浤貞、艾自修　P
重修三原志十六卷　張信　P
重修富春志七卷　吳堂　正統時修。　P
重修富春志十二卷　王之獻　T
重修漢陰縣志六卷　張啓蒙、柏可用　P
重修四川總志六十四卷　王元正　D
重編新安志　朱同　洪武時修。　T
重修毗陵志四十卷②　朱昱　D
重修常州府志二十卷　劉廣生、唐鶴徵　P
重修徐州志十卷　馬暾　弘治時修。　P
重修慶陽府志　王福等　嘉靖時修。　T③
重修鎮江府志三十六卷　王應麟、王樵　萬曆時修。　P
洛南縣志　劉仲　嘉靖時修。　T
洛陽縣志八卷　路直　嘉靖時修。　D・T　不著卷數。
松溪縣志　耒端本　T
松溪縣志十四卷　黃金、廖芝修　D
松陵別乘　周永年　T

---

① 按，民國間烏程張氏刻《適園叢書》本《内閣藏書目録》卷七載此書，作二册。
② "志"字原脱，據《天一閣書目》補。
③ "T"原脱，據《千頃堂書目》卷六補。

松江府志　魏驥　T

洋縣志　薛選　隆慶時修。　T

柏鄉縣志　魏攜謙①　萬曆時修。　T

眉州青神縣志七卷　徐承勛　D

真定縣志八卷　周應中、楊芳　P

故城縣志五卷　李元忠、沈元溫　萬曆時修。　P

故城縣志　周世選　萬曆時修。　T

養利州志一卷　孔從先　T

政和縣志　郭斯空　永樂時修。　T

政和縣志八卷　車鳴時　P

洪雅縣志　張可述　嘉靖時修。　T

洪桐縣志　晉朝臣　萬曆時修。　T

英德縣志八卷　諶廷詔　D·T　作三卷，"詔"作"韶"。

首善書院志　王應遴　T

柘城縣志十卷　壽濂　P·D

垣曲縣志　李袞　嘉靖時修。　T

委羽山志六卷　胡昌賢　T

馬邑縣志二卷　朱子質、王繼文　T

馬湖府志　余承勛　嘉靖時修。　T

陋巷志八卷　呂兆祥　T·P

南泉蕊化寺志二卷　文薦　T

南河全考二卷　朱國盛　P

南溪書院志　紀譽　T

南屏淨慈寺志十卷　釋大壑　T

南昌府豐城縣志十卷　李贄　D

---

① "攜"，原誤作"攜"，據《千頃堂書目》卷六改。

南雁蕩志二卷　陳玭　T
南靖縣志十卷　陳宗愈、王人聘　P
南湖志考一卷　陳幼學　T
南宮縣志五卷　葉恒高、劉汀　嘉靖時修。　T
南宮縣志　邢侗　萬曆時修。　T
南海縣志十三卷　劉廷元、王學曾　P
南皮縣志十七卷　徐升階　萬曆時修。　T
南陽府志十二卷　唐孔高、金福　正統時修。　P
南陽府志十八卷　李廷龍　P
南陽縣志　程逖　萬曆時修。　T
南和縣志　華希閔　嘉靖時修。　T
南和縣志四卷　朱銳　T
南明山志四卷　鄭奎光　T
南游記一卷①　林培劍　T
南游記三卷　唐鶴徵　T
南河紀略二冊　熊子臣　T
南河志十卷　朱國盛　P
南溪縣志　高暘　嘉靖時修。　T
南充縣志十卷　韓士英　T
南雄府志十八卷　譚大初　T
南寧府志十一卷　方瑜　嘉靖時修。　T
南寧府志十卷　郭世重　D
南豐縣志七卷　王璽　T
南豐縣續志　曾思孔　T
南華寺志六卷　羅僑　T②

---

① "記"字原脫，據《千頃堂書目》卷八補。
② "T"原脫，據《千頃堂書目》卷八補。

南岳紀游　洪遼　T
南籠府晉安州志十卷　沈勗　D
南府志三十五卷　劉節　D
南樂縣志　錢博學　萬曆時修。　T
南樂縣志二卷　葉木　T
南雄府志八卷　胡永成　D
南安府南康縣志十三卷　劉昭文　D
南康府志十卷　陳霖　正德時修。　D·T　不著卷數。
南召縣志　李逸　隆慶時修。　T
皇明職方地圖三卷　陳組綬　T·P　即《皇明職方兩京十三省地圖表》。
皇圖要覽四卷　胡文煥　T
皇縣志　葉福贊　萬曆時修。　T
後湖志十一卷　萬文彩　P
威縣志八卷　吳容　嘉靖時修。　T
威縣志二卷　錢木　D
瀏陽縣志二卷　蕭敬、劉以身　P
保昌志八卷　楊彥爲　T
保定府志四十卷　王國禎、王政熙　萬曆時修。　P
保寧府志十四卷　楊思震　T·P
保定府志四十卷　馮惟敏　隆慶時修。　T
保安州志　劉必紹　萬曆時修。　T
延津縣志一卷　唐子順　D
信陽縣志八卷　楊若梓　萬曆時修。　T
岷峨山志一卷　張庭　T
封邱縣志　胡以祚　萬曆時修。　T
封邱縣志四卷　宋繒　T·D
封宛志略　朱器　T

虹縣志　王萬年　嘉靖時修。　T
泉州府惠安縣志十三卷　張岳　D
泉州府志二十二卷　黃光升　隆慶時修。　T
泉郡志二十二卷　萬慶　T
泉源志八卷　張文淵　T
咸陽志　殷奎　T
冠縣志六卷　談自省、杜華光　P
邵陽縣志二卷　蘭世賢、王禮　P
洧川縣志　范守己　萬曆時修。　T
莋城縣志八卷　楊嘉言　P
兗州志　盧熊　T
浮山縣志　許安　P
浮山縣志　杜綏　嘉靖時修。　T
息縣志八卷　夏賫　T
息縣志八卷　邵鳴歧　D
泰安志二卷　胡纘宗　T・P　作九卷。
括倉郡志補遺　鄭宣　T
括倉景物志　陳孝積　T
恩縣志六卷　孫居相、曾金聲　P・N
恩縣志九卷　張季霖　D
陵縣志　孫昺　嘉靖時修。　T
郴州志二十卷　胡漢　萬曆時修。　D・T
尉氏縣志五卷　汪心　嘉靖時修。　P・T　不著卷數，"心"作"新"。
湯溪縣志　宋約　成化時修。　T
湯溪縣志　金宏川　成化時修。　T
旌德縣志十卷　蘇宇庶　T
通州志二卷　施紀　弘治時修。　T

通州志四卷　丁鐵　萬曆時修。　T
通州志八卷　錢峰、江一山　嘉靖時修。　T
通州志一卷　孫徽　景德時修。　T
通州志　嚴敦大　永樂時修。　T
通州志六卷　鍾汪、林潁、顧磐　T·P·D
通州志略十三卷　楊時中　嘉靖時修。　D·T　不著卷數。
通惠河志一卷　汪一中　嘉靖時修。　T
通江縣志　向閣　萬曆時修。　T
洵陽縣志　沈本　萬曆時修。　T
香泉志四卷　李渭　D
毗陵續志八卷　朱昱①　T
雲都縣志二卷　許來學　D
雲都縣志十卷　李淶　T
柳州府志十六卷　呂景蒙　T
城固縣志　胡璉　嘉靖時修。　T·P　作六卷。
城步縣志　蕭應紹　萬曆時修。　T
祈譚寺志一卷　盛時泰　T
鄭州志　徐恕　嘉靖時修。　T
鄭溪書院志　龍紫海　T
泰和志十卷　唐伯元、梁庚　P
泰州志十卷　劉萬春　崇禎時修。　P
泰興縣志四卷　陳繼疇、王穉登　P
泰興縣志　高桂　萬曆時修。　T②
泰興縣新志纂九册　歐陽東鳳　T
泰安州志六卷　任弘烈、段廷選　P

---

① "昱"，原誤作"日立"，據《千頃堂書目》卷六改。
② "T"原脱，據《千頃堂書目》卷六補。

泰山志四卷　汪子卿　P
泰山勝覽三卷　高晦　T
泰山志四卷　吳伯朋　D
泰順縣志八卷　侯一元、侯一麟　萬曆時修。　T
泰順縣志八卷　包大方、周克俊　崇禎時修。　T
泰寧縣志八卷　凌瀚　T・D　作四卷。
泰寧縣志　江一龍　萬曆時修。　T
峨嵋縣志　李寵　萬曆乙亥年時修。　T
峨嵋縣志　李應霖　萬曆癸己時修。　T
延長縣志　董尚志　萬曆時修。　T
浙海圖　黎季　T
浙海圖　俞大猷　T
浙海圖　盧鏜　T
浙東海邊圖　周倫　T
浙東海邊圖　秦汴　T
浙川縣志　林邦柱　萬曆時修。　T
延津縣志　宋守志　隆慶時修。　T
延慶寺紀略一卷　楊德固　T
延安府志八卷　王彥奇　弘治時修。　T
延安府志八卷　李宗仁、楊懷　弘治時修。　P
延平府志十七卷　鄭慶雲　D
徐州府志十二卷　四明王梃　D
徐州志　姚應龍　隆慶時修。　T
徐溝縣志　劉鳳　T
桂林府志　傅時望　萬曆時修。　T
桂林府全州志七卷　楊本仁　D
陝州志　王承惠　萬曆時修。　T

晉州志　容若玉　萬曆時修。　　T
括蒼續志四卷　何鐣　T
唐縣志　孫廷臣　嘉靖時修。　　T
唐縣志　寯霞　正德時修。　　T
浦江縣志十卷　吳應台　崇禎時修。　　T
浦江縣志十卷　黎宏道　萬曆戊午時修。　　T
浦江縣志十卷　周尚禮　萬曆庚寅時修。　　T
浦江縣志八卷　毛鳳韶　嘉靖時修。　　T·D
浦城縣志十六卷　黎民範　萬曆時修。　　T
浦城縣志四卷　胡昱　D·T　不著卷數。
朔州志六卷　候樹屏　T
朔方新志五卷　楊壽　P
海寧州志六卷　李光先　D
海寧縣志九卷　蔡完修　嘉靖時修。　　P·D·T
海寧志補四卷　朱廸　T
海寧縣志六卷　曾昶　永樂時修。　　T
海寧縣志九卷　董穀　T
海寧衛志　王文祿　T
海寧衛乘十卷　采士英①　T
海鹽縣近志　仇俊卿　T
海鹽縣志四卷　陳暹　弘治時修。　　T
海州志　張峰　隆慶時修。　T·D　作十卷。
海門縣志十卷　崔桐　嘉靖時修。　　T·D·P　作六卷。
海門縣志　尹璽　T
海昌外志　談邊　T

---

① "采"，原誤作"耒"，《千頃堂書目》作"來"，雍正《浙江通志·經籍志》作"宋"，據嘉慶《嘉興府志》卷五十七改。

海豐志　梁喜　T
海澄縣志二十卷　張夑　T
夏津縣志七卷　易時中　T・P・D
夏邑縣志八卷　李念　D
夏邑縣志　高奎　萬曆時修。　T
夏邑縣志八卷　蔡汝南　嘉靖時修。　D
夏邑縣志八卷　鄭桐、黃虎臣　P
夏縣志二卷　馬巒　T
職方紀略　唐景亮　T
容城縣志　李蓁晋　隆慶時修。　T
容縣志　鄭儒　萬曆時修。　T
容縣志　彭清　T
亳州志　賀思聰　成化時修。　T
亳州志　陳觀　T
亳州志四卷　李光芳　T
浮梁縣志十四卷　汪宗伊　T・D
涇陽縣志二册　魏學曾　嘉靖時修。　T
涇陽縣志十二卷　李錦　嘉靖時修。　T・P
涇山志十四卷　宋奎光　T・N
涇縣志十卷　王廷幹　D
桃源縣志　袁宏道　T
桃源縣志六卷　李徽　T
桃源縣志　許璞　萬曆癸巳年修。　T
桃花源志一卷①　陳一德　T
桃源縣志　李春熙　萬曆丙子年時修。　T

---

① "源"，原誤作"原"，據《千頃堂書目》卷八改。

桃花源紀游一卷① 　徐謙　　T
姚安府志　陳其備　　嘉靖時修。　T
茶陵州志二卷　夏良勝序　D
荊門州志　劉春　T
荊門府志　楊學淳　T
荊州府志十二卷　孫存　P
荊南榷志十卷　邵經邦、陳梧　D
虔台屬地圖一卷　李堂　T
虔台輿圖要覽六卷　李汝華　T
益都縣志九卷　田仰　P
烏程縣志十二卷　劉沂春　　崇禎時修。　T
烏程縣志二卷　唐樞　　嘉靖時修。　T
烏青志　李樂　T
建陽府志四卷　趙文修　D
建陽縣志八卷　魏時應　T
建陽縣志　黃璿　　景德時修。　T
建陽縣志十六卷　馮繼科、朱淩　　弘治時修。　T・D
建陽縣志　區玉、劉蠻　　弘治時修。　T
建陽縣志八卷　陳紀、傅國珍　　萬曆時修。　T
建平縣志九卷　連鑛　P・D
建昌府志十九卷　夏良勝　D
建昌縣志十卷　蒲秉權、徐中素　P
建康風俗記　王可立　T
建寧縣志七卷　何孟倫　D・T　　不著卷數。
建寧府志二十一卷　汪佃　T・D

---

① "紀"，原誤作"記"，據《千頃堂書目》卷八改。

桐廬縣志　羅昌齡　萬曆乙酉年修。　T
桐廬縣志　李紹賢　萬曆丁丑年修。　T
桐鄉縣志七卷　危山　天順五年修。　T
桐鄉縣續志十四卷　錢榮　弘治時修。　T
桐鄉縣志十卷　任洛　正德時修。　T
桐城縣志二卷　陳勉、許誥　弘治時修。　T
桐柏縣志　萬登名　萬曆時修。　T
珙縣志①　周曉　萬曆時修。　T
破山興福寺志四卷　程嘉燧　T
荔浦縣志　呂文峰　萬曆時修。　T
高郵州志　范惟恭　隆慶時修。　T・P　作十二卷。
高郵州志十二卷　王應元　T
高唐州志七卷　金江　嘉靖時修。　P・D・T　無卷數。
高唐州志二卷　王大化　T
高平縣志　郭鋆　嘉靖時修。　T
高平縣志十五卷　劉應台　T
高陵縣志七卷　呂柟　T・P
高涼志　葉均禎　洪武時修。　T
高陽縣志　林鳳儀　嘉靖時修。　T
高縣志　陳時言　萬曆時修。　T
高州府志十六卷　歐陽烈　D
高州志七卷　富敬　宣德時修。　T
高邑縣志　周至德　嘉靖時修。　T
神木縣志　崔廷槐　嘉靖時修。　T
原武縣志二卷　張祥、閻邦寧　P

---

① "珙"，原誤作"瑛"，據《千頃堂書目》卷七改。

巢縣志七卷　柳應侯、陳九青　P
開封府杞縣志八卷　趙惟恒　D
開州志　沈堯中　萬曆時修。　T
開化縣志十卷　汪慶伯　崇禎時修。　T
開化縣志十卷　徐公敬　萬曆時修。　T
開化縣志十卷　方泌　弘治時修。　T
開化縣志十卷　汪應望　萬曆時修。　T
開縣志　鄧盛期等　T
清泉寺志一卷　朱陵　T
清泉關志四卷　潘璜　T
清泉小志一册　黎民表　D
清和縣志三卷　孟仲遴　D
清苑縣志　王政　萬曆時修。　T
清苑縣志六卷　李寶廷　D
清流縣志五卷　阮崇文　T
清流縣志五卷　陳桂芳　D
清河縣志　向日江　萬曆時修。　T
清河縣志四卷　孟仲遴　嘉靖時修。　P
清河縣志四卷　吳定吉、紀士範　嘉靖時修。　T・P
清豐縣志十六卷　晁瑮　嘉靖時修。　T
清涼山志八卷　釋鎮登　C
崇正書院志一卷　胡僖　T
崇德志五卷　董遵　正德時修。　T
崇義縣志一册　王庭耀　D
崇明縣志十卷　陳文　正德時修。　T・P
崇明志　秦約　T
崇明縣志　季笠　T

崇安縣志八卷　邱雲霄　T
崇陽志四卷　陳洪烈　T
崇德志　朱潤　隆慶時修。　T
崇德志　胡其久　萬曆辛己時修。　T
春陵志　盛祥　正統時修。　T
紫金山志一卷　邱衍其　T
理安寺紀四卷　釋仲光　T①
進賢縣志八卷　程光甸、汪集　P
進賢縣志十卷　楊三和　T
陸川縣志　彭懋祖　萬曆時修。　T
陸州志二十　孫交安　正德時修。　T
處州府志十八卷　王一中　崇禎時修。　T
處州府志十八卷　劉宜、郭忠　成化時修。　T・P・D
梓潼縣志　寸居敬　萬曆時修。　T
裕州志六卷　陶虞岡、牛孟耕　D
恭城縣志　曾三接　萬曆時修。　T
尋甸府志　王尚用　嘉靖時修。　T
浪縣志　寶文莊　嘉靖時修。　T
紹興府志四十二卷　戴冠　T
紹興紀略四卷　陸夢斗　D
袁州府新志十四卷　嚴嵩　T・D
袁州府志　黃鳴喬　萬曆時修。　T
袁州府志　袁業泗　崇禎時修。　T②
袁州府志　嚴當、歐陽誠　正德時修。　T
麻姑山丹霞洞天志十六卷　蕭韻　T

---

①　"T"原脱，據《千頃堂書目》卷八補。
②　"T"原脱，據《千頃堂書目》卷七補。

淇縣志十卷　劉佃璋序　D
淮安府志二十四卷　宋祖舜　天啓時修。　T・P
淮安府志十四卷　金銑、顧達　成化時修。　T
許州志八卷　王鉢　D
許縣志　韓玉通　嘉靖時修。　T
許州舊志二十卷　李東陽序　D
商城縣志八卷　劉繪　D
商河縣志十卷　曾一侗、康文光　P
商南縣志　方本清　萬曆時修。　T
淮安府志十六卷　薛鑾　正統時修。　D・P
崖州志略四卷　鍾芳　T
狼五山志四卷　王揚德　T
崇寧縣志　武憲　T
常熟縣破山興福寺志五卷　程嘉燧　P
常德府志　陳洪謨　嘉靖時修。　T
常德志　靳一派　萬曆辛亥年修。
常山縣志　樊瑩　成化時修。　T
常山縣志十五卷　詹萊　萬曆時修。　T・P
常寧縣志　曾喬　萬曆時修。T
常州府無錫縣志二十四卷　秦㵆　D
常熟縣志四卷　桑瑾　弘治時修。　T
常熟縣志十三卷　鄧韍　嘉靖時修。　T・P・D・N
常州府志續集六卷　朱昱　D
祥符縣志四卷　李天麟　T
祥符縣志四卷　王惟儉、朱勤美　T
連城縣志　陶文淵　嘉靖時修。　T
連城縣志　陶文彥　萬曆時修。　T

連城縣志　張大觀　天啓時修。　T
莆陽志二十卷　黃體勤、林若乾　T
章邱縣志四卷　楊循吉　T
章邱縣志三十四卷　董復亨　萬曆時修。　P
雪寶寺志略一卷　釋履平　T
雪峰志八卷　徐𤊹　T
梧州府志十二卷　林喬楠、陳鑑、陳熙　萬曆時修。　T
梧州府志二十卷　謝君惠　崇禎時修。　T
陳州府志四卷　馮相　D
將樂縣志十四卷　劉言　D
將樂縣志十二卷　黃仕禎　萬曆時修。　T·P
崞縣志八卷　尹際可　嘉靖時修。　T·P
登封縣志六卷　畢亨　D
登州府志十卷　王言　D
宿遷縣志八卷　喻文偉　D
宿遷縣志　何儀　萬曆時修。　T
宿州志一卷　李朝宗　T
宿州志八卷　余鍧　D
宿州志二十六卷　崔維岳、汪文奎　萬曆時修。　P
涿州志　劉坦　正德時修。　T
涿州志十二卷　史直臣　嘉靖時修。　T
涿州志十二卷　張遜　弘治時修。　T·D
略陽縣志六卷　李遇春　D·T　不著卷數，缺"春"字。
乾州新志二卷　楊殿元　崇禎時修。　T·P
深州志　劉應民　萬曆時修。　T
淄川縣志三十七卷　朱萬春、王教　P
淄川縣志六卷　王餘序　D

叙南邊圖　吳應台① T
淳安縣志十七卷　姚鳴鸞、余坤　P·D
淳化志八卷　羅廷綉　隆慶時修。　P
密雲縣志　劉效祖　萬曆時修。　T
密縣新志　蕭文元　萬曆時修。　T
富平縣志十卷　孫丕揚　萬曆時修。　T
富順縣志　秦可貞　萬曆時修。　T
富川縣志　周篤棐　萬曆時修。　T
郫縣志　葛宗亮　T
鹿泉寺志一卷　許國誠　P
鹿邑縣志十二卷　王堯日　嘉靖時修。　T
裕州志　浦士衛　萬曆時修。　T
望江縣志八卷　朱軾　T
貴溪縣志　伍餘福　T
貴陽府開州志十卷　王崇慶　D
貴州圖經新志十七卷　趙瓚、王佐　P
貴州通志十二卷　胡禾同　T
普寧縣志略十卷　阮以臨、黃秉中　T·P
普安續志　蔣杰　T
強縣志四卷　宋室棗　萬曆時修。　T
陽揭縣志五卷　王鳳　T
彭城志十九卷　宋驥　正統時修。　P
彭澤縣志九卷　葉朝榮、戴震亨　萬曆時修。　P
彭山縣志　白比衍　萬曆時修。　T
項城縣志　王都　萬曆時修。　T

---

① "台"，原誤作"召"，據《千頃堂書目》卷八改。

項城縣志十卷　王欽誥　P
惠來志五卷　林春秀　嘉靖時修。　T
惠州志十二卷　李玘、劉梧　嘉靖壬寅年修。　T①
惠州志　蘇潤　天啓時修。　T
惠州志　史之謨　嘉靖戊戌年修。　T
惠州志　楊起元　T·P　作二十一卷。
惠州志　鄧璉　景泰時修。②　T③
惠州志十六卷　楊載鳴　嘉靖丙辰年修。　T
惠州府志十六卷　楊宗甫　D
惠安縣志十二卷　張岳　T·P　作十三卷。
惠來縣志　游之光　萬曆時修。　T
昆山縣志二十六卷④　董正位　T
昆山縣志八卷　周昌世　萬曆時修。　T
昆山縣志八卷　殷奎　T
昆山州志　楊譓　明初時修。　T
昆山縣志　季笆　宣德時修。　T
昆侖圖説四卷　趙惟鵬　T
象州志　甘應可　萬曆時修。　T
象山縣志十六卷　陸應揚　萬曆時修。　T·P
象山縣志十五卷　邵景堯　T
象山縣志　周茂伯　嘉靖時修。　T
黃梅縣志　曾維倫　萬曆時修。　T
黃坡縣志三卷　李河固、俞貢　嘉靖時修。　P

---

① "T"原脱，據《千頃堂書目》卷七補。
② "泰"，原誤作"德"，據《千頃堂書目》卷七改。
③ "T"原脱，據《千頃堂書目》卷七補。
④ "卷"字原脱，據《千頃堂書目》卷六補。

黃州府志　周思久　萬曆時修。　T
黃岡縣志十卷　王瑞徵、呂元音　萬曆時修。　P
黃巖縣志七卷　袁應祺　萬曆時修。　T・P
黃海紀游　潘景升　T
黃河圖議一卷　鄭若曾　T
順德新志十卷　鄧炳鍾　T
順德府志十五卷　高遷　T
順德縣志十二卷　李承箕　弘治時修。　T
順德府志四卷　王守誠　T
順天府通志八卷　沈明臣　D
順天府志六卷　張元芳　萬曆時修。　P
順慶府蓬州志十卷　吳德器　D
順義縣志　靳東齊　隆慶時修。　T
順昌縣志十卷　馬惟魯　T
順昌縣志　舒俸　T
渾源州志五卷　董錫　D
渾源州志二卷　趙之韓、王潛初　P
華蓋山志　鄒黼　永樂時修。　T
華蓋山志八卷　崔世召　天啓時修。　T
華蓋山志八卷　孔軾　萬曆時修。　T
華容縣志七卷　孫羽候　T
華亭縣志　沈錫等　正德時修。　T
華亭縣志十六卷　孫承恩　T
華陰志　趙儒華　T
華陰縣志九卷　王九疇、張毓翰　P
華山志概　王弘嘉　C
華州志二十四卷　李可久、張光孝　隆慶時修。　P・T

華岳志十三卷　張維新　T
堯峰志一卷　陳仁錫　T
澇縣志　魏之幹　萬曆時修。　T
無極縣志六卷　熊曄　T
無極縣志　安嘉士　萬曆時修。　T
無錫縣志二十四卷　周邦傑、秦梁　P
無爲州志　查志文　萬曆時修。　T
無爲州志十卷　吳臻、洪旦　P
溫縣志二卷　張第　P
溫州府志　任敬　洪武時修。　T
溫州府志十八卷　湯日昭　萬曆時修。　T・P
溫州府志八卷　張孚敬　嘉靖時修。　T・D
溫州府志二十二卷　王瓚　弘治時修。　T・D
萊州府志十卷　王紀　D
博野縣志　孫昂　嘉靖時修。　T
雅州志　劉璧　萬曆時修。　T
滁陽志十四卷　戴瑞卿、李之茂　P
瑞州府志二十四卷　陶履中　T・P
瑞州府志十四卷　鄺璠　T・D
瑞金縣志十一卷　堵奎臨、楊可依　P
瑞仙巖志　釋道　T
瑞安仙巖志四卷　王應辰　T
瑞安縣志備遺二卷　秦激　萬曆時修。　T
瑞金縣志八卷　杜有年　D
瑞昌縣志八卷　劉儲　D
瑞昌縣志　朱綽　嘉靖時修。　T
瑞巖志一卷　歐陽昌　T

揚州府儀徵縣志十四卷　申嘉　　D
雄縣地乘十卷　王齊學　T
雄縣志　董勸　T
雄縣志　馬文學　萬曆時修。　T
虞城縣志二卷　莊一鶴序　D
寒山志一卷　趙宧光　T
單縣志二卷　夏維藩、周衛陽　隆慶時修。　P
雁蕩山志四卷　徐時聘　T
雁山志一卷　釋永升　T
雁山志續集二卷　吳元梅　T
渭南縣志十八卷　南大吉　T·D　作四册。
湘潭縣志　李騰芳　T
湘潭縣志二卷　陳應信、巖崇教　嘉靖時修。　P
湘陰縣志二卷　張登　T
焦山志四卷　張晉　T
隆安縣志　袁璧　萬曆時修。　T
隆平縣志九卷　陳沂學　崇禎時修。　T
陽山新錄一卷　顧元慶　T
陽城縣志　栗魁周　萬曆時修。　T
陽州志　郭槃桂　萬曆時修。　T
陽州府志二十七卷　楊洵　T·P
陽溪縣志八卷　汪文璧　萬曆時修。　T
陽城紀勝　朱化孚　T
陽曲縣志　鮑獻書　萬曆時修。　T
陽武縣志三卷　張天瑞序　弘治時修。　D
陽武縣志七卷　呂柟　嘉靖時修。　D
陽武縣志八卷　王時泰、王東魯　P

陽江志七卷　吳煥章　T

景州志　徐大佑　隆慶時修。　T・P

景陵縣志　袁福徵　T

景寧縣志　程達　嘉靖時修。　T

景寧縣志六卷　賴汝霖　萬曆時修。　T・P

華縣志十卷　吳宗器　D

程鄉縣新志　周中象　萬曆時修。　T

程朱闕里志　趙涝　T・C　作八卷。

程鄉縣志七卷　陳慶奎　嘉靖時修。　T

朝邑縣志二卷　韓邦靖　T・N　不著卷數。

朝城縣志六卷　谢注　T・D　作八卷。

渠縣志　葉松　嘉靖時修。　T

智泉志一卷　何南金　T

湟川志十卷　曹鎬　T

湖廣通志　張天復　T

湖廣通志二十卷　薛綱　D

湖山紀游　王埜　T

湖州府志十四卷　栗祁　隆慶時修。　T

湖州府志十六卷　浦南金　嘉靖時修。　T

湖州府志二十二卷　陳欣　景德時修。　T

湖州府志二十二卷　勞鉞　成化時修。　T・D　作二十四卷。

湖州府志二十四卷　王珣　弘治時修。　T・N　不著卷數。

叙城縣志二卷　陳惟淵　T

舒城縣志　陳魁士　萬曆時修。　T・P

揚州府志四十卷　金鎮　T

賀縣志　朱應辰　萬曆時修。　T

萬泉縣志　吳汝蘭　萬曆時修。　T

萬載縣志十二卷　韋明傑　　T
榆林全鎮圖說一卷　馮舜漁　隆慶時修。　T
榆林鎮志　馬希龍　T
榆次縣志十卷　張鶴騰、褚鐵　萬曆時修。　P
榆次縣志十卷　關楳　T
榆縣志　程贛　萬曆時修。　T
榆關志　姜鴻緒　T
登封縣志　周大元　萬曆時修。　T
登封縣志十卷　張勛　T
登封縣志十卷　鄧南金、李明通　隆慶時修。①
道州志　王會　嘉靖時修。　T
關中書院志八卷　何載圖等　P
關中名勝志　殷奎　T
補劉氏山棲志十六卷　胡應麟　T
零陵山小志　易三接　T
溧水志記二卷　方彥　T
溧陽縣志五卷　符觀、汪淮　弘治時修。　P
溧陽縣野志續編八卷　狄斯彬　T
葭州志　柴希高　嘉靖時修。　T
遂昌縣志　池裕德　隆慶時修。　T
遂昌縣志　許九綸　崇禎時修。　T
遂昌縣續志　翁學淵　T
遂安縣志四卷　毛一鷺　萬曆時修。　T
遂安縣志　陸希和、俞諡　T
煙雨樓志四卷　龔勉三　T

---

① 據《中國古籍總目》，此書國家圖書館藏有明隆慶三年刻本，存卷一至七。

廉州府志六卷　何御　D・T
滑縣志　孫昌　T
滑縣志六卷　張佳胤　嘉靖時修。　T
虞山書院志　錢璠　T
琴川新志八卷　張洪　T
聞喜縣志　李汝寬　萬曆時修。　T
愚公谷乘八卷　鄒迪光　T
舞陽縣志十三卷　張穎　D
新野縣志六卷　冷宗元　T
新鄉縣志六卷　李錦　D
新樂縣志　孫昌　T
新樂縣志　張正蒙　萬曆時修。　T
新安縣志　孫奇逢　T
新安縣志　王訓　嘉靖時修。　T
新安縣志　張守身　萬曆時修。　T
新安志補八卷　方信　P・T　不著卷數。
新安三楚記游　倪虯　T
新會縣志七志　王命璿、黃淳　P
新會志十八卷　蕭廷相　嘉靖時修。　T
新會志十八卷　李承箕　弘治時修。　T
新會志　佘懋衡　T
新城縣志　方廉　萬曆乙亥年修。　T
新城縣志　何濟等　萬曆乙酉年修。　T
新城縣志十卷　王材　T
新城縣志　聶瑩　嘉靖時修。　T
新城縣志十三卷　黃文鸑　D
新城縣志四卷　周天球　萬曆乙亥年修。　T

新城縣志　凌誌　景泰時修。　T
新城縣志八卷　胡應鳴　T
新城縣志　袁澤　嘉靖時修。　T
新鄭縣志五卷　劉槃　T
新鄭縣志五卷　高才　萬曆時修。　T
新繁縣志　陳洋等　萬曆時修。　T
新修清豐縣志十六卷　李汝寬、晁瑮　嘉靖時修。　P
新修霑化縣志九卷　段展、丁懋游　萬曆時修。　P
新修安定縣志七卷　惲應翼、張嘉孚　P
新修耒安縣志十卷　周之冕　P
新修館陶縣志四卷　李沖奎、趙邦治　P
新修隴州志　吉天恩　嘉靖時修。　T
新修崇明縣志十卷　張世臣、陳宗浚　P
新河縣志九卷　蔡懋昭、徐應解　P
新河縣志　徐治民　萬曆時修。　T
新昌縣志十三卷　田琯　D
新昌縣志十三卷　呂光洵　萬曆時修。　T
新昌縣志九卷　余宗梁　D
新化縣志　姚九功　萬曆時修。　T
新化縣志十一卷　佘傑　嘉靖時修。　P・D
新都縣志　楊慎　嘉靖時修。　T
新昌縣志十六卷　莫旦　成化時修。　T・P・D　作十五卷。
新興志七卷　林藩　T
新泰縣志　孫述華　嘉靖時修。　T
新泰縣志十卷　趙希　天啓時修。　P
新蔡縣志八卷　史恩、劉大恩　P
睢寧縣志　黃廷敕　萬曆時修。　T

棲霞小志一卷　盛時泰　T
棲霞寺志三卷　文伯仁　T
棲霞寺志　金鑾　T
游山志　周應賓　T
游雲門記一卷　黃汝亨　T
游錄一卷　何櫆　T
游衡紀事　邱兆麟　T
游梁雜記一卷　馬雷　T
游記八卷　吳運嘉　T
游名山記四卷　陳沂　T
游天台記　王亮　T
游舟山籍二卷　屠本峻　T
靖安縣志六卷　趙公輔、吳館　P
靖江縣志　洪貫　T
遐齡洞元志四卷　寧獻王權　T
鼓山志十二卷　謝肇淛　T
鼓山續志八卷　徐𤊹　T
嵊縣志十卷　周山、夏雷　弘治時修。　T
嵊縣志　錢悌　成化時修。　T
鉅鹿縣志　何文極①　萬曆時修。　T
蜀游記　楊伯珂　T
婺源縣志十卷　汪應蛟、余懋衡　嘉靖時修。　T
慈谿縣志十六卷　李逢甲、姚宗文　天啓時修。　P
鳳陽縣志六卷　張雲翔、趙學之　萬曆時修。　P
鳳陽府臨淮縣志二卷　楊鶴、顧承芳　D

---

① "極"，原誤作"拯"，據《千頃堂書目》卷六改。

鳳翔府志八卷　王江　D·T
鳳縣志　金塘　嘉靖時修。　T
滇略八卷　謝肇淛　T
漢中府志　張幼養　嘉靖時修。　T
漢中府志八卷　雷有晴　T
漢陽府志三卷　戴金　D
漢東新志　董之奇　T
閩湖廣都台記　唐冑江　T
閩游錄　伍充　T
閩游雜記一卷　游記一卷　曹番　T
閩中陵墓志二卷　祁伯裕　T
雷州府志二十二卷　馮彬　D
雷州府志十五卷　方猶天　T
絳州志　王文鳴　正德時修。　T
絳縣志　吉大來　嘉靖時修。　T
滄州志八卷　李夢熊　P
當陽縣志　任慶榛　萬曆時修。　T
獻花嚴志一卷　陳沂　T·P
獻縣志　李汝桂　萬曆時修。　T
嵊縣志十三卷①　周汝登　萬曆時修。　T②
鄒縣志四卷　蔡綉　T
鄒縣志四卷　謝秉秀　嘉靖時修。　P·D
鄒平縣志八卷　葉林　D
滿城縣志八卷　張邦政　萬曆時修。　T
雲南圖經志書十卷　鄭顒、陳文　景泰時修。　P

---

① "嵊"，原誤作"崍"，據《千頃堂書目》卷七改。
② "T"原脱，據《千頃堂書目》卷七補。

雲南紀略一册　高蔚　T
雲南志四十四卷　周季鳳　D
雲陽縣志二卷　李覺　D
雲和縣志五卷　汪屺　嘉靖時修。　T
禄勸州志　何守拙　T
鄧尉山志一卷　靳學顔　T
鄧州志十六卷　楊準　D
鄧州志　潘廷楠　嘉靖時修。　T
鄧州志六卷　張仙　T
鄧尉山聖恩寺志十八卷　周永春　T
廣志繹二卷　王士性　T
廣宗縣志　呂信　隆慶時修。　T
廣西名勝志十卷　曹學佺　T
廣圖二卷　胡松　T
廣輿圖　羅欽順　T
廣西通志　張鳴鳳　T
廣西通志四十二卷　蘇濬　T・N
廣西通志　楊芳　萬曆時修。　T
廣輿圖二卷　朱思本　T
廣宗縣志八卷　馬協　萬曆時修。　T
廣安州志　戈一龍　萬曆時修。　P
廣平縣志五卷　陳鏊　T・P
廣德州志　鄒守孟　嘉靖時修。　T
廣信郡志二十卷① 　汪俊　D
廣州府香山縣志八卷　鄧復延　D

---

① "卷"，原誤作"志"，據《天一閣書目》改。

廣州志三十二卷　王鳳文　T・P
寧鄉縣志　王文煒　萬曆時修。　T
寧德縣志八卷　舒應元、陳琯　P・T　不著卷數。
寧德縣志四卷　閔文振　P・D
寧海縣志十卷　曹學程　萬曆時修。　T
寧海縣志　張輔　T
寧海縣志　戴顯　正德時修。　T
寧海縣志十二卷　宋奎光　崇禎時修。　T
寧陵縣志十二卷　呂坤　T
寧陵縣志　徐綉　隆慶時修。　T
寧國府志二十卷　陳浚　T
寧國縣志四卷　范鎬　D
寧國府志　梅守德　萬曆時修。　T
寧州志　馬彥卿　萬曆時修。　T
寧州志十八卷　龔邐　D
寧都縣志八卷　黃應奎、吳天德　P
寧陽圖說　張應槐　T
寧遠縣志　唐之儒　萬曆時修。　T
寧羌州志　王一鳴　嘉靖時修。　T
寧津縣志　王良貴　嘉靖時修。　T・P　作八卷。
寧化縣志十卷　張士俊　崇禎時修。　P
寧波簡要志五卷　黃潤玉　T
寧晉縣志　胡向寧　嘉靖時修。　T
寧洋縣志　宋煉　萬曆時修。　T
榮昌縣志　曠昂　萬曆時修。　T
榮縣志　石磐　萬曆時修。　T
滎陽縣志　朱絃　萬曆時修。　T

榮河縣志　宋綱　嘉靖時修。　T
韶州府志十二卷　方玭　T
銅梁縣志　高啓愚　萬曆時修。　T
銅陵縣志八卷　沈梅　D
銅陵縣志八卷　李士元　T
銅陵縣志十卷　熊蓋臣、葛之穎　P
蒲圻縣志四卷　魏裳　T
蒲州志三卷　邊像　嘉靖時修。　P・T　不著卷數。
蒲州志三卷　王輪　D
蒲縣志十卷　韓竹　T
蒲城縣志　徐效賢　嘉靖時修。　T
蒲台縣志　王汝彥　萬曆時修。　T
趙州志十卷　蔡懋昭　D・T　不著卷數。
趙州志八卷　陳紀　D・T　不著卷數。
肇慶府志十七卷　盧璘　T
肇慶府志五十卷　陸鰲　T
福山縣志八卷　宋奎、郭如泰　P
福州府志四十卷　林廷㭿　正統時修。　T・D　"廷"作"庭"。
福州府志二十四卷　袁表　T
福安縣志九卷　陸以載　T
福寧州志十二卷　閔文振　D
福寧州志十卷　游朴　T
福寧州志　史起欽　萬曆時修。　T
嘉興府志補三卷　鄒衛　正德時修。　T
嘉興府志遺稿　嚴從簡、黃洪憲　T
嘉定縣志五卷　龔宏　嘉靖時修。　T①

----

① "T"原脫，據《千頃堂書目》卷六補。

嘉興縣志　黃承昊　崇禎時修。　T
嘉興府圖記二十卷　趙文華　T·P·N
嘉魚縣志三卷　莫震　正統時修。　P·T　不著卷數,"震"作"旦"。
嘉定縣志二十二卷　韓浚、張應武　萬曆時修。　T·P·N
嘉定縣志六卷　蔡淑仁　T
嘉定州志　任有齡　T
嘉定縣志二十四卷　趙昕　T
嘉應州興寧縣志三卷　黃國奎　D
嘉善縣志六卷　倪璣　正德時修。　T
嘉善縣志　郁天民　嘉靖時修。　T
嘉善縣志十二卷　盛唐　萬曆時修。　T①
嘉靖維揚志三十八卷　盛儀　萬曆時修。　T·D
撫州府志二十八卷　呂傑　D
漳州府志　閔夢得　萬曆時修。　T
漳州府志三十卷　林德芬　T
漳州志②　周瑛　T·D　作三十四卷。
漳平縣志十卷　曾汝檀　D·T　無卷數。
漳浦縣志　王應顯等　萬曆時修。　T
漳浦縣志十二卷　周仲　D
滸墅關志十六卷　張裕　T
綦江縣志　蒲林　T
練川圖記二卷　都穆　T
鼓山志十二卷　釋元賢　T
檇李記　王樵　T
葉縣志四卷　牛鳳　P·D

---

① "T"原脱,據《千頃堂書目》卷七補。
② "州"字原脱,據《千頃堂書目》卷七補。

葉縣志二卷　高文登　萬曆時修。　T
綏德州志　趙世勛　萬曆時修。　T
維揚郡乘　趙鶴　T
維揚關志四卷　焦希禮　T
偃師縣志　高良棟　嘉靖時修。　T
偃師縣志二卷　魏津　D
鞏昌府新志二十八卷　劉文琦　T
鞏縣志　周泗　嘉靖時修。　T・D
碭山縣志　王廷卿　隆慶時修。　T
肅寧縣志二卷　成性　萬曆時修。　T
肅縣志　邢學安　嘉靖時修。　T
澠池縣志　蒲汝寬　隆慶時修。　T
齊東縣志二十九卷　劉希夔　P
齊東邑乘　蕭敬諫　正德時修。　T
齊雲山志五卷　魯點　T・P
齊山志四卷　田賦　T
寥子游二卷　屠隆冥　T
綠竹縣志①　陶弼　隆慶時修。　T
綠州志　蘇民望　嘉靖時修。　T
犍爲縣志　袁世登　萬曆時修。　T
鄢陵縣志　劉訒　嘉靖時修。　T
鄢陵縣志八卷　杜柟序　D
鄆城縣志十二卷　趙應式　T
鄆城縣志十二卷　陳璣　D
遠安縣志　劉英　成化時修。　T

---

①　"竹"，原誤作"州"，據《千頃堂書目》卷七改。

閿鄉縣志十卷　李應奎　D
魯山縣志　王世宷　萬曆時修。　T
黎城縣志　靳惟稽　隆慶時修。　T
廓州志　王邦俊　萬曆時修。　T
撫寧縣志　鄭思恭　萬曆時修。　T
撫州府志十六卷　徐良傳　嘉靖時修。　T・N
撫州府志　徐喆　弘治時修。　T
撫州府志十六卷　蔡邦俊　崇禎時修。　T
劍州志　萬國欽　萬曆時修。　T
賓州志　郭棐　萬曆時修。　T
諸城縣志十二卷　王之臣、陳燁　P
諸暨縣志　朱廷立　嘉靖時修。　T
諸暨縣志　駱象賢　景泰時修。　T
諸暨縣志二十卷　駱問禮　隆慶時修。　T
諸暨縣志　彭瑩　正德時修。　T
德州志　周山保　正德時修。　T
德州志十二卷　唐文華、李檜　P
德州志十卷　張潮　T
德安縣志八卷　劉鍾　T
德安縣志四卷　曾節　D
德安府志十二卷　李東陽序　D
德安府志　陳士元　萬曆時修。　T
德州志三卷　鄭瀛　T
德清縣志十卷　陳實　嘉靖時修。　T
德清縣志　蔡奕琛　天啓時修。　T
德清縣志十卷　方日乾　D
德化縣志十卷①　劉晃、蔣孔煬

---

① 《稽瑞樓書目》卷三載此書，不著作者。

德陽縣志　羅世家　萬曆時修。　T
潁川郡志十七卷　陳璉　永樂時修。　P
潁州志　劉節　D
潁州志二卷　李宜春　嘉靖時修。　P
潼川州志①　陳中川　萬曆時修。　T
輝縣志十卷　劉希龍序　D
輝縣志八卷　王廷諫　天啓時修。　P
潮州志　雷春　永樂時修。　T
潮州志　王源　正統時修。　T
潮陽縣志　何晟　景泰時修。　T
潮陽縣志十五卷　黃士龍、杜大春　P・T　不著卷數。
潮州府志十二卷　吳穎　T
樂平縣志　喬永固　嘉靖時修。　T
樂亭縣志　潘敦復　萬曆時修。　T
樂至縣志　黃鍾　正德時修。　T
樂清縣志七卷　胡用賓　T
樂會志八卷　魯彭　T
樂安縣志二卷　李舜臣　T
樂陵縣志　王宜純　萬曆時修。　T
澄城縣志　石道立　嘉靖時修。　T
蕭山縣志六卷　林策　D
遷安縣志　王之衡　萬曆時修。　T
澧州志　李獻陽　嘉靖時修。　T
縉雲縣志　黃李茂　萬曆時修。　T
磁州志四卷　朱鸞　D

---

①　"州"，原誤作"靖"，據《千頃堂書目》卷七改。

磁州志八卷　附志一卷　趙範、諸鎬　P
龍陽縣志　黃師表　萬曆時修。　T
龍安府志　葉自新　萬曆時修。　T
龍池禹門寺志六卷　戴英　T
龍游縣志十四卷　袁文紀　弘治時修。　T
龍游縣志十卷　佘湘、童佩　萬曆時修。　T
龍游縣志十卷　萬廷謙、曹聞禮　P
龍縣志二卷　湯相、莫元　P・T・P
龍門志三卷　郭相　T
龍門志三卷　樊得仁　T
龍門縣志四卷　袁承伸　T
龍溪縣志八卷　林魁、李愷　D
龍光書院志四卷　榮塘　T
龍泉縣志二十卷　葉溥　T
濂溪志九卷　李楨　P
潛縣志二卷　王璜　嘉靖時修。　P・T　不著卷數。
潛縣志　任養心　萬曆時修。　T
潞水客談一卷　徐給諫　D
潞水客談三卷　徐貞明　T
潞城縣志　馮維賢　萬曆時修。　T
潞州志十二卷　马暾　弘治時修。　P・D
鄂縣志①　王九思　嘉靖時修。　T
錫山續志　馮善　T
盧胡紀游　劉師邵　T
盧氏縣志八卷　陶溶、劉繼　弘治時修。　T・D

────────

① "鄂"，原誤作"鄳"，據《千頃堂書目》卷六改。

盧龍塞略四卷　郭造卿　T・N
盧溪縣志　吳一本　萬曆時修。　T
遵化縣志　張杰　T
衡山縣志六卷　劉熙、何紀　弘治時修。　P
衡山志十三卷　毛彬　T
衡山志八卷　曾鳳儀　T・P
衡岳志八卷　鄧雲霄　T
衡山縣志　王三畏　萬曆戊子年修。　T
衡水縣志　諸錘等　萬曆時修。　T
衡岳游記　黃周星　C
冀州志十卷　張璽　D
冀州志三卷　李德美　T
衡山縣志　陸志孝　萬曆時修。　T
霈化縣志　石璽　嘉靖時修。　T
震資縣志四冊　冷逢　萬曆時修。　T
襃城縣志　張棟　T
霍邱縣志十卷　楊其善　萬曆時修。　P
霍州志　劉昫　嘉靖時修。　T
霍山縣志　陳維翰　萬曆時修。　T
徽州府志十二卷　彭澤　弘治時修。　T・P・D
濟南府章邱縣志四卷　楊循吉　D
碓山縣志二卷　陳耀文　D
慈谿縣志十六卷　姚宗文　天啟時修。　T
慈谿志　周旋　嘉靖時修。　T
慈利縣志十八卷　陳光前　D
歷代山陵考二卷　王在晉　T
橫州志　陸舜臣　嘉靖時修。　T

橫山游記　馬元調　T

澤州志　裴宇　隆慶時修。　T

澤州志十八卷　傅淑川、閻期壽　P

燕子磯游覽志六卷　陳本燕　T

燕山叢錄二十二卷　徐昌祚　T

蕪湖縣志五卷　黃讓　T

餘平縣志十六卷　鄧秀　T

餘杭縣志十卷　王碓　嘉靖時修。　T

餘杭縣志　戴日強　T

餘杭縣志十卷　王介夫　D

餘姚縣志十七卷　楊撫　嘉靖時修。　D・T

翼城縣志　劉岸　嘉靖時修。　T

翼城縣志六卷　楊汝江　T・D　作楊汝。

嶺南錄　劉松　T

嶺南輿圖二卷　湛若水　T

嶺東記　嚴爾珪　T

闕里瞻思志　王之士　T

闕里志二十四卷　陳鎬　C・T　作二十四卷。・P　作十三卷。・N

闕里志十三卷　張泰　T

襄陽府志四十卷　高夔　T

襄陽府志五十一卷　吳道邇　P

襄陽府志十六卷　王復善　T

襄陽府志四十二卷　胡價　萬曆時修。　T①

襄垣縣志　姚九功　隆慶時修。　T

襄城縣志　林鷥　嘉靖時修。　T・D　作八卷。

---

① "T"原脫，據《千頃堂書目》卷七補。

襄陽名勝録二卷　　馬樸　　T
襄陰縣志十七卷　　李咨　　T
襄陰縣志　　呂調元、宋之韓　　隆慶時修。　　T・P
潛江縣志　　劉楚先　　T
潛江縣志　　呂枏　　T
潛江縣志　　王立吾　　萬曆乙卯年修。　　T
潛山縣志　　陳邦符　　萬曆辛卯。　　T
潛山縣志　　金燕　　萬曆丙戌年修。　　T
潛山縣志八卷　　章應召　　T
潛陽梵刹考一卷　　釋海濱　　T
鎮安縣志一卷　　黄時遷　　T
鎮安縣志　　蕭廷傑　　嘉靖時修。　　T
鎮原縣志四卷　　徐用和　　T
鎮原縣志　　李槃　　萬曆時修。　　T
鎮遠府志八卷　　劉向陽　　D
鎮江府丹徒縣志四卷　　何去學　　D
鎮平縣志　　翁金堂　　萬曆時修。　　T
濮州志六卷　　李先芳　　萬曆時修。　　T
簡縣志　　駱乘韶　　萬曆時修。　　T
績溪縣志十二卷　　陳嘉策、何棠　　P
欒城縣志　　馬東畬　　萬曆時修。　　T
維縣志十卷　　劉廷錫　　P
螽屋縣志　　王三聘　　嘉靖時修。　　T
嵩岳志二卷①　　陸柬②　　T
岳記六卷　　陳士元　　T

----

①　"嵩"字原脱，據《千頃堂書目》卷八補。
②　"陸柬"，原誤作"陳東嵩"，據《千頃堂書目》卷八改。

岳游譜一卷　張蔚然　T
岳麓書院圖志　吳道行　T
岳麓書院圖志十卷　陳論　T
鄉寧縣志　焦守己　萬曆時修。　T
豐潤縣志十三卷　石邦政、劉存義　隆慶時修。　P・T　不著卷數。
豐乘十卷　李貴　T
豐縣志　尹梓　萬曆時修。　T・P　作二卷。
輿地分合指掌圖　許重熙　T
輿地圖志三十卷　沈元華　T
輿圖考一卷　袁中道　T①
輿地經一卷　黃省曾　T
繁時縣志　高文登　萬曆時修。　T
獲嘉縣志十卷　張蘊道、陳禹謨　P
獲鹿縣志　趙惟勤　嘉靖時修。　T
獲鹿縣志十二卷　索禮　T
濮州志十卷　候文度　嘉靖時修。　T
霸州志十卷　周復浚　D
濱州志四卷　艾梅、毛以徐　萬曆時修。　P
藁城縣志十卷　李正儒　萬曆時修。　P・T　不著卷數。
嚴州府志二十五卷　楊守仁、徐楚　萬曆戊寅年修。　D・T　作二十四卷。
嚴州府志　錢禮　景泰時修。　T
嚴州府志二十四卷　俞煩然　萬曆癸丑。　T
嚴陵八景一卷　李叔恢　T
韓城縣志八卷　張士佩　P
韓城縣志　金文　嘉靖時修。　T

---

① "T"原脫，據《千頃堂書目》卷六補。

稷山縣志　梁宏濟　正德時修。　T
瓊臺志四十四卷　唐冑　正德時修。　D・T　作二十卷。
歸安縣志　劉塾　T
歸化縣志書十卷　楊縉　正德時修。　P
歸州志四卷　鄭喬　D
歸外志　陳深秭　T
歸德州新志八卷　黃古愚　T
歸德州志三卷　楊緒　T
歸德府志　陳洪範　嘉靖時修。　T
蕭山縣志　田惟祐　T
蕭山縣志　吳方　宣德時修。　T
蕭山縣志　張汝醇　天啓時修。　T
蕭山縣志　王學孝　萬曆時修。　T
蕭山縣志六卷　劉會　萬曆時修。　T
蕭山縣志　張崇　永樂時修。　T
蕭山縣志　何振　弘治時修。　T
蕭山縣志補遺　翁文　T
廬州存志　杜聰、吳道明　萬曆時修。　T・P　作十三卷。
廬州存無爲州志八卷　吳臻　D
蘭谿縣志五卷　王用儉　D
蘭州志三卷　文志貞　D
蘭溪縣志五卷　章懋、鄭琦　T
蘭溪縣志九卷　程子鏊　萬曆時修。　T
蘄水縣志四卷　何瑞　D
臨淮縣志　鄭之亮　T
臨淮縣志一卷　沈軫　T
臨朐縣志四卷　王家士、祝文　D・P

臨武縣志　陳貴科　萬曆時修。　T
臨江府志十四卷　管大勛　D
臨江府志九卷　徐敬、陳德文　P
臨安縣志四卷　黃鼎象　萬曆時修。　T
臨潁縣志八卷　續錄十卷　杜楠　T・P　無《續錄》。
臨潁縣志八卷　賈咏　D
臨潁縣志八卷　盧鏜　D
臨川記三十三卷　傅占衡　T
臨青州志十卷　方元煥　D
臨安縣志八卷　廖瑜　嘉靖時修。　T
臨漳縣志　景芳　正德時修。　T
臨漳縣志十卷　陳文淮　D
臨潼縣志　樊玠　嘉靖時修。　T
臨海縣志　余寬　嘉靖時修。　T
臨海縣志　金賁亨　T
臨海縣志二十六卷　應大猷　T
臨汾縣志九卷　邢雲垎、王榮誥　P
臨邑縣志十六卷　邢侗　T
臨湘縣志　張明儒　萬曆時修。　T
臨晉縣志　董邦輔　萬曆時修。　T
臨城縣志　王永興　嘉靖時修。　T
臨縣志　武思仁　嘉靖時修。　T
爛柯山洞志二卷　徐日炅　T・N
羅田縣志　袁福微　嘉靖時修。　T
羅江縣志七卷　丁澤　萬曆時修。　T
羅源縣志八卷　陳良諫　萬曆時修。　T・P
羅山紀勝　陳鳳翔　T

濾郡全志　章懋　隆慶時修。　T
藍田縣志　李東、李近思　隆慶時修。　T・P
隴州吳山志二冊　司靈鳳　D
藤縣志四卷　王好善　T
藤縣志　傅鑑中　T
淳安縣志　姚鳴鸞　嘉靖時修。　T
淳安縣志八卷　羅廷綉　隆慶時修。　T
淳安縣志　吳福　成化時修。　T
寶應縣志　陳煃　萬曆時修。　T
寶應縣志十卷　湯一賢　D
寶應縣志略四卷　聞人銓　D
寶雞縣志六卷　許莊　T
寶坻縣全城記四卷①　高承埏②　T
寶坻縣志七卷③　莊襗寶　弘治時修。　T
寶坻縣志④　劉思聰　嘉靖時修。　T
寶豐縣志九卷　曹珍　T
寶豐縣志　繆應龍　萬曆時修。　T
寶應縣志四卷　宋佐　T
醴泉縣志四卷　夾璋　嘉靖時修。　T・P・D
魏縣志四卷　李幼淑　萬曆時修。　T
雞澤縣志　趙瑟　萬曆時修。　T
饒州府志四卷　陳策　D
蘄水縣志　閻士遠　萬曆時修。　T

---

① "坻"，原誤作"抵"，據《千頃堂書目》卷六改。
② "埏"字原脱，據《千頃堂書目》卷六補。
③ "坻"，原誤作"抵"，據《千頃堂書目》卷六改。
④ "坻"，原誤作"抵"，據《千頃堂書目》卷六改。

蘄州志十二卷　翁學淵　嘉靖時修。　T

蘄州志十二卷　王儼、陳吉言、郝守正　T

蘆山縣志略　喻嘉元　T

霸州志　周復俊　嘉靖時修。　T

霸州志　錢達道　萬曆時修。　T

靈巖山志八卷　黃習遠　T

靈台縣志　張鳳池　T

靈寶縣志　荀汝安　T

靈石縣志十卷　鍾大章　T

靈石縣志四卷　路一麟　P

靈石縣志　白夏　萬曆時修。　T

靈川縣志　華全　隆慶時修。　T

靈隱寺志八卷①　白珩②　T

饒平志六卷　羅胤凱　嘉靖時修。　T

衢州府志十六卷　林應翔、葉秉敬　天啓時修。　T・P

衢州府志十四卷　趙鏜　嘉靖時修。　T・P

衢游紀略一卷　許如蘭　T

鹽亭縣志　潘縉　弘治時修。　T

鹽山縣志　時尚儒　嘉靖時修。　T

鹽山縣志　霍焰　隆慶時修。　T

鹽城縣志　楊瑞雲、夏應星　萬曆時修。　T・P・N

鶴林寺志十四卷　許國誠　P

蠡縣志　李復初　嘉靖時修。　T・D　作五卷。

蠡縣志　劉伯緒　隆慶時修。　T

澧州志六卷　雷遬　D

---

① "志"字原脱，據《千頃堂書目》卷八補。
② "珩"，原誤作"衍"，據《千頃堂書目》卷八改。

贛州府志十二卷　董天賜　D
鬱林州志　周希舜　T
瀛山書院志　方應時　T
攝山志二卷　金鸞　D
攝山棲霞寺志三卷　金鸞　D
灌縣志　周咨謀　T
鑾江志二十四卷　李文瀚、黃瓚　正德時修。　T
續豫章志　董慎　T
續豫章志十二卷　趙迎山　T
續蕭山縣志六卷　魏堂　T
續修龍虎山志三卷　張國祥　T
續修東明縣志十卷　張福臻　T
續修嚴州府志二十四卷　呂昌期、俞炳然　P·N
續吳錄二卷　劉鳳　T
續樂平廣記　洪都　T　續李會士作。
續處州府志八卷　葉志椒　萬曆時修。　T
續渭南志十二卷　南軒　萬曆時修。　T
續朝邑縣志八卷　王學謨　P·T　不著卷數。
五台山記　顧炎武　C
西山遊記　徐世溥　C
匡廬遊錄　黃宗羲　C
皇輿考十二卷　張天復　嘉靖時修。　T·D　作十卷。①
南夷書　張洪　T
南滁會景編四卷　趙廷瑞　T·D　作十二卷。
秦蜀山勝錄　傅振商　T

---

① "卷"，原誤作"數"，據《天一閣書目》改。

鹿邑縣括地志　張朝瑞　T
游焦山記　冷士嵋　C
漢陰縣新志　袁一翰　萬曆時修。　T
碧巖山志　張穉通　T
雲間志略二十四卷　何三畏　P
道州志　王應元　萬曆時修。　T
趙城縣志　竇經　嘉靖時修。　T
榕城三山志十二卷　徐燉　T
寧夏志四卷　石茂華　萬曆時修。　T①
寧夏新志　管律　嘉靖時修。　T
增城志十九卷　湛若水　T
潤州游山記二卷　都穆　T
嘉定縣志十二卷　浦南金　嘉靖時修。　T
慧因高麗寺志十二卷　李翥　T
德慶州志　彭原　成化時修。　T
德慶州志　梁普　永樂時修。　T
德慶州志六卷　陸舜臣　嘉靖時修。　T
潋水志十卷　董穀　T
魯山縣志十卷　孫鐸　D
魯山縣志二卷　吳三樂　D
蓮峰志五卷　王夫之　C
豫章全書　徐必達　T
薊州志十八卷　熊相　萬曆時修。　T・P・D
薊鎮東路圖冊一卷　麻承訓　T②
錢塘縣志十卷　聶心湯　萬曆時修。　T

---

① "T"原脱，據《千頃堂書目》卷七補。
② "T"原脱，據《千頃堂書目》卷六補。

輿圖考　屠焞　T
營山縣志八卷　王廷稷　D
淳安縣志　陳三槐　萬曆時修。　T
莊浪彙記八卷　李作丹　P·Q
寒語一卷　尹耕　T
天下郡國利病書　顧炎武　C
太倉州新志十卷　張采　T
定袁縣志　傅納梅　萬曆時修。　T
安化縣志六卷　方清　D
陽江志五卷　俞宗周　T
雁山志四卷　馬傲　D
南平縣志十七卷　劉繼善　D
寇縣志五卷　姚本　D
新安考二卷　劉兌　T
橫溪錄八卷　徐鳴時　崇禎時修。　Q
常熟縣志十五卷　龔立本　崇禎時修。　Q
松江府志五十八卷　方岳貢、陳繼儒　Q
江陰縣志八卷　馮士仁、徐遵湯　崇禎時修。　Q
靖江縣志八卷　朱得之　萬曆時修。　JP
江都縣志二十三卷　張寧、陸君弼　萬曆時修。　JP
沛志二十五卷　羅士學　萬曆時修。　B·JP
嘉定縣志十二卷　楊旦、浦南金　嘉靖時修。　Q
州乘資四卷①　邵潛　弘治時修。　Q
歙志三十卷　張濤　萬曆時修。　Q
休寧縣志八卷　宋國華、吳宗堯、陳有守　Q

---

① "乘"，原誤作"來"，據中華書局2016年版《南明史·藝文志》改。

定遠縣志十卷　高鶴　嘉靖時修。　Q
廣德州志十卷　李德中、李得柏　萬曆時修。　Q
新城縣志四卷　溫朝祚、方廉、周天球　B
嘉興府志三十二卷　柳琰　弘治時修。　Q
嘉興縣志二十四卷　朱耀先、陳嘉言　崇禎時修。　Q
嘉善縣志十二卷　章士雅、盛唐　Q
漱水志二卷　樊維城　Q
湖州府志二十四卷　王珣　弘治時修。　日本靜嘉堂文庫
湖州府志十六卷　張鐸　嘉靖時修。　日本靜嘉堂文庫・JY
德清縣志十卷　郝成性、陳霆　嘉靖時修。　Q
德清縣志二十四卷　敖榮繼　天啟時修。　Q
新市鎮志八卷　陳霆　正德時修。　B
四明郡志十卷　楊實　成化時修。　B
衛輝府志十卷　JP
登封縣志六卷　侯泰、王玉鋐　嘉靖時修。　Q
羅山縣志四卷　李弘道　萬曆時修。　Q
汝州志四卷　方應選、張維新　萬曆時修。　Q
湖廣圖經志書三十卷　正德時修。　Q
襄陽府志二十卷　曹璘　正德時修。　Q
巴東縣志四卷　李光前　萬曆時修。　Q
新寧縣志八卷　沈文系　萬曆時修。　JY
澧記十九卷　高尚志　萬曆時修。　Q
酉陽正俎十卷　郭棐　萬曆時修。　Q
南昌府志三十卷　范淶　萬曆時修。　JP
鉛書八卷　笪維良、柯仲炯　Q
南康府志十卷　陳霖　正德時修。　Q
吉安府志十九卷　王昂　正德時修。　Q

吉安府志三十六卷　余之禎　萬曆時修。　JP
博羅縣志七卷　蘇起元、幹日纘　Q
潮州府志八卷　郭春震　嘉靖時修。　JP
肇慶府志二十二卷　葉春及　萬曆時修。　Q
興寧志四卷　祝允明　Q
廣西通志四十卷　蘇濬　萬曆時修。　Q
南寧府志十一卷　方瑜　嘉靖時修。　JP
合州志八卷　劉芳聲　JP
滇志三十三卷　劉文徵　天啓時修。　Q
楚雄府志六卷　徐拭　隆慶時修。　日本靜嘉堂文庫
百岳游記　鄭胤驥　T
舟山志四卷　邵輔忠　T
金陵雜志　楊循吉　T
金溪縣志九卷　王萱　D
名山縣志　施電　萬曆時修。　T
蒼梧志　薛誠之　T
象山縣志十五卷　王德京　D
金陵名勝錄　王萬禩　T
蒲台志十二卷　李時芳、王爾彥　P
陝西圖經　殷奎　T
西洋蕃國志　鞏珍　MF
西域國錄一卷　MF
夷俗記一卷　蕭大亨　MF
皇明四夷考二卷　鄭曉　MF
海語三卷　黃衷　MF
日本高麗圖記　鄧鍾　MF
琉球圖説一卷　鄭若曾　MF

安南圖說一卷　鄭若曾　MF
西南夷風土記一卷　朱孟震　MF
安南圖誌一卷　鄧鍾　MF
安南行紀　徐明善　MF
安南輯略　江美中　MF
朝鮮日本圖說　MF
日本考　葉向高　ME
宛署雜記二十卷　沈榜　萬曆時修。　日本東京尊經閣文庫
昌黎縣志八卷　楊于升　萬曆時修。　清華大學
河間府志　萬曆時修。　Q
零壽縣志十卷　張照、王纘、王基　Q
大各府志十卷　趙本　JP
玉田識略八卷　楊德周　崇禎時修。　清華大學
兩鎮三關通志十卷　嘉靖時修。　D・JY
宣府鎮志十卷　王崇獻　弘治時修。　南京大學
徐溝縣志二卷　楊國楨　萬曆時修。　Q
文水縣志十卷　朱世愛、鄭宗周　天啓時修。　Q
平陽志　正德時修。　Q
沃史二十六卷　趙彥復　萬曆時修。　Q
太平縣志八卷　王體復　萬曆時修。　B
解州志　呂柟　嘉靖時修。　Q
沁源縣志二卷　王純、李守貞　萬曆時修。　Q
洵陽縣志二卷　南兆　萬曆時修。　Q
河州志四卷　吳楨　嘉靖時修。　Q
涇州志二卷　田一井　萬曆時修。　Q
兗州府志五十二卷　于慎行　萬曆時修。　Q
鄒志四卷　胡繼先　萬曆時修。　Q

泗水縣志十二卷　喬允　萬曆時修。　B
萊蕪縣志十卷　吳來朝　萬曆時修。　Q
應天府志三十二卷　王一化　萬曆時修。　JP
滸關志十八卷　張裕　嘉靖時修。　Q
敬止錄四十卷①　在浙江省。　高宇泰　Q
鄞西桃源志五卷　張桃溪、杜思泉　Q
奉化縣圖志十二卷　錢璠、倪復　嘉靖時修。　Q
觀海衛志四卷　張訓　Q
蕭山縣志六卷　劉會、戴文明　Q
臨山衛志四卷　耿宗道、張訓　嘉靖時修。　B
寧海縣志十二卷　宋奎光　崇禎時修。　Q
蘭谿縣志五卷　章懋　JP
義烏縣志二十卷　熊人霖　JP
武義縣志五卷　黃春　嘉靖時修。　Q
浦江縣志十二卷　吳應台　崇禎時修。　Q
永嘉縣志九卷　王叔杲　嘉靖時修。　Q
瑞安縣志十卷　劉畿、朱綽、秦激　B
泰順縣志八卷　涂鼎甾、包大方　Q
福州府志三十六卷　潘頤尤、林燫　Q
興化府志二十六卷　呂一靜　萬曆時修。　JP
興化縣志八卷　周華　Q
漳浦縣志十二卷　林梅　嘉靖時修。　Q
浦城縣志十六卷　黎民範　萬曆時修。　Q
臨汀志　洪武間修。　Q
汀州府志二十四卷　唐世涵、馬上榮　Q

---

① "錄"，原誤作"靈"，據《中國古籍總目》著錄改。

鄭州志六卷　　徐恕、王繼洛　Q
永城縣志六卷　　鄭禮　Q
內黃縣志二十六卷　黃廷諫　萬曆時修。　B
興業縣志　冒靜臣　嘉靖時修。　T①
嘉定府洪雅縣志五卷　張可述　D
潮陽縣志　陳時可　永樂時修。　T②
通許縣志十六卷　韓玉　D
清江縣志八卷　秦鏞　P
陝州靈寶縣志二卷　王獻芝　D
羅浮山志四卷　黎明表　T
香河縣志十一卷　沈惟炳　萬曆時修。　P
肅鎮華夷志四卷　李應槐　P・MF
延津縣志二卷　黃裁　T
羅浮山志二卷　黃佐　T
福廬山志三卷　葉向高　T
溧水縣志八卷　吳仕詮、黃汝全　萬曆時修。　P
黃安初乘　余相　萬曆時修。　T
楚寶四十五卷　高世泰　T・F　周聖楷撰。
陵川縣志　趙孟乾　嘉靖時修。　T
羅田縣志八卷　祝珝　D
都邑便覽　沈位　T
曹州府范縣志八卷　王鐸　D
虎邱山靈巖寺合志　周永年　T
隆慶志　謝庭杜　D
常熟縣破山興福寺志五卷　程嘉燧　P

---

① "T"原脱，據《千頃堂書目》卷七補。
② "T"原脱，據《千頃堂書目》卷七補。

虎林書院志一卷　聶心湯　T
翠微峰記　彭士望　C
日本考　李言恭、郝杰　MF・ME
使交紀行　孫承恩　MF
東夷考略　茅瑞徵　MF
南粵倭商秘圖一卷　MF
籌海重編十卷　鄧鍾　ME
坤輿萬國輿圖　利瑪竇　MF
華夷譯語九卷　MG
山海永平薊州密雲古北口黃花鎮等處地方里路圖本　N
五茸志逸八卷　吳履震　N
玄對山水三卷　梅士勸、徐昭慶　N
百夷傳一卷　錢古訓　N
游喚一卷　王思任　N
海鹽縣圖經十六卷　胡震亨　N
帝鄉紀略十一卷　曾惟誠　N
金陵圖咏一卷　N
直隸名勝志四卷　曹學佺　N
鐵橋志書　梁于涘　N
夷考　天柱野人　F
蜀草三卷　曹學佺　F
靜容志一卷　附錄一卷　彭簪　N
外夷　程百二　F

譜牒類

義烏樓氏家乘二卷　樓璉　T①

---

①　"樓璉　T"原脱,據《千頃堂書目》卷十補。

上蔡宗譜　蔡立身　T

上艾耿氏家乘三卷　耿九疇　T

小字録補六卷　沈弘正　T

王氏世譜一卷　續十一卷　王豫泉　C

王氏族譜　王啓　T

孔氏小宗譜　孔鏞　T

孔家乘續編　錢學　T

古姓韻編　俞應哲　T

同姓名録四卷　孫羽候　T

休寧范氏族譜九卷　范淶　P

同姓諸王表二册　鄭汝璧　T

休寧縣市吳氏本宗譜十卷　吳津　P

休寧茗洲吳氏家記十二卷　吳子玉　P

李文忠公家乘十卷　李昂　T

李氏族譜一卷　李夢陽　T

武峰吳氏家譜　吳嘉苓　T

奇姓通十四卷　夏樹芳　T

環水王氏重修宗譜　王賓　T

秀川羅氏族譜五卷　羅洪武　T

明千家姓纂十二卷　黃佐　T①

南氏全譜五卷　南軒　T

鄭氏宗譜　鄭宗岳　T

姑孰李氏家譜　李汝節　T

姓氏通解　楊謹　T

俞氏族譜　俞鎔　T

---

① "T"原脱，據《千頃堂書目》卷十補。

家乘十二卷　李渭　T
族譜二册　陳善　T
族考一卷　葉盛衛　T
黃安耿氏族譜八卷　T
黃山焦氏族譜四卷　焦煜　T
許氏家乘　許聞造　T
程氏統宗譜六十卷　程玧　T
程氏家乘　程大藩　P
常樾鮑氏傳家錄十四卷　鮑光庭　T
趙氏世家摘要　趙儀　T
陶氏譜一卷　陶直夫　T
鄔氏家乘　鄔若虛　T
楊文敏公集譜四卷　楊榮　T
楊子世家　楊起元　T
登科姓轄五卷　許瀞　T
新安名族志二卷　程尚寬等　P
瑯琊王氏世系譜二卷　別派一卷　孫禎　T
龍泉章氏族譜四篇　章溢　T
隴西汪氏世譜　汪福　T
龍邱徐氏譜　徐貫　T
錢氏家乘續集　錢世楊　T
鎮遠先獻紀二十四卷①　顧大猷　T
鎮遠侯世家一傳　李維禎　T
顧氏譜系考一卷　顧炎武　C
叙姓千文　張素　T

---

① "紀"，原誤作"記"，據《千頃堂書目》卷十改。

成仁譜二十六卷　盛敬　C
楊升庵年譜□卷　簡紹芳　T
顧大司馬年譜一卷　顧養謙　T
饒陽君年表一卷　楊四知　T
羅念庵年譜　李根武　T
盧江郡何氏家記一卷　何榮祖　T
憨山年譜二卷　附錄一卷　釋德清自述　C
端巖公年譜一卷　張文麟自叙　C·YE
堵文忠年譜一卷　堵允錫　C
鄒襄惠公年譜一卷　鄒守愚。朱睦㮮　T
葉天寥年譜一卷　續譜一卷　年譜別紀一卷　葉紹袁自撰　C
葉氏家譜一卷　葉向高　C
陽明先生年譜三卷　錢洪甫　D
陽明先生年譜一卷　王應昌　C
張抱初年譜一卷　附印正稿六卷　張信民。馮奮庸　C
解學士年譜一卷　解縉。解桐　C
楊文敏公年譜四卷　楊榮。楊肇　T·D
楊繼盛自著年譜一卷　T
黃石齋年譜一卷　黃道周。洪思　C
李太白年譜一卷　薛仲邕　C·YE
李氏統宗譜一卷　魏校　C
閔莊懿公譜一卷　陸昆　T
卓忠貞年譜　卓敬。黃朝光　T
邵文莊公年譜二卷　邵魯　T·YE
沈青霞年譜一志　沈錄。王元敬　T·C·YE
吳文正公年譜一卷　吳澄。危素
吳疎山先生年譜一卷　吳悌。吳尚忠　C

吳忠節公年譜一卷　吳麟徵。　吳蕃昌　C
劉蕺山年譜編　劉汋　T
杜東原先生年譜一卷　杜瓊。　沈周　C・YE
古山先生年譜一卷　桂華。　桂萼　C
西亭小候年表一卷　周宗正　T
安節先生年譜一卷　龔詡。　龚泼　C
王文肅公年譜一卷　王錫爵。　王衡　C・YE
天童密雲禪師年譜一卷　釋圓悟。　釋道忞　C
天山自叙年譜一卷　鄭鄾　C
方孩未先生年譜一卷　方震孺自訂　C・YE
心齋年譜一卷　譜餘一卷　王良。　王元鼎　C・YE　董燧撰。
文公年譜二卷　汪世德　T
王文成公年譜五卷　王守仁。　錢德洪　C・N
王谢世家二十八卷　韓昌箕　P・T　著三十卷。・N
康濟譜二十四卷　潘游龍　D・B
曹月川年譜一卷　曹端。　范守己　T・C・YE
曹月川年譜一卷　曹端。　張信民　T・C
屠少司馬竹墟年譜　屠山。　屠本畯　D
陳忠裕公自述年譜一卷　陳子龍。　C
陳文定公年譜二卷　陳其桂　T
陸文裕公年譜　陸楫　T
章文懿公年譜二卷　章懋。　阮鶚　C・T　作一卷。・YE
高忠憲公年譜一卷　高攀龍。　華允成　T・C・YE
建文年譜二卷　趙士喆　C・YE・B
夏桂洲先生年譜一卷　夏言。　林日瑞　T
南山居士年譜二卷　周季麟　D
邵公青螺年譜　郭子章。　郭孔延　C

周吏部年譜一卷　周順昌。　殷獻臣　T・YE
周絲貞自著年譜一卷　周起元。　T
環甫年譜一卷　鄭世威　P・T　"甫"作"浦"。
查東山年譜　查繼佐。　沈起　C
候忠節公年譜三卷　侯峒青。　侯元瀞　C
眉公年譜一卷　陳繼儒。　陳夢蓮　C
胡世寧自述年譜十六卷　T
金正希先生年譜一卷　附錄一卷　金聲。　程錫類　C・B
金仁山年譜一卷　金履祥。　徐袍　C・YE
周恭節公年譜一卷　周怡。　吳達可　T
東厓先生年譜紀略一卷　王襞。　王翹林　C
李氏族屬一卷　魏校　C
宗譜纂要一卷　王應昌　C
良常仙系記　鄒迪光　C
二程世家年表二卷　楊廉　D
王襄敏公越翎年譜一卷　王紹雍　T
孔孟事迹圖譜四卷　季本等　C・N
遅庵府君年譜　王樵　T
孫徵君日譜三十六卷　孫奇逢　C
段可久年譜　彭澤　T
玉華子考妣年譜一卷　馬一龍　C
南氏本宗譜五篇　南軒　T
家譜一卷　胡瓚宗　T
族譜九卷　張朝瑞　T
黃山焦氏族譜四卷　焦煜　T
建文年譜四卷　趙士喆　B
黃忠端公年譜四卷　補遺一卷　黃尊素。　莊起儔　B

三不朽圖贊　張岱　B・C
王氏家乘　王廷　D
楊氏家乘二十卷　楊士奇　T
章恭毅公年譜一卷　章編。　章玄　T
姜貞毅公年譜二卷　姜採自訂　C
程松溪年譜　李根武　T
孟子編年略一卷　譚貞默　YE
孟子年表　史鶚　YE
陸宣公年譜一卷　吳一鵬　YE
貢尚書紀行錢一卷　朱燧　YE
樂素年譜一卷　羅泰　YE
龔安節先生年譜一卷　龔絨　YE
秦襄毅公年譜一卷　秦紘自撰　YE
李文正公年譜二卷　崔傑　YE
謝文正公年譜一卷　倪宗正　YE
整庵自訂年譜　羅欽順　YE
李空同年表一卷　朱安㳬　YE
陳紫峰先生年譜一卷　陳敦復　YE
石頭錄八卷　霍韜。　霍與瑕　YE
楊文憲年譜一卷　簡紹芳　YE
王襄裕公年譜一卷　王士松　YE
沈莊敏年譜一卷　沈應文。　沈景初　YE
蘧編　葉向高自校年譜。　YE
劉徵君年譜一卷　劉元卿。　洪雲蒸等　YE
顧端文公年譜二卷　顧與沐　YE
高陽太傅孫文正公年譜五卷　孫承宗。　孫銓　YE
魏孔時自譜一卷　魏大中　YE

小寒山子年譜一卷　陳幽煇自撰　YE
黃梨洲自撰年譜　黃宗羲。　YE
戴氏族譜　N
唐宋元名表二卷　胡松　N
程氏編本宗譜　程序等　N
王氏宗譜八卷　王仁譜等　N
商文毅公年譜　商輅。　T・YE　作四卷，商振倫撰。
明同姓諸王表四冊　D
周文襄公年譜二卷　T
周文襄公年譜二卷　周忱　C・T　作一卷，無撰人名氏。
況太守年譜　況鍾　C
李忠毅公年譜一卷　李應升。　T
呂明德先生年譜　呂維祺　T・YE　作四卷，施化遠等撰。
汪南明年譜一卷　T
牟賢拙年譜二卷　T
沈小霞年譜一卷　T
吳太宰年譜二卷　吳鵬　T
吳都御史年譜一卷　吳琛　T
劉忠愍公年譜　劉持善。　T・YE
西亭宗正表一卷　T
大師馬端肅公傳並年譜六卷　T
司馬溫公年譜二卷　T・YE　作六卷，馬巒。
方矯亭年譜一卷　T
方正學公年譜一卷　T・YE　盧演、翁明英撰。
王塘南年譜一卷　T
顧東橋年譜行狀一卷　T
蹇忠定公年譜一卷　T

魏廓園年譜一卷　T
臨川吳文正公年譜一卷　T・YE　危素撰。
霍文敏公年譜八卷　T
趙文肅公年譜四卷　趙貞吉。　T
楊襄毅年譜十卷　楊溥。　T
楊忠烈公年譜一卷　楊璉。　C
戚少保年譜耆編十卷　T・YE　作十二卷，戚國祚撰。・D
陳芳洲年譜一卷　T・D
閔莊懿公譜一卷
項襄毅公年譜九卷　T
耿天台先生年譜二卷　T
徐文貞公年譜　T
孟雲浦年譜一卷　T
胡侍御時忠年譜二卷　T
華容劉氏族譜四卷　T
錦播楊氏世家八卷　T
西寧侯家譜　T
洪桐韓氏譜略一卷　T
海虞錢氏家譜八卷　T
孫氏家乘　D
靈寶許氏族譜一卷　T
大師楊文敏公年譜四卷　蘇鎰　N
陳子自述年譜一卷　附史論一卷　雜文一志　陳子龍　N
陳氏宗譜　陳學禮　N
閩中死事諸臣表　彰孫貽　N

目錄類

大業堂書目二卷　周廷槐　T

于文定公書目　T
內閣藏書目錄八卷　張萱等　P·T·B·N
內閣書目一卷　錢溥　T
王文莊書目二卷　王鴻儒　T
水經碑目一卷　T
文淵閣書目十四卷①　楊士奇　T·B
文籍志□卷　楊士奇　T
四櫃書目二卷　張鹵　T
古今碑目二卷　孫克弘　T
古今書目　丁雄飛　T
古今書刻二卷　周弘祖　T·B·S
石草堂書目十卷　沈啓原　T
西亭中尉萬卷堂書目十六卷　朱勤美　T
欣賞齋金石刻目二卷　T
金陵羅氏書目　羅鳳　T
金陵古金石考目一卷②　顧起元　T·P
姑蘇吳氏書目一卷　吳岫　T
法帖神品目一卷　楊慎　T
晁氏寶文堂分類書目三卷　晁瑮　P
神品目一卷　楊慎　T
秘閣書目二卷　馬愉　T
李浦汀家藏書目二卷　李廷相。　T·B
天一閣書目十卷　附碑目一卷　范欽　B
澹生堂藏書目十四卷　祁承㸁　B
汲古閣毛氏藏書目一卷　毛晉　B

---

① "卷"字原脱，據《千頃堂書目》卷十補。
② "金石"，原誤作"今"，"一卷"，原誤作"二卷"，皆據《千頃堂書目》卷十改。

四書經學十一卷　徐邦佑　S
文苑春秋叙錄一卷　崔銑　S
經序錄五卷　朱睦㮮　S
四書通考補遺六卷　蘇廉　S
耶穌會士所著書目　韓霖、張賡　S
釋教彙目義門四十一卷　釋寂曉　S
明釋教彙門標目四卷　釋寂曉　S
十國春秋引用書目　吳任臣　S
莊子翼莊子書目　焦竑　S
赤水玄珠三十卷　采用歷代醫家書目。　孫一金　S
本草綱目引用書目　李時珍　S
集一百家詩話總目　阮宏沐　S
百家詩話總龜後集目錄　阮宏沐　S
內版經書紀略一卷　劉若愚　S
授經圖二十卷　朱睦㮮　S
鐵綱珊瑚　朱存理　S
經籍會通　胡應麟　S
四部正譌三卷　胡應麟　S
秘閣書目　王臮　S
天都王藏書目二十五卷　程允兆　S
朱陽書院志五卷　竇克勤　S
建寧書坊書目一卷　T
御書樓藏書目一卷①　北京國子監。②　T
浚川何山書目一卷　T
都察院書目　T

---

① "藏"下"書"字原脫，據《千頃堂書目》卷十補。
② "監"，原誤作"加"，據《千頃堂書目》卷十改。

國子監書目一卷　T
國朝名家文集目一冊　T
御書樓書目　朱橚　S
周府書目　朱橚　S
好古堂書目　胡彭述　S
萬卷樓書目一卷① 　方作謀　S
礦庵書目一冊　陳藎謨　S
玄賞齋書目二冊　董其昌　S
白華樓書目　茅止生　S
博雅堂藏書目錄　孫樓　S
玩畫齋藏書目錄　姚翼　S
脈望館書目　趙琦美　S
二酉山房書目六卷　胡應麟　S
得月樓書目一卷　李鶚翀　S
世善堂藏書目錄二卷　陳第　S
百川書志二十卷　高儒
富春軒藏書目　耿震國、耿迪吉　S
紅雨樓書目四卷　徐𤊹　S
後林潘氏書目　潘曾紘　S
澹生堂藏書目十四卷②　祁承爜　B
大明道藏目錄四卷　T
大明三藏聖教目錄三卷　T
大明法寶標目十卷　T
天下古今書目一卷　T

---

① "目"字原脫，據《粵雅堂叢書》本《國史經籍志》卷三補。
② "目"字原脫，據清光緒間會稽徐氏鑄學齋刻紹興先正遺書本《澹生堂藏書目》本書題名補。此條前已著錄，當刪。

古經解書目一卷　T
平湖沈氏書目一卷　T
江寧王府書目一卷　T
行人司書目二卷　續書目一卷　T
華亭徐氏書目一卷　T
喬三石書目一卷　T
湖州沈氏玩易樓藏書目二卷①　T
惠安張氏家藏書目一卷②　T
楊氏書目　T
楊升庵著述目錄一卷　T
葛寢野書目一卷　T・S　葛臣
福建書目　T
寧獻王書目一卷　T
徽府書目一卷　T
錢塘夏氏書目一卷　T
輿地碑記目錄二卷　T
顧尚書書目六卷　T
李中麓書目一卷　T
欣賞齋書目六卷　T
徐氏家藏書目七卷　徐𤊹　T
庵叢書堂書目一卷　吳匏　T
國史經籍志六卷糾繆一卷　焦竑　T・P・N
焦氏藏書目二卷③　焦竑　T
蜀中著作記十卷　曹學佺　T

① "目"字原脱，據《千頃堂書目》卷十補。
② "目"字原脱，據《千頃堂書目》卷十補。
③ "目"字原脱，據《千頃堂書目》卷十補。

萬卷堂家藏藝文目　朱睦㮮　P・B
閣藏家錄四卷　張萱　T
經籍目略　王佐　T
式齋藏書目錄一卷　陸仲　T
澹生堂藏書目八卷①　祁承㸁　T
臨穎賈氏藏書目二卷　賈咏　T
寶文堂書目三卷　晁瑮　T
蠹衣生書目二卷　郭子章　T
道藏目錄詳注四卷　白雲齋　T・B・S
毗陵胡氏家藏集五卷②　胡㵈　T
永樂大典目錄六十卷　解縉等　B
藏逸經標目一卷　釋道開　B
閱藏知津四十四卷總目四卷　釋智旭　B
醫藏書目一卷　殷仲春　B・S
南廱志經籍考　梅鷟　B
明太學經籍志一卷　郭磐　B
菉竹堂書目六卷　葉盛　B
聚樂堂藝文目錄十卷　朱睦㮮　B
天一閣見存書目四卷首末二卷　范欽
古今目錄　吳懋　S
兩浙著作考十卷　祁承㸁　S

---

① "澹生堂"，原誤作"澹台"，據《千頃堂書目》卷十改。
② "毗陵"二字原脱，據《千頃堂書目》卷十補。

後　　記

我在大學三年級上學期剛結束時，就開始收集這方面的材料。我所以選擇這個題目，第一是想藉此看些書目，第二是因爲明代人的著作很多，而清人修《明史》時把許多略去不載。道光時進士徐鼒六合人，字彝舟，號亦才。著《明史藝文志補》，可惜未曾付刻。據《未灰齋全集》附《未刻書目》。以後也一直沒有人做這件工作。

我所采用的材料以黄虞稷《千頃堂書目》爲主，《適園叢書》本。黄氏《書目》搜羅明人著作極夥，但多是崇禎以前的著作，且頗有重複記載的情形。然《四庫全書總目》卷八十五目錄類一説："焦竑《國史經籍志》既誕妄不足爲憑，傅維麟《明書經籍志》、尤侗《明史藝文志稿》尤冗雜無緒，考明一代著作者，終以是書爲可據。"關於南明時期和明代遺民的著作，以謝國楨《晚明史籍考》及姚覲元《清代禁毁書目》爲主。其他如吴玉年《明代倭寇史籍志目》，載《禹貢》六卷四、六期。朱士嘉《明代四裔書目》，載《禹貢》五卷三、四期。梁廷燦《年譜考略》載《中山大學國學月刊》。等，分量雖不多，卻是不常見的。地理類補錄較多，除《千頃堂書目》地理類外，兼用《中國地方志綜錄》朱士嘉編。等書。

當收集材料時，除抄錄費時外，很少遇到困難。到整理材料時，卻遇到許多難解決的問題。因爲書目大都是向圖書館借用的，或者就在館內抄錄，時間有限制，只得把凡是明人撰著的書一律抄出書名。又因爲當時不便把大堆已有的材料帶出去核對，所以在抄錄的材料中有許多是重複的。於是先把書名用筆劃排列，除去重複，再用同樣的方法除去藝文志已著錄的書名。這兩次的整理工作確實是不容易的事。這些困難是由於不能用直接剪貼的方法，必須抄錄後纔能剪貼。還有許多應該可以避免的困擾，卻因沒有經驗而增添；例如最初僅準備在預定的幾種書目內收集材料，當這些材料整理後，又發現其他應該收入的材料，於是又得經過一次抄錄、去重、剪貼的程序。

下面數點是在整理工作時所引出的幾個問題：

一、《明史》與《明史稿》：《明史·藝文志》與《明史稿·藝文志》，不但書目、卷數、撰者的記載相同，並且前後排列的次序也相同，僅有幾處例外：

甲、《史稿》收錄而《明史》不載者：

（一）《明史》雜史類：李先芳《安攘新編》三十卷，王世貞《弇山堂別集》一百卷。

《明史稿》雜史類：李先芳《安攘新編》三十卷，李文鳳《月山叢談》四卷，王世貞《弇山堂別集》一百卷。

《史稿》雜史類較《明史》雜史類，多李文鳳《月山叢談》四卷。

（二）《明史》雜史類：張萱《西園聞見錄》一百六卷，吳士奇《徵信編》五卷。

《史稿》雜史類：張萱《西園聞見錄》一百六卷，焦竑《玉堂叢語》八卷，吳士奇《徵信編》五卷。

《史稿》雜史類較《明史》雜史類，多焦竑《玉堂叢語》八卷

《明史》與《史稿》雜史類末行皆爲"右雜史類二百十七部二千二百四十四卷"。而《明史》雜史類實僅有二百十五部二千二百三十二卷。

乙、《明史》所載書名較《史稿》少字者：

（一）《明史》職官類：《國子監規》一卷。

《明史稿》職官類：《國子監監規》一卷。

（二）《明史》地理類：仇俊卿《海錄》十卷。

《史稿》地理類：仇俊卿《海塘錄》十卷。

（三）《明史》職官類：許重熙《殿閣部院大臣年表》十六卷

《明史》職官類：范景文《大臣譜》十六卷。

《明史》職官類：王世貞《國朝公卿年表》二十四卷。

《史稿》於三書名上皆冠"國朝"兩字。

丙、《史稿》及《明史》書名重複者：例如：

《史稿》雜史類焦竑《玉堂叢語》八卷，又見子部小說家類。

《明史》故事類馮應京《皇明經世實用編》二十八卷，又見於子部雜家類。

二、《明史·藝文志》惟載明代人著述，不載前人的著作，自《漢書·藝文志》後，《隋書·經籍志》《舊唐書·經籍志》《唐書·藝文志》《宋史·藝文志》都沿用《漢志》例，除本代著作外，並收錄前人撰著。劉知幾《史通》卷三《書志》篇以爲藝文志之廣包衆作，"非唯循覆車而重軌，亦復加潤眉以半額"。本來時代愈後，典籍愈多，而且修《明史》時，藏書家私撰目錄之風已盛，可用以補史志之不備。何況《文獻通考》《續通考》等書又收錄歷代典籍，一代史志自不必再載前人著作。

三、明人著作的範圍很廣，應有更精詳的分類。《明史·藝文志》史部有十類，其中編年體、紀事本末體入正史類，史評書籍入史鈔類，都不甚妥當，應各獨立爲一類。並且不應缺目錄類。《明志》收載西人的著作，例如史部地理類有艾儒略《職方外紀》五卷，子部天文類有利瑪竇《幾何原本》六卷，可惜只收錄了一部分，不很完全。

四、下面所列舉的是《明志》史部書籍和其他書目所載卷數懸殊或撰者姓名不同者。

正史類：

一、《明志》：《洪武大政記》二十卷，吳撰

《千頃堂書目》：《洪武大政記》二十卷，吳撰龍

二、《明志》：《名山藏》三十七卷，何喬遠

《千頃堂書目》：《名山書》一百卷，何喬遠

《北平圖書館善本書目》作一百五卷。

《"中央圖書館"善本書目》作一百八卷。

三、《明志》：《稽古編大政記綱目》八卷，姜寶

《"中央圖書館"善本書目》作八十卷。

四、《明志》：《元史節要》二卷，張九韶

《"中央圖書館"善本書目》作十四卷。

雜史類：

一、《明志》：《天順日錄》二卷，李賢

《江蘇省立圖書館圖書總目》：《天順日錄》三卷，李順

二、《明志》：《吳淞甲乙倭變志》二卷，張鼐

C·B皆作"張鼐"，《千頃堂書目》作吳鼐撰。①

三、《明志》：《野獲編》八卷，沈德符

《"中央圖書館"善本書目》：《萬曆野獲》二十卷《補遺》一卷《續編》十二卷，沈德符

四、《明志》：《後梁春秋》十卷，姚士粦

《"中央圖書館"善本書目》作二卷。

史鈔類：

一、《明志》：《史裁》二十六卷，吳無奇

《北平圖書館善本目書》作吳士奇。

《北京人文科學研究院藏書目錄》作吳士奇。

---

① "書"，原誤作"善"，據上下文意改。

《千頃堂書目》作吳士奇。

《明志》可能將"士"誤爲"無",《史稿》亦爲吳無奇。正史類有吳士奇《皇明副書》一百卷,雜史類有《徵信編》五卷,《考信編》二卷。

二、《明志》:《史書纂略》一百卷,馬惟銘

《"中央圖書館"善本書目》作二百二十卷。

故事類:

一、《明志》:《功臣封考》八卷,鄭汝璧

《千頃堂書目》:《功臣封爵考》八卷,鄭汝璧

二、《明志》:《船政新書》四卷,倪凍

《千頃堂書目》作"倪謙"撰。

三、《明志》:《船記》四卷,沈岱南

《千頃堂書目》:《船記》四卷,沈啓南

刑法類:

一、《明志》:《讀律瑣言》二十卷,雷夢麟

《"中央圖書館"善本書目》:《讀律瑣言》三十卷《附録》一卷,雷夢麟

傳記類:

一、《明志》:《東嘉先哲録》二十卷,王佐

《千頃堂書目》:《永嘉先哲録》二十卷,王佐

二、《應謚名臣傳》十二卷,①林之盛

《北平圖書館善本書目》作"林文盛"撰。

三、《明志》:《逸民傳》二卷,皇甫濂

《江蘇省立圖書館圖書總目》作"皇甫涍"撰。

---

① "名",原誤作"各",據《千頃堂書目》卷十改。

地理類：

一、《明志》：《長安客話》八卷，蔣一驄
《千頃堂書目》作"蔣一葵"撰。

二、《明志》：《河南通志》十九卷，胡謐
《北平圖書館善本書目》作"胡諲"撰。

三、《明志》：《福州府志》七十六卷，林燫
《北平圖書館善本書目》作"林烴"撰。

四、《明志》：《思南府志》八卷，田秋
《天一閣書目》作"田祈"編。

五、《明志》：《百夷傳》一卷，李思聰
《明代四裔書目》作"錢古訓"撰，《明史》誤爲"李思聰"。

經過一年多的收集和整理，現在只能説是暫作結束，不但在方志、傳記和文集中的材料没有收錄，並且所采用的書目也很有限，好在有了這個粗糙的結構，以後見到新材料就可以往裏面安置了。

大清國史藝文志

清國史館 編
邱琬淳 李 兵 整理
顧力仁 張高評 審訂

底本：台北"故宮博物院"藏朱絲欄清抄本《大清國史藝文志》五卷

校本：台北"故宮博物院"藏朱絲欄清抄本《大清國史藝文志》十卷；
國家圖書館藏清光緒間抄本《皇朝藝文志》十八卷

藝文志

粵稽唐虞三代之聖，作典謨誓誥以化成天下。其在《周官》，邦國之志，小史掌之；三皇五帝之書，外史掌之。厥後校書者甄《別錄》，領監者紀《中經》，四庫三館，載籍極博，何其盛也！我朝太祖高皇帝開天首出，創造國書，辨義審音，備列軌範。太宗文皇帝以武功揚大烈，以文教佐太平，分命儒臣，更直記注，三院既立，經籍於是興焉。世祖章皇帝奄有四海，勅幾典學，乙覽時親，錄用群才，講求掌故，載筆之士，雲集霞蔚。聖祖仁皇帝至德至教，作君作師，勤日講之期，重經筵之典。自六經諸史以及諸子百家，莫不窮抉精微，通三才而類萬象。瑤函璀璨，昭倬日星，文明之治，超軼前古。世宗憲皇帝臨御之初，纘承該洽，聖學日新，睿製逾廣，精一之心法傳焉，作述所光輝遠矣。蓋嘗統觀前史，創業之代，規爲機務，章求黼黻，或所未遑。修詞之世，競尚浮夸，摭拾卮言，不勝其弊。若乃研究道奧，殽覈典文，篇章富有而義極精嚴，鉅制彰明而體歸雅則，皇哉文運之隆，誠莫與並美也已。爰遍稽往牒，詳考秘藏，恭列御製、欽定卷帙於前，其餘臣工所撰述，分爲經、史、子、集部，參正先後。謹就聞見所及，灼然有據者，附於篇，作《藝文志》。

大清國史藝文志卷一

聖　製

太祖高皇帝聖訓四卷
太宗文皇帝聖訓六卷
世祖章皇帝聖訓六卷
　御製資政要覽①
　御製人臣儆心錄②
　御注孝經③
　御製勸善要言④
　御製牛戒彙鈔
　欽定大清律三十卷
聖祖仁皇帝聖訓六十卷
　御製文集四十卷⑤
　御製文第二集五十卷⑥
　御製文第三集五十卷
　御製文第四集三十六卷

---

　①　台北"故宮博物院"藏朱絲欄清抄本《大清國史藝文志》十卷(以下簡稱"十卷本")、國家圖書館藏清光緒間抄本《皇朝藝文志》十八卷(以下簡稱"光緒本")皆著錄作"御製資政要覽三卷、後序一卷"。
　②　十卷本、光緒本皆著錄作"一卷"。
　③　十卷本、光緒本皆著錄作"一卷"。
　④　十卷本同,光緒本著錄作"一册"。
　⑤　"御製文集",十卷本同,光緒本著錄作"御製文初集"。
　⑥　"第二集",十卷本、光緒本皆無"第"字,下"第三集""第四集"同。

御製避暑山莊詩①
御製庭訓格言②
上諭十六條③
御製律曆淵源一百卷④
御製清文鑑二十一卷
御製皇輿表二十四卷⑤
欽定日講四書解義二十六卷
欽定日講易經解義十八卷
欽定日講書經解義十三卷
欽定日講詩經解義
欽定日講春秋解義六十四卷
欽定日講禮記解義⑥
御纂周易折中二十二卷
欽定書經傳說彙纂二十四卷
欽定詩經傳說彙纂二十一卷⑦
欽定春秋傳說彙纂二十八卷⑧
御纂月令輯要二十四卷⑨
御纂孝經衍義一百卷⑩

---

① 十卷本、光緒本皆著錄作"一卷"。
② 十卷本、光緒本皆著錄作"庭訓格言一卷",另十卷本著錄此條屬世宗憲皇帝。
③ 十卷本不著錄,光緒本著錄作"聖諭十六條"。
④ 十卷本、光緒本皆有小注"曆象考成四十二卷、律呂正義五卷、數理精蘊五十三卷"。
⑤ "二十四卷",十卷本同,光緒本作"十六卷"。
⑥ 十卷本、光緒本皆著錄作"六十四卷"。
⑦ "二十一卷",十卷本、光緒本皆作"二十卷",另皆著錄"序二卷"。
⑧ "二十八卷",十卷本、光緒本皆作"三十八卷"。
⑨ "御纂",十卷本、光緒本皆作"欽定",另皆著錄"圖說一卷"。
⑩ "御纂",十卷本、光緒本皆作"御定"。

欽定小學孝經六卷
欽定篆文六經四書①
御纂性理精義十二卷
御纂朱子全書六十六卷
御批資治通鑑綱目一百四卷②
欽定經筵講章
欽定日講通鑑解義
御定歷代紀事年表一百卷③
御定諸史提要
御製清字詩經二十卷
親征平定朔漠方略④
欽定治河方略八卷⑤
萬壽盛典一百二十卷
欽定大清會典一百六十卷　崇德元年至康熙二十五年。⑥
欽定淵鑑類函四百五十卷
御纂分類字錦六十四卷⑦
欽定廣群方譜一百卷⑧
御定歷代題畫詩類一百二十卷⑨

---

① 十卷本同，光緒本著錄作"十四冊"。
② 十卷本、光緒本皆著錄作"御批資治通鑑綱目五十九卷、通鑑綱目前編一卷、外紀一卷、舉要三卷、通鑑綱目續編二十七卷"。
③ "御定"，十卷本同，光緒本作"欽定"。
④ 十卷本著錄作"平定朔漠方略四十八卷"，光緒本著錄作"亲征朔漠方略四十八卷"。
⑤ "八卷"，十卷本同，光緒本作"十二卷"，另著錄"附錄一卷"。
⑥ 十卷本同，光緒本無小注。
⑦ "御纂"，十卷本、光緒本皆作"御定"。
⑧ "欽定"，十卷本、光緒本皆作"御定"。
⑨ "御定歷代題畫詩類"，十卷本、光緒本皆作"御定題畫詩"。

御定佩文齋書畫譜一百卷
御定佩文韻府一百六十卷①
御定韻府拾遺一百六卷②
欽定康熙字典③
御定古文淵鑑六十四卷④
御定全唐詩⑤
御選唐詩三十二卷⑥
御選四朝詩三百二卷⑦　《宋詩》七十八卷，《金詩》二十四卷，《元詩》八十卷，《明詩》一百二十卷。⑧
御定歷代賦彙一百八十二卷⑨　《正集》一百四十卷，《外集》二十卷，《補遺》二十二卷。
御選歷代詩餘一百二十卷⑩
御選佩文齋咏物詩⑪
御定佩文齋詩韻五卷
御定詞譜四十卷⑫
御定清涼山新志十卷⑬

---

① "一百六十卷"，十卷本、光緒本皆作"四百四十四卷"。
② "一百六卷"，十卷本、光緒本皆作"一百十二卷"。
③ 十卷本、光緒本皆著錄作"四十二卷"。
④ "御定"，十卷本、光緒本皆作"御選"。
⑤ 十卷本、光緒本皆著錄作"九百卷"。
⑥ 十卷本、光緒本另皆著錄"附錄三卷"。
⑦ "三百二卷"，十卷本、光緒本皆作"三百十二卷"。
⑧ "金詩二十四卷，元詩八十卷，明詩一百二十卷"，十卷本、光緒本皆作"金詩二十五卷、元詩八十一卷、明詩一百二十八卷"。
⑨ "一百八十二卷"，十卷本、光緒本皆作"一百八十四卷"，另小注增加"逸句二卷"。
⑩ "御選"，十卷本、光緒本皆作"御定"。
⑪ 十卷本、光緒本皆著錄作"御定佩文齋咏物詩選四百八十六卷"。
⑫ "御定"，十卷本、光緒本皆作"欽定"。
⑬ "御定"，十卷本同，光緒本作"御製"。

  欽定幸魯盛典①
世宗憲皇帝
  聖諭廣訓②
  聖訓三十六卷
  上諭三函③
  御製文集三十卷
  硃批諭旨十八函④
  御製悅心集二卷⑤
  欽定大清會典二百五十卷　康熙二十六年至雍正五年。
  欽定訓飭州縣規條
  欽定大清律集解
  欽定古今圖書集成一萬四十卷
  欽定駢字類編二百四十卷⑥
  欽定子史精華一百六十卷⑦
  欽定音韻闡微十八卷
  欽定執中成憲八卷

---

  ①　十卷本、光緒本皆著錄作"四十卷"。
  ②　十卷本、光緒本皆著錄作"一卷"。
  ③　十卷本、光緒本皆著錄作"上諭八旗十三卷、上諭旗務議覆十二卷、上諭內閣一百五十九卷"。
  ④　"十八函",十卷本、光緒本皆作"三百六十卷"。
  ⑤　"二卷",十卷本同,光緒本作"四卷"。
  ⑥　"欽定",十卷本、光緒本皆作"御定"。
  ⑦　"欽定",十卷本、光緒本皆作"御定"。

大清國史藝文志卷二

經　類

胡世安　易史八卷
孫應龍　周易麈談十二卷
王仕雲　讀易隨筆四卷
錢受祺　易義敷言十六卷
孫宗彝　易宗集注十三卷①
陳廷敬　尊聞堂易説七卷
張英　易經參解六卷　易經衷論二卷
唐朝彝　易學説篇九種
李光地　周易通論四卷　周易觀彖一册②
邵嗣堯　易圖合説一卷
納蘭成德　合訂大易集義粹言八十卷③
刁包　易酌十四卷
汪延造　周易圖説一卷
黄宗羲　易學象數論④
黄宗炎　周易象辭十九卷⑤
徐繼恩　逸亭易論一卷

---

① "十三卷"，十卷本同，光緒本作"十二卷"。
② "一册"，十卷本、光緒本皆作"十二卷"。
③ "合訂大易集義粹言"，十卷本、光緒本皆作"合訂刪補大易集義粹言"。
④ 十卷本、光緒本皆著録作"六卷"。
⑤ "十九卷"，十卷本、光緒本皆作"二十一卷"，另皆附"尋門餘論二卷、圖書辨惑一卷"。

董養性　周易訂疑十五卷
黃與堅　易學闡十卷
張烈　讀易日鈔八卷①
張慶曾　周易觀玩錄十五卷
喬萊　易俟六卷②
毛奇齡　仲氏易三十卷　易小帖五卷　推易始末四卷　河圖洛書原舛編一卷　易韻四卷　太極圖説遺議一卷
王弘撰　周易圖説述四卷
王嗣槐　太極圖説論十二卷
潘應標　問義周易經傳三卷③
潘元懋　周易廣義六卷
陳詵　易經玩辭述三卷
冉覲祖　易經詳説一册④
張沐　周易疏略四卷
胡煦　周易函書約三卷⑤
葉均禧　易圖説五卷
鄧霶　周易會歸八卷
陸豐　易學筮原一卷
王原　西亭易學一册
童鉽遠　易學管窺⑥
　　右易。
狄敬　尚書衍義六卷

---

① "八卷"，十卷本、光緒本皆作"六卷"。
② "六卷"，十卷本、光緒本皆作"十八卷"。
③ "義"，十卷本同，光緒本作"羲"。
④ 十卷本、光緒本皆不著錄册數。
⑤ 十卷本、光緒本皆著錄作"周易函书约存二十四卷、约注十八卷、别集八卷"。
⑥ "易學"，十卷本、光緒本皆作"周易"。

馬世俊　禹貢翼注一卷
張英　書經衷論四卷
李光地　尚書解義二卷①
毛奇齡　尚書廣聽錄五卷　壁書辨疑六卷　尚書古文冤詞八卷②　舜典補亡一卷
胡渭　禹貢錐指二十卷③
黃宗羲　書經筆授三卷
朱鶴齡　尚書埤傳十八卷④
閻若璩　尚書古文疏證十卷⑤
周夢顏　禹貢精注一卷
　　　右書。
李光地　詩所八卷
宮夢仁　詩考翼朱疏一卷
陳詵　詩經述四卷
秦松齡　毛詩日箋二卷⑥
狄樞南　毛詩箋四卷
任大任　詩經解八卷
陳遷鶴　讀詩隨記一卷　毛詩國風繹一卷
毛奇齡　國風省篇一卷　毛詩寫官記四卷　詩札二卷　詩傳詩說駁義五卷　白鷺洲主客說詩一卷　續詩傳鳥名三卷
惠周惕　詩說三卷
　　　右詩。

------

① "二卷"，十卷本、光緒本皆作"一卷"。
② "尚書古文冤詞"，十卷本、光緒本皆作"古文尚書冤詞"。
③ 十卷本、光緒本另皆著録"圖一卷"。
④ "十八卷"，十卷本、光緒本皆作"十七卷"。
⑤ "尚書古文疏證十卷"，十卷本、光緒本皆作"古文尚書疏證八卷"。
⑥ "二卷"，十卷本、光緒本皆作"六卷"。

賀寬　五禮輯要一卷

耿極　王制管窺一卷

徐乾學　讀禮通考一百二十卷

李光地　朱子禮纂五卷

汪琬　古今五服考異八卷

毛奇齡　周禮問二卷　儀禮疑義二卷　曾子問講錄四卷　明堂問一卷　昏禮辨正一卷　辨定祭禮通俗譜五卷　喪禮吾説篇十卷

惠周惕　禮説

　　　右禮。

熊賜履　辨樂賸語一卷

李光地　古樂經傳五卷

毛奇齡　皇言定聲錄八卷　聖諭樂本解説二卷①　竟山樂錄四卷　李氏學樂錄一卷②

應撝謙　古樂書二卷

　　　右樂。

馬驌　左傳事緯③

馬教思　左傳紀事本末

劉蔭樞　春秋蓄疑二卷④

高士奇　左傳紀事本末五十三卷⑤

陳遷鶴　春秋紀疑三卷

毛奇齡　春秋毛氏傳三十六卷

---

① "説"字原脱，據十卷本、光緒本補。
② 此書十卷本、光緒本皆著錄作者爲"李塨"。
③ 十卷本、光緒本皆著録作"十二卷"，另皆著録"附錄八卷"。
④ "二卷"，十卷本、光緒本皆作"十一卷"。
⑤ "五十三卷"，十卷本、光緒本皆作"五十四卷"，十卷本入史部紀事本末類。

張尚瑗　春秋三傳折諸①
王原　春秋咫聞十二卷
張自超　春秋宗朱辨義②
王源　左傳練要四册　公穀練要二册③
朱元英　左傳拾遺二卷
羅琮　春秋本義一卷
顧炎武　左傳杜解補正三卷
萬斯大　學春秋隨筆④
張爾岐　春秋傳議十五卷⑤
魏禧　左傳經世
　　右春秋。
魏裔介　孝經注義一卷
耿介　孝經易知一卷
彭瓏　孝經纂注二卷
毛奇齡　孝經問一卷
竇克勤　孝經闡義一卷
邱鍾仁　孝經通解四卷　孝經約注一卷
　　右孝經。
成德　九經解二千八百四十卷
朱彝尊　經義考三百卷　已刻一百十卷，未刻一百九十卷。
毛奇齡　經問十八卷　續經問三卷⑥
汪琬　經解七卷

---

① 十卷本、光緒本皆著錄作"三傳折諸四十四卷"。
② 十卷本、光緒本皆著錄作"十二卷"。
③ "二册"，十卷本作"四册"。
④ "學"字原脫，據十卷本、光緒本補，另十卷本、光緒本皆著錄作"十卷"。
⑤ "十五卷"，十卷本、光緒本皆作"四卷"。
⑥ "續經問"，十卷本、光緒本皆作"經問補"。

顧炎武　石經考一卷　九經誤字一卷
姚際恒　九經通論一百七十卷
童能靈　清時新書九卷
　　右諸經。
郝浴　中庸解一卷　孟子解一卷
陸隴其　增删四書大全三十四卷　困勉錄十三卷　松陽講義四卷　讀朱隨筆
李光地　四書解義七卷①
張鵬翮　刊陸塪四書大成三十一卷
陳詵　四書述十九卷
董養性　四書訂疑二十二卷②
秘丕笈　四書鈔十五册③
張爲仁　四書隅說四册
閻若璩　四書釋地一册　續四書釋地一册
申佳胤　四書鐸四册
李顒　四書反身錄四卷④
毛奇齡　論語稽求篇七卷⑤　大學證文四卷　大學知本圖説一卷⑥　大學問一卷
王原　四書講義四册
汪份　增訂四書大全十四卷

---

　①　"解"，原誤作"講"，據《中國古籍善本書目》著錄清華大學圖書館、福建省圖書館藏清康熙六十年居業堂刻本《四書解義》題名改。按，此書又名《榕村四書説》，實際上包括《大學古本説》一卷、《中庸章段》一卷、《中庸餘論》一卷、《讀論語札記》二卷、《讀孟子札記》二卷等 5 種，十卷本、光緒本皆著錄細目。
　②　"訂"，原誤作"釘"，據十卷本、光緒本改。
　③　"十五册"，十卷本、光緒本皆作"十八卷"。
　④　"四卷"，十卷本、光緒本皆作"六卷"，另皆著錄"續補一卷"。
　⑤　"七卷"，十卷本、光緒本皆作"四卷"。
　⑥　"説"字原脱，據十卷本、光緒本補。

周夢顔　讀孟偶評二卷
　　右四書。
周亮工　重刊廣金石韻府六卷
宮夢仁　讀書紀數略五十四卷
彭定求　明賢蒙正錄二卷
李因篤　廣韻正四卷
潘耒　類音八卷
毛奇齡　古今通韻十二卷　韻學要指十一卷
吳任臣　字彙補六卷
竇克勤　尋樂堂家規一冊
魏裔懲　名物蒙求一卷
柴紹炳　古韻通十八卷①
顧炎武　音學五書四十卷　韻補正一卷　字記六卷
毛先舒　韻學通指一卷　韻白一卷
邵長蘅　韻略五卷
林佶　漢隸考一卷
譚孫遹　小學習二卷
佟偉夫　篆字彙十二集②
楊錫觀　六書例解一冊③
　　右小學。

---

① "十八卷"，十卷本、光緒本皆作"八卷"。
② "集"，十卷本、光緒本皆作"卷"。
③ "一冊"，十卷本、光緒本皆作"一卷"，另皆附"六書雜説一卷、八分書辨一卷"。

大清國史藝文志卷三

史　類

蔡毓榮　通鑑本末紀要八十一卷
李清　南北史纂注①
芮城　綱目分注拾遺②
傅以漸　明史紀
范承勳　通鑑參注
傅維鱗　明書一百七十一卷③
谷應泰　明史紀事本末八十卷
王鴻緒　明史稿三百十卷
邵遠平　元史類編四十二卷
蔡方炳　通鑑類編六十卷
　　右正史。
王崇簡　南渡錄一卷
馬驌　繹史一百六十卷
葉映榴　北史豹斑三卷　周書錄要一卷　遼史紀寔一卷

----

① "清"下原衍一"南"字，據《清史稿·遺逸傳》刪。此條十卷本、光緒本皆不著錄，疑即李清《南北史合注》。該書初稿完成於康熙十六年(1667)，與李清另外三種著作《諸史同異錄》《歷代不知姓名錄》《南唐書合訂》原已收入《四庫全書》，乾隆皇帝抽閱時命將此四書撤出並銷毀，但實際上除《諸史同異錄》外，其餘三書僅撤出而未銷毀。因而《四庫全書總目》未收。參見王向東：《明清昭陽李氏家族文化文學研究》，上海：上海三聯書店，2014年，第215-216頁。

② 十卷本、光緒本皆著錄作"四卷"。

③ "十"下"一"字原脫，據十卷本、光緒本補。

吳任臣　十國春秋一百十四卷
毛奇齡　武宗外紀一卷　後鑑錄七卷　肜史拾遺一卷
顧炎武　營平二州史事六卷
王廷璨　漢後書十四卷
王士禎①　召對錄一卷
裴天錫　守鄂錄四卷
彭鵬　中藏集一卷
萬正色②　師中紀績一卷
楊捷　平閩記十三卷
楊素蘊　穀城水運紀略一卷
王萬祥　西征紀略二卷　紀盛集一卷
許盛　恢復南贛事略一卷
楊陸榮　三藩紀事本末四卷③
趙吉士　交山平賊紀一卷
　　右雜史。
魏裔介　經世編七十二卷　鑑語經世編十六卷④
蔣超　論史百篇
方亨咸　班馬筆記
胡夢泰　弱焚園論史書後一卷
申涵盼　史籟一卷
郝浴　史論二卷
葉映榴　劉宋腴詞一卷　隋書鈔略二卷　五代史標新一卷
　金史膚辭一卷　元史删餘一卷

---

① "禎"，原避諱作"正"，今回改，下同。
② "萬正色"，十卷本、光緒本皆作"王得一"。據《四庫全書總目》，此書王得一撰，記其幕友福建水師提督萬正色戰功凡二十三事。
③ "本末"二字原脱，據十卷本補。
④ "十六卷"，十卷本、光緒本皆作"二十七卷"。

邵遠平　史學辨誤十二卷
尤侗　看鑑偶評五卷
談遷　史論六卷
陳詵　資治通鑑述一卷①
吳肅公　讀書論世十六卷
朱嘉徵　經世書一百卷
　　　右史鈔。
曹溶　續獻徵錄四十卷②
孫應龍　稽古名異錄
朱鳳台　治開錄二集③
袁國梓　齊政錄四卷
嵇永仁　集政備考
王庭　三邑畎田志一卷
葉映榴　南齊佳話一卷　蕭梁典故二卷
蔣伊　萬世玉衡錄四卷　臣鑑錄二十卷
宮夢仁　歷代名臣言行錄一百二十卷
顧炎武　京東考古錄一卷　山東考古錄一卷
盛楓　嘉禾徵獻錄四十六卷
張鵬翼　立朝三譜三卷
曹汾　養正圖解二卷
周夢顏　蘇松歷代財賦考一冊
　　　右故事。
孫承澤　三垣筆記
李清　西垣筆記

---

①　"一卷"，光緒本同，十卷本不著卷數。
②　"四十卷"，光緒本同，十卷本作"一卷"。
③　"二集"，十卷本同，光緒本作"二卷"，入別集類。

王崇簡　三垣筆記一卷
田雯　楚儲末議二卷　撫黔事宜一卷
許自俊　司計全書
趙申喬　自治官書二十四卷
翁叔元　太學志
朱而琦　治齊小記
高士奇　金鰲退食筆記二卷　天禄識餘一卷
彭鵬　東粵日省一卷
王應憲　鹽鐵志二十卷　漕運考二卷
葉方恒　治萊訓迪講語一卷
張伯行　居濟一得八卷
趙俞　治陶紀實一卷
陳鵬年　歷仕政略一卷
江繁　太常紀要四卷①　四譯館考十卷
李周望　國學禮樂録②
　　右職官。
王士禎　春曹儀注一卷
湯斌　謚法類鈔一卷
毛奇齡　辨定嘉靖大禮議一卷　廟制折衷二卷　祭祀通俗譜二卷
陸世儀　宗祭禮一卷
孔毓慈　文廟備考十六卷
翟熤　丁祀存考七卷
王原　歷代宗廟圖考二卷
應撝謙　家塾祀典一卷

---

① "四卷"，十卷本、光緒本皆作"十五卷"。
② 十卷本、光緒本另著録作者"謝履忠"，且皆作"二十四卷"。

右儀注。
李柟　律令箋注
彭孫貽　提刑通要
蕭震　洗冤錄
楊雍建　政學編一卷
姜宸英　明史刑法志三卷
　　右刑法。
孫承澤　畿輔人物志六卷①
孫奇逢　畿輔中州人物考八卷②
魏裔介　續補高士傳四卷
孫蕙　歷代循良錄③
潘檉章　松陵文獻錄十五卷
項玉筍　檇李往哲續編一卷
聶芳聲　豐陽人物紀略十卷
王永命　山右節烈集一卷
奇節編一卷
馬教思　皖桐幽貞錄一卷
趙吉士　續表忠記④
杜濬　名賢考概
王應憲　歷代名臣紀要二十卷
魏禮　寧都先賢傳
劉梅　三立祠傳贊四卷
薛應吉　孝義傳二卷　艱貞錄一卷　繆璲傳四卷

――――――――
①　"六卷"，十卷本、光緒本皆作"二十卷"。
②　十卷本、光緒本皆無"畿輔"二字。
③　"錄"，原誤作"傳"，據十卷本、光緒本改；另十卷本、光緒本皆著錄作"一卷"。
④　十卷本、光緒本皆著錄作"八卷"。

郭世勳　賢達傳四卷
李暄亨　雲中節義錄一卷　薛元敏傳一卷①
　　右傳記。
八旗通志二百五十卷
畿輔通志一百二十四卷
雍正六年敕修　盛京通志四十八卷
　　　　　　　江南通志二百卷
　　　　　　　江西通志一百六十卷②
　　　　　　　浙江通志二百八十卷
　　　　　　　　西湖志四十卷
　　　　　　　福建通志七十八卷
　　　　　　　湖廣通志一百二十卷
　　　　　　　河南通志八十卷
　　　　　　　山東通志三十六卷
　　　　　　　山西通志二百三十卷
　　　　　　　四川通志四十七卷
　　　　　　　廣東通志六十四卷
　　　　　　　廣西通志四十卷
　　　　　　　雲南通志三十卷
　　　　　　　貴州通志四十六卷
以上通志俱雍正六年敕修。③
熊賜履　天下輿地圖
靳輔　治河書三卷
傅澤洪　行水金鑑一百七十五卷

---

①　"薛元敏傳一卷"，十卷本不著錄作者，光緒本不著錄此書。
②　"一百六十卷"，十卷本、光緒本皆作"一百六十二卷"。
③　上述通志，十卷本、光緒本皆著錄監修者。

顧祖禹　方輿紀要一百三十卷
張貞　杞紀二十二卷
田雯　長河志籍考十卷①　黔書二卷
顧炎武　肇域志二百卷
南懷仁　坤輿圖説一卷②　坤輿外紀一卷③
朱彝尊　日下舊聞四十二卷
蔡方炳　增訂廣輿記二十四卷
周亮工　昌平山水記
彭而述　衡岳記異一卷
王士禎　長白山志一卷　長白山録一卷　浯溪考二卷
李澄中　滇行日記二卷
宋犖　盤山志一卷　滄浪小志二卷
朱謹　馬鞍山志一卷　普陀山志一卷④　雞足山志一卷
景日昣　説嵩三十二卷
葉方恒　山東全河備考四卷
毛奇齡　湘湖水利志三卷　杭志三詰三誤辨一卷
錢中諧　三吳水利議一卷
周亮工　閩小記一卷
周燦　使交紀一卷
汪森　粵西統載六十卷
張尚瑗　瀲水志林二十六卷
杜臻　閩越疆理記
李仙根　安南使事紀要一卷　安南雜記一卷⑤

---

① "籍考"二字原脱，據光緒本補。
② "一卷"，十卷本、光緒本皆作"二卷"。
③ "坤輿外紀"，十卷本作"別本坤輿外紀"，光緒本不著録。
④ 十卷本、光緒本另著録此書作者爲陳璇，且皆作"十五卷"。
⑤ "一卷"，十卷本同，光緒本不著録卷數。

汪楫　使琉球雜錄一卷
林謙光　臺灣紀略一卷
李騏光①　臺灣雜紀一卷②
龔翔麟　珠海奉使紀一卷
陸次雲　峒溪纖志一卷③
孫致彌　朝鮮採風錄
陳鵬年　焦山志二卷
王廷燦　乘槎偶記
　　　右地理。

---

① "騏"，十卷本同，光緒本作"麒"。
② "紀"，十卷本同，光緒本作"記"；另光緒本不著錄卷數。
③ 十卷本、光緒本皆另著錄"志餘一卷"。

大清國史藝文志卷四

子　類

孫承澤　四先生學約十四卷　五先生學約十四卷①
孫奇逢　理學宗傳二十六卷
魏裔介　聖學知統錄二卷　知統翼錄二卷　希賢錄十卷②　論性書二卷
魏象樞　知言錄一卷　儒宗錄一卷
王庭　理學辨一卷③
耿介　理學要旨一卷　道學編二卷④
熊賜履　學統五十六卷　下學堂劄記三卷　閑道錄三卷　學辨一卷　樸園邇語一卷
趙士麟　敬一錄二卷　武林會語一卷
李光地　榕村語錄三十卷　榕村講授三卷　太極四種注正蒙注解二卷　邵子內外觀物篇注二卷
陸隴其　讀書分年日程二卷
彭定求　儒門法語四卷
湯斌　洛學編六卷⑤
汪琬　讀書正僞一卷　論道書一卷
沈珩　書院會語一卷

---

① "五先生學約"，光緒本作"學約續編"。
② "希賢錄"，光緒本作"周程張朱正脈希賢錄"。
③ "辨"，原誤作"編"，據光緒本改。
④ "道學編"，光緒本作"中州道學編"，另著錄"補編一卷"。
⑤ "六卷"，光緒本作"四卷"。

黃宗羲　明儒學案六十二卷
顧炎武　日知錄四十卷①　下學指南二卷
范鄗鼎　理學備考三十四卷
應撝謙　性理大中二十八卷
陸世儀　思辨錄前後集六卷　論學酬答一卷
刁包　辨道錄一卷　斯文正統一卷②
閻若璩　困學紀聞注證三十二卷
萬斯大　事心錄一卷
姚際恒　庸言錄二十四卷③
王喆生④　懿言日錄三卷⑤　讀書日記二卷
沈光斗　性理五聲四卷
李明德　性命理氣圖解一卷
張伯行　困學錄八卷⑥　道南原委一卷⑦　學規類編四卷⑧
竇克勤　理學正宗十五卷　事親庸言二十卷　講習錄十卷
　　尋樂堂劄記一卷　泌陽學規一卷　竇氏語錄一卷
王原　理學臆參一卷
沈佳　明儒言行錄二十卷⑨
張昺　西銘圖論一卷
張行言　聖門禮樂統二十四卷　四勉堂勸善集一卷
蔡世遠　鰲峰學約一卷

---

① "四十卷"，光緒本作"三十二卷"。
② "一卷"，光緒本作"十二卷"，入集部總集類。
③ 光緒本不著卷數，入雜家類。
④ "生"字原脱，據光緒本補。
⑤ 光緒本著錄作"懿言日錄一卷、二錄一卷、續錄一卷、別錄一卷"。
⑥ "困學錄"，光緒本作"困學錄集粹"。
⑦ "道南原委一卷"，光緒本作"道南源委六卷"，入史部傳記類。
⑧ "四卷"，光緒本作"二十七卷"。
⑨ "二十卷"，十卷本、光緒本皆作"十卷"，另皆著錄"續錄二卷"，入史部傳記類。

張鵬翼　理學入門二卷　道統正傳四卷
薛元敏　教學編一卷　息距編一卷
趙子隨　庸行錄四卷
童能靈　朱子爲學考三卷　理學疑問一卷①
　　右儒家。
孫奇逢　歲寒居答問一卷②
魏裔介　樗菴雜著六卷
魏象樞　庸齋閒話一卷
陸壽名　治安文獻十卷
嚴有穀　嗜退菴語存三十二卷③
徐繼恩　經濟指南四卷
毛先舒　巽書八卷④
吳肅公　讀書論世十六卷　闡義二十二卷
顧炎武　雜錄一卷
高士奇　讀書筆記十二卷
劉蔭樞　宜夏軒雜著一卷
林文英　碧山雜錄一卷
閻若璩　潛邱劄記四卷⑤
方中履　古今釋疑三十卷⑥
徐昂發　畏壘筆記四卷
張圻　學仕要箴五卷
周夢顏　裕民集一卷

---

① "一卷",光緒本作"四卷"。
② "一卷",光緒本作"二卷",另著錄"附錄一卷"。
③ "三十二卷",光緒本作"十卷"。
④ "巽",光緒本作"潠",與《四庫全書總目》著錄同。
⑤ "四卷",光緒本作"六卷"。
⑥ "三十卷",光緒本作"八卷"。

右雜家。
王崇簡　冬夜箋記八卷①
王士禎　居易録三十四卷　池北偶談二十六卷　香祖筆記八卷續四卷　古夫于亭録六卷
陸隴其　三魚堂賸言十二卷
成德　渌水亭雜識一卷
宋犖　筠廊偶筆三卷②
高層雲　改蟲齋雜疏三卷
高士奇　北墅抱甕録一卷　柘西閒居録八卷③　消夏録三卷④
陸棻　雅坪雜録一卷
施閏章　矩齋雜記四卷
汪琬　說鈴一卷
顧炎武　譎觚十事一卷⑤
毛先舒　匡林一卷⑥
趙吉士　寄園寄所寄八卷⑦
鈕琇　觚賸八卷
吳震　方東軒晚語一卷
徐岳　見聞録一卷
陸次雲　北墅緒言五卷
王修玉　據梧叢說一卷
　　　右說部。

---

① "八卷"，光緒本作"一卷"，入雜家類。
② "三卷"，光緒本作"二卷"，另著録"二筆二卷"，入雜家類。
③ "柘"，原誤作"拓"，據光緒本改。
④ "消夏録"，光緒本作"江村銷夏録"。
⑤ "譎觚十事"，十卷本、光緒本皆作"譎觚"，皆入史部地理類。
⑥ "一卷"，光緒本作"二卷"，入雜家類。
⑦ "八卷"，光緒本作"十二卷"，入雜家類。

熊賜履　五緯陣圖解一卷
鄧廷羅　兵法全書十三卷
顧其言　禦海寇芻言一卷
汪琬　兵餉一覽二卷
　　右兵家。
胡亶中　星譜一卷
李光地　曆象本要一卷
梅文鼎　筆算五卷　籌算二卷　度算釋例二卷　少廣拾遺一卷　方程論六卷　句股舉隅一卷　幾何通解一卷　平三角舉要五卷　方圓冪積一卷　幾何補編四卷　弧三角舉要五卷　環中黍尺五卷　塹堵測量二卷　曆學駢枝五卷　曆學疑問三卷　疑問補二卷　交食蒙求三卷　交會管見一卷　七政細草補注一卷　火星本法圖說一卷　七政前均簡法一卷　上三星軌迹成繞日圓象一卷　揆日紀要一卷　恒星紀要一卷　曆學答問一卷
黃宗羲　曆法十一卷
王錫闡　大統曆法啓蒙三卷　曆法二卷
杜知耕　數學鑰六卷
方中通　數度衍二十三卷①
陳厚耀　天文編
　　右曆法。
蔡毓榮　廣治平略四十四卷
柴紹炳　考古類編二十二卷②
朱虙　古今疏十五卷

---

① "二十三卷",光緒本作"二十四卷"。
② "二十二卷",光緒本作"十二卷"。

方中德　古事比五十六卷①
周謙培　類書筌篇十卷
高士奇　注左傳類對賦一卷　注編珠四卷
梁宇喬　五經類語八卷
陶原良　五經對語二十二卷
史以甲　廣事類賦七十卷
陳元龍　格致鏡原一百卷
　右類書。

---

① "五十六卷",光緒本作"五十三卷"。

大清國史藝文志卷五

集　類

王崇簡　青箱堂集四十二卷①
姚文然　奏疏四卷　文集二十二卷
孟喬芳　奏疏二卷
吳偉業　梅村集四十卷
曹溶　靜惕堂集三十卷
李元鼎　石園集六卷
博爾都　白燕樓集
李蔭祖　奏議六卷
魏裔介　奏疏五卷　兼濟堂集二十卷②
魏象樞　寒松堂集十二卷③
梁清標　蕉林集八卷④
梁清遠　祓園集四卷⑤
龔鼎孳　奏疏八卷　定山堂集二十四卷
周亮工　賴古堂集四卷
馮溥　佳山堂集三十卷⑥
楊運昌　石齋文集四卷

---

① 光緒本著録作"青箱堂文集三十三卷、詩集三十三卷"。
② "兼濟堂集"，光緒本作"兼濟堂文集"。
③ "十二卷"，光緒本作"九十二卷"。
④ "蕉林集"，光緒本作"蕉林詩集"。
⑤ "四卷"，光緒本作"九卷"。
⑥ "三十卷"，光緒本作"十卷"。

蔣超　綏菴集十六卷
宋琬　安雅堂集六卷
李之芳　奏疏十二卷　別集六卷
李敬　文集十二卷
孫宗彝　文集一册
馮班　鈍吟集二册　鈍吟雜録一册①
朱鳳台　治開録二卷
王熙　文集二十四卷
劉應賓　徽寧疏稿三册
賈弘祚　奏疏一卷
周茂源　鶴靜堂集二十二卷②
狄敬　文集二卷
熊伯龍　穀詒堂集三卷
郝浴　奏議二卷　文集四卷
吳正治　文集一卷
王廣心　奏疏二册
朱紹鳳　奏稿一卷
曹本榮　奏議一卷
徐必遠　奏疏一卷
任克溥　奏疏四卷
董文驥　詩集十卷
唐夢賚　志壑堂詩十五卷
笪重光　文集二卷
曹爾堪　南溪文略二十卷　詞略二卷
范承謨　文集十二卷　畫壁遺稿三册

---

① "一册"，光緒本作"十卷"，入子部雜家類。
② "二十二卷"，光緒本作"十九卷"。

嵇永仁　抱犢山房集六卷
楊素蘊　奏議一卷
李登瀛　奏疏一卷
余縉　文集二十二卷
邱象升　詩集一卷
朱霞鶴　野堂文稿一卷
嚴沆　古秋堂文集十二卷
丁澎　葯園集二十二卷　詩集十二卷
張貞　半部稿二卷
曹貞吉　珂雪集十卷
劉體仁　詩集八卷
楊雍建　治黔奏疏八卷　黃門奏疏二卷
高珩　棲雲閣集八卷
王士祿　考功集八卷
王士禎　帶經堂集九十二卷　精華錄十卷
林雲銘　文集八卷
毛際可　安序堂集八卷
富鴻基　文集一卷
李天馥　容齋集六卷
熊賜履　經義齋集①
陳廷敬　午亭文編四十八卷②
徐元文　含經堂集三十
葉芳藹　文集八卷
陳光龍　文集六卷
周燦　願學堂集二十卷

---

① 光緒本著錄作"十八卷"。
② "四十八卷"，光緒本作"五十卷"。

王又旦　奏疏一卷　黃湄詩集十卷
馬世俊　文集六卷
孫蕙　奏疏一卷　笠山詩集十卷
申涵光①　聰山集八卷②
程甲化　拂秋堂集二册
張鵬　奏疏二卷
葉映榴　文集三十卷
陳常夏　江園集十册
臧振榮　太古園集一册
徐與喬　易安齋集二册
許三禮　文集四册
王弘祚　頤菴文集四册
嚴我斯　尺五堂詩删十卷③
田雯　古歡堂集四十卷④
方殿元　九谷集六卷
車萬育　疏稿一卷
盛符升　誠齋詩集一卷　僅存集一卷
趙士麟　奏稿一卷　綵衣集一卷　碧園新草一卷
張英　篤素堂文集十六卷　詩集四卷　存誠堂詩集三十五卷
汪懋麟　百尺梧桐閣集十六卷⑤
王曰溫　奏疏一卷
儲方慶　遜菴文集二十卷

---

① "申涵光"，原誤作"申涵盼"，據光緒本改。
② "八卷"，光緒本作"十四卷"。
③ "十卷"，光緒本作"六卷"。
④ "四十卷"，光緒本作"三十六卷"。
⑤ "十六卷"，光緒本作"二十六卷"。

顏光敏　樂圃詩集一卷①
唐朝彝　匯清堂集一卷
徐乾學　憺園集三十八卷
陸隴其　三魚堂文集二十卷②
李光地　榕村文集四十五卷③
王掞　西田集五卷
趙申喬　剩稿八卷④
于成龍　政書四卷⑤
孫在豐　尊道堂集四卷
靳輔　奏疏八卷
葉燮　已畦集二十二卷⑥
李振裕　白石山房集二十六卷
郭琇　疏稿五卷
林麟焻　玉巖詩集四卷⑦
韓菼　有懷堂集二十八卷⑧
王鴻緒　橫雲山人詩集十六卷
徐秉義　培林堂集二冊
徐倬　文集八卷　詩集十六卷
蔣伊　文集十八卷
王曰曾　詩集四卷

---

① "一卷"，光緒本作"七卷"。
② "二十卷"，光緒本作"十二卷"，另著錄"外集六卷、附錄一卷"。
③ 光緒本著錄作"榕村集四十卷"。
④ "剩稿"，光緒本作"恭毅剩稿"。
⑤ "四卷"，光緒本作"八卷"。
⑥ "二十二卷"，光緒本作"二十一卷"，另著錄"原詩四卷"。
⑦ "四卷"，光緒本作"七卷"。
⑧ "有懷堂集"，光緒本作"有懷堂詩文稿"。

高以永　詩集一卷
宮夢仁　奏疏一卷
馬鳴鑾　靜觀堂文稿一卷
侯方域　壯悔堂文集十卷　四憶堂詩集六卷
顧炎武　亭林文集六卷　詩集五卷
魏禧　易堂文集二十八卷
魏際瑞　文集十卷
魏禮　文集十六卷
黃宗羲　南雷文定[1]　南雷文案
應撝謙　潛齋文集十六卷
朱鶴齡　愚菴集四卷
宋實穎　詩文集二十八卷
李良年　秋錦山房集十卷[2]
冷士嵋　江泠閣集五卷
邢昉　石臼集八卷
邵長蘅　青門集十二卷
張綱孫　詩集十三集
王澤弘　鶴嶺山人集十六卷[3]
彭鵬　古愚心言八卷
彭定求　南畇文稿十二卷[4]
胡會恩　清芬堂集二卷
翁叔元　鐵菴集二卷
張集　奏疏一卷

---

[1]　光緒本著錄作"十一卷"，另著錄"文約四卷"。
[2]　"十卷"，光緒本作"二十二卷"。
[3]　"鶴嶺山人集"，光緒本作"鶴嶺山人詩集"。
[4]　"稿"，光緒本作"集"。

納蘭成德　淥水亭集
許承宣　青岑集十卷
高層雲　詩文集十卷
馮雲驌　詩稿三卷
劉蔭樞　奏疏一卷
靳讓　天麻堂集七卷
李孚青　野香亭集四卷①
汪晉徵　雙溪堂集四卷
宋敏求　文集一卷
彭孫遹　松桂堂全集三十五卷②
湯斌　奏疏一卷　潛菴遺稿五卷
毛奇齡　西河文集二百五十卷③
朱彝尊　曝書亭集八十卷④
施閏章　愚山文集二十八卷　詩集五十卷
汪琬　堯峰文鈔五十卷　鈍翁類稿一百十八卷⑤
李因篤　受祺堂文集十五卷　詩集三十五卷⑥
李念慈　谷口山房集四卷
黃與堅　願學齋文集八卷
喬萊　直廬集一冊　使粵集一冊
王頊齡　世恩堂集三十二卷⑦
陳維崧　迦陵集五十四卷

---

① "四卷"，光緒本作"十三卷"。
② "三十五卷"，光緒本作"三十七卷"。
③ "二百五十卷"，光緒本作"一百七十九卷"。
④ 光緒本另著錄"附錄一卷"。
⑤ "鈍翁類稿"，光緒本作"鈍翁前後類稿"。
⑥ "三十五卷"，光緒本作"三十四卷"。
⑦ "三十二卷"，光緒本作"三十五卷"。

陸棻　雅坪集五十卷
秦松齡　蒼硯山人集五卷
曹禾　漫園集前後三十六卷①
汪楫　悔齋集三卷
李來泰　蓮龕集十六卷②
潘耒　遂初堂集二十卷
沈珩　耿巖文鈔四卷
周清原　蓉湖詩鈔
徐釚　南州草堂集四十卷
張鴻烈　奏疏一卷
方象瑛　健松齋集三十卷③
錢金甫　保素堂集
李澄中　漁村集八卷
嚴繩孫　秋水集二十卷
龐塏　叢碧山房集十一卷④
尤侗　西堂集五十九卷
鄧漢儀　詩觀全集
高士奇　文集七十二卷
孫枝蔚　溉堂集八卷　續集六卷
史夔　扈蹕草一卷　東祀草一卷　扶胥集一卷　觀濤集一卷
孫岳頒　墨雲堂集二十卷
魏麟徵　石屋詩鈔八卷⑤
吳苑　北黟集

----

① "前後"二字，光緒本無。
② "十六卷"，光緒本作"十五卷"。
③ "三十卷"，光緒本作"二十四卷"，另著録"續集十卷"。
④ "十一卷"，光緒本作"五十七卷"，另附"詩義固說二卷"。
⑤ 光緒本另著録"補鈔一卷"。

周金然　文集十六册
陳元龍　愛日堂集二十七卷①
吳綺林　蕙堂集二十卷②
徐元正　修吉堂稿一卷
陳遷鶴　春樹堂集二卷
金居敬　文集
吳世杰　甓湖草堂集四卷
張伯行　正誼堂集十二卷
湯右曾　懷清堂集二十卷
史申義　過江集八卷③
竇克勤　樂飢集二册
鄭梁　寒村集二卷④
唐孫華　東江詩鈔十二卷
吳暻　西齋詩鈔四卷
趙俞　紺寒亭集四册⑤
陸寅　玉照堂集四卷
王原　學菴文集四册
姚士藟　詩文四集
劉以貴　藜乘集二卷⑥
陶元淳　南崖集二册
盧錫晋　尚志館文述九卷
張瑗　奏疏一卷

---

① "集"，光緒本作"詩"。
② "二十卷"，光緒本作"二十六卷"。
③ "八卷"，光緒本作"四卷"。
④ "二卷"，光緒本作"三十六卷"。
⑤ 光緒本著錄作"紺寒亭詩集十卷、文集四卷"。
⑥ 光緒本著錄作"藜乘初集一卷、二集二卷"。

李發甲　奏疏一卷
惠周惕　詩集六卷
陳鵬年　滄洲近詩六卷
高孝本　詩文集六冊
江蘩①　奏疏一卷
徐樹庸　奏疏一卷②
覺羅滿保　奏疏四冊
顧圖河　雄雉齋集二卷　續集十二卷
呂履恒　夢月巖詩集十六卷③
陳璸　文集四卷
周起渭　桐埜集
姜宸英　湛園文稿十卷　葦間詩集八卷
周彝　且蘭集一冊
徐昂發　乙未亭集二卷
查慎行　敬業堂集五十卷　續集四卷
查嗣瑮　查浦詩鈔十二卷
王式丹　樓村集二十五卷
章藻功　思綺堂集十卷
宋犖　綿津山人文集一百卷　詩集二十卷
謝重輝　杏村詩集後編七卷④
張大受　匠門書屋集三十卷
蔡世遠　二希堂文集十五卷⑤
繆沅　餘園詩鈔四卷

---

① "蘩"，原誤作"繁"，據十卷本、光緒本改。
② "一卷"，光緒本作"四冊"。
③ "十六卷"，光緒本作"二十卷"。
④ "後編"二字，光緒本無。
⑤ "十五卷"，光緒本作"十二卷"。

呂謙恒　青要集四卷①
顧嗣立　大小雅堂集
李顒　二曲集十卷②
李楷　文集八卷
王戩　突星閣集十五卷③
吳雯　蓮洋集四册
王萃　二十四泉草堂集十二卷
焦袁熹　此木軒文集一卷
儲欣　在陸草堂文集六卷④
張雲章　文集二十四卷
朱載震　詩集二卷
王晦　補亭集二册
王敬銘　未巖集一册
李必恒　詩稿十一卷
　　右別集。
錢謙益　杜詩箋注二十卷
王士禎　十種唐詩選四册⑤　萬首唐人絕句七卷⑥　阮亭古詩選十五卷　十子詩略十卷
趙承烈　歷代賦鈔十二卷
錢澄之　莊屈合詁十四篇
孫琮　山曉閣古文選三十二卷　唐宋八大家文選二十三卷
林雲銘　古文析義初編十六卷　二編十六卷　莊子因四卷

---

① "四卷"，光緒本作"十二卷"。
② "十卷"，光緒本作"二十二卷"。
③ "突星閣集"，光緒本作"突星閣詩鈔"。
④ "文集"，原誤倒，據《中國古籍總目》著錄乙正。
⑤ "四册"，光緒本作"十七卷"。
⑥ "萬首唐人絕句"，光緒本作"唐人萬首絕句"。

楚辭燈二卷　韓文起八卷
李光地　漢志精藻一卷　韓子粹言一卷
宮夢仁　玉海選一百卷
徐倬　全唐詩録一百卷
陳祚明　采菽堂古詩選二十四卷
朱彝尊　明詩綜一百卷　詞綜四十卷①
吳任臣　山海經廣注十八卷②
陳維崧　篋衍集十二卷
顧茂倫　明文英華十卷　七律英華二十二卷　賦彙英華四卷
陳允衡　詩慰三卷
朱鶴齡　輯注杜工部集二十卷　箋注李商隱詩集三卷　文集十六卷
吳綺　宋金元詩永二十卷　補遺二卷　樂府吳騷四卷
吳兆宜　庾子山全集箋注十卷　徐孝穆全集箋注八卷
高士奇　唐詩揀藻八卷
仇兆鼇　杜詩詳注二十五卷③
徐樹穀　李義山集注四卷
汪灝　知本堂讀杜詩二十四卷　清詩大雅四卷
王修玉　歷朝賦楷八卷
儲欣　唐宋十家文選
沈季友　檇李詩繫四卷④
吳之振　瀛奎律髓選四十九卷
汪份　唐宋八家文選

---

① "四十卷"，光緒本作"三十卷"，入詞曲類。
② 光緒本入小說家類。
③ 光緒本另著録"附編二卷"，入詩文注類。
④ "四卷"，光緒本作"四十二卷"。

查慎行　蘇詩補注十六卷
蔡世遠　古文雅正十四卷
顧嗣立　詩林韶濩四十卷　元百家詩三集　溫庭筠詩注九卷
　韓昌黎詩注十卷
倪璠　庾開府集注釋十六卷①
魏憲　百名家詩選八十九卷
　　右選集。
王士禎　漁洋詩話三卷　五代詩話十二卷
施閏章　蠖齋詩話二卷
陸圻　洛神賦辨注一卷
申涵光　說杜一卷
顧炎武　救文格論一卷
毛奇齡　西河詩話八卷　詞話二卷
徐釚　詞苑叢談一卷②
李因篤　漢詩評十卷③
毛先舒　詩辨坻一卷
彭桂　慎墨堂詩品一卷
李中黃　逸樓詩論四卷　耐俗軒文訓一卷
王修玉　據梧叢說一卷
沈雄　古今詞話六卷
　　右文史。

---

① "庾開府集注釋"，光緒本作"庾子山集注"，入詩文注類。
② "一卷"，光緒本作"十二卷"。
③ "十卷"，光緒本作"五卷"。

大清國史藝文志

清國史館 編

邱琬淳 李 兵 整理

顧力仁 張高評 審訂

底本：台北"故宮博物院"藏朱絲欄清抄本《大清國史藝文志》十卷

校本：國家圖書館藏清光緒間抄本《皇朝藝文志》十八卷；

國家圖書館藏民國間抄本《大清國史藝文志》十卷

修輯凡例

一、《藝文志》舊五卷,今續輯爲十八卷。首二卷恭載聖製,以聖訓及御製詩文集恭列於前,以御纂欽定諸書恭列於後。次十六卷,則專載臣工著述,悉依舊例,以經、史、子、集爲次。

一、舊《志》首卷恭載御製,次以御纂欽定諸書,其中排列次序,不甚明晰。今仍冠以聖訓及御製詩文集,其御纂欽定各書,略依經、史、子、集爲類,以清眉目。

一、首二卷恭載聖製,其有臣工編纂或仰蒙睿鑑及親製序文者,率皆恭稟聖裁,不當在臣下著述之列。謹同弁卷首,各附於歷朝御纂欽定諸書之後。

一、舊《志》所載臣下著述,皆就見聞所及,灼然有據者,列之於篇。自《欽定四庫全書》告成,炳炳麟麟,輝映冊府,今悉詳考增入。

一、《四庫全書》告成後,凡御纂及欽定諸書,均恭載於《國朝宮史續編》。① 今敬謹補載,更昭全備。

一、舊《志》不載本紀,則史館所纂臣工各傳,概不得入。故《宗室王公表傳》《蒙古王公表傳》等書,雖列於《四庫全書總目》,而茲《志》不載,從史例也。

一、《四庫全書總目》於列聖重修、增訂諸書,祇載其後成者。茲《志》將前後各書,一體恭載。如《大清會典》《清文鑑》等書,俱經歷朝欽定,今並書之,以昭作述之隆焉。

一、舊《志》四部所分門目,繁簡不齊。其中編次,亦多參

---

① "宮",原誤作"官",據國家圖書館藏民國間抄本《大清國史藝文志》十卷(以下簡稱"民國本")改。

錯。今悉依《四庫全書》體例排次，應分應併，以類相從。其前後叢雜之處，均改令各循其序。至誤歸門類者，亦俱改隸各門目，逐一更正。庶條理秩然，體裁各當。①

---

① 按，國家圖書館藏清光緒間抄本《皇朝藝文志》十八卷（以下簡稱"光緒本"）《修輯凡例》與此略有差異。

藝文志序

古之柱下史專掌藏書,故石渠金匱富於名山,使海内承學之士讀書東觀,於以洽聞彌見,信今傳後,粲如也。自班志《藝文》,本劉歆《七略》之舊,六經、諸子,暨夫術數、方技,靡不悉載,歷代撰次,實維權輿。然皆旁搜往訓,取盈卷帙,殊失斷限之宜。

我國家纂修《明史·藝文志》,惟載明人所作,而前史著錄者不與,揆諸史法,最稱嚴整。洪惟我朝文治之盛,超越往古。列聖懋典,上接薪傳,抉奥探微,縹緗富有,前《志》詳之矣。高宗純皇帝道集大成,建君師之極,堯章巍焕,經緯天地,而敕幾懋學,凡諸群籍,莫不考異參同,折衷至當。御極之初,即令儒臣校勘經史,嘉惠黌宮。復詔開四庫館,訪求天下遺書,進呈乙覽。諸所排比,胥稟睿裁,并擇其尤雅者,製詩親題卷端,俾其子孫世守,以爲好古者勸。全書告成,分庋諸閣,命江浙多士願讀中秘書者,許懷鉛握槧,就近傳鈔。自此,薄海内外,皆以爭先得睹爲快,非常之遇,千載一時。懿休乎,自有書契以來,未之有也。

夫謁者旁求,陳農奉使,蝌文以後,篇目多矣。然棗板摹傳,金根易誤,别風淮雨,往往有之。若乃網羅散佚,匯千古之大觀,而宸衷獨斷,於權衡筆削間,不遺一字,俾元元本本,盡成完書,則惟我朝極盛焉。[①] 又況聖聖相承,先後同揆,敷言立極,垂法萬世。伏讀御纂欽定諸書,廣大精微,直軼乎唐虞三代而

---

① "朝"下,民國本有"爲"字。

上。蓋本聖人之心法、治法,發爲文章。夫是以彌綸宙合,榮鏡登閎,文思光被,配天無極也。爰稽秘籍,續增前《志》,間有異同,别見《凡例》,以此宣垂册府,軌範來兹,固非荀勗《中經》、《崇文總目》諸編,所能跂及於萬一也。作《藝文志》。①

---

① 按,光緒本序與此基本相同,部分表述略有差異。

大清國史藝文志卷一

聖　製

太祖高皇帝聖訓四卷
太宗文皇帝聖訓六卷
世祖章皇帝
　聖訓六卷
　御製資政要覽三卷① 後序一卷
　御製人臣儆心錄一卷
　御製勸善要言②
　御製牛戒彙鈔
　易經通注九卷③
　御注孝經一卷
　御定內則衍義十六卷
　御注道德經二卷④
　欽定大清律三十卷
聖祖仁皇帝
　聖訓六十卷
　御製文集四十卷
　御製文二集五十卷

---

① "御製"，光緒本同，民國本作"御定"。
② 光緒本著錄作"一冊"。
③ "易經通注"，民國本同，光緒本作"御製易經通注"。
④ "二卷"，民國本同，光緒本作"三卷"。

御製文三集五十卷
御製文四集三十六卷
御製避暑山莊詩一卷
上諭十六條①
欽定經筵講章
御纂周易折中二十二卷
欽定日講易經解義十八卷
欽定書經傳說彙纂二十四卷
欽定日講書經解義十三卷
欽定詩經傳說彙纂二十卷　序二卷
欽定日講詩經解義
御製清字詩經二十卷
欽定日講禮記解義六十四卷
欽定春秋傳說彙纂三十八卷
欽定日講春秋解義六十四卷
御定孝經衍義一百卷
欽定小學孝經六卷
欽定日講四書解義二十六卷
欽定篆文六經四書②
欽定康熙字典四十二卷
御製清文鑑二十一卷
御製皇輿表二十四卷③
御定諸史提要
御批資治通鑑綱目五十九卷　通鑑綱目前編一卷　外紀一

---

①　"上"，民國本同，光緒本作"聖"。
②　光緒本著錄作"十四册"。
③　"二十四卷"，民國本同，光緒本作"十六卷"。

卷　舉要三卷① 　通鑑綱目續編二十七卷

欽定日講通鑑解義

御定歷代紀事年表一百卷②

欽定月令輯要二十四卷③ 　圖説一卷

平定三逆方略六十卷

平定朔漠方略四十八卷④

欽定治河方略八卷⑤

欽定大清會典一百六十卷　　崇德元年至康熙二十五年。⑥

御定清涼山新志十卷⑦

御纂性理精義十二卷

御纂朱子全書六十六卷

御製律曆淵源一百卷⑧ 　《曆象考成》四十二卷,《律吕正義》五卷,《數理精蘊》五十三卷。

御定星曆考原六卷

欽定淵鑑類函四百五十卷

御定佩文韻府四百四十四卷

御定韻府拾遺一百十二卷

御定分類字錦六十四卷

御定佩文齋書畫譜一百卷

御定廣群芳譜一百卷

---

① "舉"上原衍一"一"字,據光緒本、民國本删。
② "御定",民國本同,光緒本作"欽定"。
③ "欽定",光緒本同,民國本作"御定"。
④ "平定",民國本同,光緒本作"親征"。
⑤ "欽定",光緒本同,民國本作"平定";"八卷",民國本同,光緒本作"十二卷",另著録"附録一卷"。
⑥ 光緒本無此小注。
⑦ "御定",民國本同,光緒本作"御製"。
⑧ "御製",光緒本同,民國本作"御定"。

御選古文淵鑑六十四卷
御定歷代賦彙一百八十四卷　《正集》一百四十卷,《外集》二十卷,《逸句》二卷,《補遺》二十二卷。
御定全唐詩九百卷
御選唐詩三十二卷　附錄三卷
御選四朝詩三百十二卷　《宋詩》七十八卷,《金詩》二十五卷,《元詩》八十一卷,《明詩》一百二十八卷。
御定全金詩七十四卷
御定佩文齋咏物詩選四百八十六卷
御定佩文齋詩韻五卷
御定題畫詩一百二十卷
御定千叟宴詩四卷
御定歷代詩餘一百二十卷
欽定詞譜四十卷
欽定曲譜十四卷
萬壽盛典一百二十卷
欽定幸魯盛典四十卷
世宗憲皇帝
　聖訓三十六卷
　聖諭廣訓一卷
　庭訓格言一卷
　上諭八旗十三卷
　上諭旗務議覆十二卷
　諭行旗務奏議十三卷
　上諭內閣一百五十九卷
　硃批諭旨三百六十卷
　御製文集三十卷

御製悦心集二卷①
欽定訓飭州縣規條
御纂孝經集注一卷
欽定音韻闡微十八卷
欽定大清會典二百五十卷　康熙二十六年至雍正五年。
欽定大清律集解
欽定執中成憲八卷
御定駢字類編二百四十卷②
御定子史精華一百六十卷
欽定古今圖書集成一萬四十卷

---

① "二卷",民國本同,光緒本作"四卷"。
② "御定",光緒本同,民國本作"欽定"。

大清國史藝文志卷二

聖　製

高宗純皇帝
　聖訓三百卷
　御製樂善堂全集定本三十卷①
　御製文初集三十卷
　御製文二集四十四卷
　御製文三集十六卷
　御製詩初集四十四卷
　御製詩二集九十卷
　御製詩三集一百卷
　御製詩四集一百卷
　御製詩五集一百卷
　御製詩文餘集二十二卷
　御纂周易述義十卷
　欽定詩義折中二十卷
　欽定詩經樂譜三十卷
　欽定周官義疏四十八卷
　欽定儀禮義疏四十八卷
　欽定禮記義疏八十二卷
　御纂春秋直解十五卷

---

① "全集"，光緒本同，民國本作"文集"。

欽定繙譯五經五十八卷
欽定繙譯四書二十九卷
御製律呂正義後編一百二十卷
欽定增訂清文鑑四十六卷　《正書》三十二卷,《補編》四卷,《總綱》八卷,《補總綱》二卷。
欽定西域同文志二十四卷
欽定同文韻統六卷
欽定叶韻彙輯五十八卷
欽定音韻述微一百六卷
欽定滿洲蒙古漢字三合切音清文鑑三十三卷
欽定清漢對音字式一卷
欽定遼金元三史國語解四十六卷
欽定明史三百三十六卷
御批通鑑輯覽一百十六卷　附明唐桂二王本末三卷
御定通鑑綱目三編四十卷
欽定訂正通鑑綱目續編二十七卷
御製評鑑闡要十二卷
欽定古今儲貳金鑑六卷
欽定開國方略三十二卷①
欽定平定準噶爾方略一百七十二卷　《前編》五十四卷,《正編》八十五卷,《續編》三十三卷。
欽定平定金川方略三十八卷
欽定平定兩金川方略一百五十二卷
欽定臨清紀略十六卷
欽定蘭州紀略二十一卷
欽定石峰堡紀略二十卷

---

① "欽定",民國本同,光緒本作"皇清"。

欽定臺灣紀略七十卷
欽定安南紀略三十二卷
欽定廓爾喀紀略五十四卷
欽定滿洲源流考二十卷
欽定蒙古源流八卷
欽定八旗滿洲氏族通譜八十卷
欽定勝朝殉節諸臣錄十二卷
欽定明臣奏議四十卷
欽定皇清奏議四十卷①
欽定大清一統志四百四十二卷②
欽定盛京通志一百二十卷③
欽定熱河志一百二十卷
欽定日下舊聞考一百二十卷④
欽定盤山志二十一卷
欽定清涼山志二十二卷
欽定河源紀略三十六卷
欽定皇輿西域圖志五十二卷
皇清職貢圖九卷
欽定契丹國志十七卷
欽定歷代職官表七十二卷
欽定國子監志六十二卷
欽定續通典一百四十四卷
欽定皇朝通典一百卷

---

① 光緒本著錄作"皇清奏議四十册",並有小注"順治元年至乾隆九年"。
② "四百四十二卷",民國本同,光緒本作"四百二十四卷"。
③ "一百二十卷",民國本同,光緒本作"一百三十卷"。
④ "一百二十卷",民國本同,光緒本作"一百六十卷"。

欽定續通志五百二十七卷
欽定皇朝通志二百卷①
欽定續文獻通考二百五十二卷
欽定皇朝文獻通考三百卷
欽定八旗通志三百五十四卷
欽定大清會典一百卷　雍正五年至乾隆二十九年。
欽定大清會典則例一百八十卷
欽定大清通禮五十卷
欽定皇朝禮器圖式二十八卷
欽定國朝宮史三十六卷
欽定滿洲祭神祭天典禮六卷
欽定中樞政考一百六十八卷　《綠營》七十六卷,《八旗》六十卷,《八旗則例》三十二卷。
欽定康濟錄六卷
欽定大清律例四十七卷
御製日知薈説四卷
御覽經史講義三十一卷
欽定孚惠全書六十四卷
欽定授時通考七十八卷
御定曆象考成後編十卷
御定儀象考成三十二卷
欽定協紀辦方書三十六卷②
御定醫宗金鑑九十卷③
欽定補繪離騷全圖二卷

---

① "二百卷",民國本同,光緒本作"一百二十六卷"。
② "辦",光緒本同,民國本作"辨"。
③ "御定",光緒本同,民國本作"欽定"。

御選唐宋文醇五十八卷
御選唐宋詩醇四十七卷
皇清文穎一百二十四卷
欽定四書文四十一卷
欽定千叟宴詩三十六卷
欽定重舉千叟宴詩三十六卷
欽定萬壽衢歌六卷
欽定十全集五十四卷
欽定四庫全書總目提要二百卷
欽定四庫全書薈要總目一函
欽定四庫全書考證一百卷
欽定秘殿珠林二十四卷
欽定石渠寶笈四十四卷
欽定秘殿珠林石渠寶笈續編
欽定天祿琳瑯書目十卷
欽定西清古鑑四十卷
欽定西清續鑑二十卷　附錄一卷
欽定校正淳化閣帖釋文十卷
欽定武英殿聚珍版程式一卷
欽定西清硯譜二十五卷
欽定錢錄十六卷
欽定八旬萬壽盛典一百二十卷
欽定南巡盛典一百卷
　詞林典故八卷
　樂律全書
　琴譜①

---

① 民國本此條後有"仁宗睿皇帝　御製　欽定共二十六種　闕"十五字。

大清國史藝文志卷三

經　部

易　類

惠棟　新本鄭氏周易三卷　周易述二十三卷　易漢學八卷　易例二卷

孫奇逢　讀易大旨五卷

王夫之　周易稗疏四卷　附考異一卷

刁包　易酌十四卷

錢澄之　田間易學十二卷

汪延造　周易圖説一卷

黃宗羲　易學象數論六卷

黃宗炎　周易象辭二十一卷　附尋門餘論二卷　圖書辨惑一卷

徐繼恩①　逸亭易論一卷

黃養性②　周易訂疑十五卷

鄭虞唐　讀易搜十二卷

胡世安　大易則通十五卷閏一卷　易史八卷

趙世對　易學筮貞四卷

徐繼發　周易明善錄二卷

紀克揚　麗奇軒易經講義

---

①　"恩"，原誤作"思"，據光緒本改。
②　"黃"，光緒本作"董"，民國本有小注"黃，正本作董"。

陸位時　義畫憤參二十五卷
李開先　周易辨疑
蕭雲從　易存
張爾岐　周易說略四卷
謝復芫　周易纂解正宗六卷①
孫宗彝　易宗集注十三卷②
孫應龍　周易塵談十二卷
朱奇穎　周易纂注
錢受祺③　易義敷言十六卷
王仕雲　讀易隨筆四卷
葉矯然　易史參錄二卷
王芝藻　大易疏義五卷
張完臣　周易滴露集
張沐　周易疏略四卷
陳廷敬　尊聞堂易說七卷
黃與堅　易學闡十卷④
周漁　加年堂講易十二卷
湯秀琦　讀易近解二卷
郁文初　周易郁溪記十四卷
陳圖　周易起元十八卷
王艮　易贅二卷
吳舒鳧　易大象說錄二卷
徐世沐　惜陰錄四十六卷⑤　周易存義錄十二卷　惜陰詩集

---

① "六卷"，光緒本同，民國本作"八卷"。
② "十三卷"，民國本同，光緒本作"十二卷"。
③ "祺"，原誤作"祺"，據民國本改。
④ "十卷"，光緒本同，民國本作"一卷"。
⑤ 光緒本"惜"上有"周易"二字。

三卷
包儀　易原就正十二卷
魏荔彤　大易通解四卷
張英　易經參解六卷　易經衷論二卷
胡渭　易圖明辨十卷①
喬萊　易俟十八卷
唐朝彝　易學說篇九種
李光地　周易通論四卷　周易觀彖十二卷②
陳夢雷　周易淺述八卷
張烈　讀易日鈔六卷
張慶曾　周易觀玩錄十五卷
邵嗣堯　易圖合說一卷　圖易定本一卷
徐善　易論
陳詵　易經玩辭述三卷　易經述
潘元懋　周易廣義六卷
毛奇齡　仲氏易三十卷　易小帖五卷　推易始末四卷　河圖洛書原舛編一卷　易韻四卷　太極圖說遺議一卷　春秋占筮書三卷
應撝謙　周易應氏集解十三卷
趙振芳　易原
徐在漢　易或十卷
張問達　易經辨疑③
浦龍淵　周易通
于琳　周易義參六卷

---

①　"十卷"，光緒本同，民國本作"一卷"。
②　"彖"，原誤作"象"，據光緒本改。
③　光緒本、民國本皆著錄作"七卷"。

沈廷勱　身易實義五卷
江見龍　周易清解
王宏撰　周易圖説述四卷　周易筮述八卷
王嗣槐　太極圖説論十二卷
潘應標　問義周易經傳三卷①
王原　西亭易學一册
姜兆錫　周易本義述蘊四卷　周易蘊義圖考二卷
李塨　周易傳注七卷　附周易筮考一卷
楊名時　周易劄記二卷
黃叔琳　硯北易鈔十二卷
張步瀛　周易淺解四卷
冉覲祖②　易經詳説
馮昌臨　易學參説二卷
王明弼　易象二卷
朱軾　周易傳義合訂十二卷
吳隆元　易宫三十八卷　讀易管窺五卷
張德純　孔門易緒十六卷
朱襄　易韋二卷
戴虞皋　周易闡理四卷
方鯤　易濥二卷
李寅　易説要旨二卷
張文炳　易象數鉤深圖二卷
吳德信　周易象義合參十二卷
查慎行　周易玩辭集解十卷
方棨如　周易通義十四卷

---

① "義"，民國本同，光緒本作"羲"。
② "祖"，原誤作"袒"，據民國本改。

惠士奇　易説六卷
田嘉穀　易説十卷
納喇性德　合訂刪補大易集義粹言八十卷
劉蔭樞　大易蓄疑
胡良顯　周易本義晰
劉元龍　先天易貫五卷①
胡煦　周易函書約存二十四卷　約注十八卷　別集八卷
葉均禧　易圖説五卷
鄧霂　周易會歸八卷
陸豐　易學筮原一卷
童鉥遠　周易管窺
陳法　易箋八卷
王士陵　易經纂言
李文炤　周易本義拾遺六卷
沈昌基　易經釋義四卷
戴天章　易鏡
戴天恩　心易一卷②
應麟　易經粹言三卷
楊陸榮　易互六卷
崔紀　成均課講周易
晏斯盛　楚蒙山房易經解十六卷
沈起元　周易孔義集説二十卷
吳啓昆　索易臆説二卷
陸奎勳　陸堂易學十卷
陳綽　周易錄疑

----

① "貫"，原誤作"賛"，據光緒本改。
② "一卷"，民國本同，光緒本作"十卷"。

夏宗瀾　易義隨記八卷　易卦劄記四卷
羅登標　學易闡微四卷
汪璲　讀易質疑二十卷
吳映　周易會緝
劉瑄①　大易闡微錄十二卷
劉紹攽　周易詳説十九卷
王又樸　易翼述信十二卷
范咸　周易原始六卷
潘思榘　周易淺釋四卷
劉斯組　周易撥易堂解二十卷
顧昺　周易摘鈔五卷
林贊龍　大象要參四卷②
饒一辛　經義管見一卷
上官章　周易解翼十卷
魏樞東　易問八卷
張叙　易貫十四卷
錢偲　周易緯史
任啓運　周易洗心九卷
郜煜　易經理解一卷
牛運震　空山易解四卷
童能靈　周易剩義二卷
楊方達　易學圖説會通八卷　易學圖説續聞一卷③　周易輯説存正十二卷附易説通旨略一卷
倪濤　周易蛾術七十四卷

---

①　"瑄"，原誤作"縉"，據光緒本改。
②　光緒本"大"上有"學易"二字。
③　"聞"，原誤作"問"，據光緒本、民國本改。

吳汝惺　易説一卷
王俶　易經一卷
許體元　周易彙解衷翼十五卷
申爾宣　易象援古
朱用行　大易合參講義十卷
薛雪　周易粹義五卷
潘咸　易蓍圖説十卷①
金綖　讀易自識
凌去盈　易觀十二卷
虞楷　周易小疏十四卷
金誠　易經貫一二十二卷
王心敬　豐川易説十卷
胡淳　易觀四卷
吳鼐　易象約言
徐鐸　易經提要錄六卷
宋邦綏　易讀
朱如日　大易理數觀察二卷
張祖武　來易增刪八卷
任陳晉　易象大意存解一卷②
程廷祚　程氏易通十四卷　易説辨正四卷
連斗山　周易辨畫四十卷
朱璜　周易輯要五卷
趙繼序　周易圖書質疑三十四卷③
邵晉之　大易近取錄

---

① "蓍"，原誤作"著"，據光緒本批注改。
② "意"，原誤作"易"，據民國本改。
③ "三十四卷"，民國本同，光緒本作"二十四卷"。

孫夢逵　周易讀翼揆方十卷
許伯政　易深八卷
莨仕　周易經講義八卷
張蘭皋　周易析疑十五卷
汪憲　易說存悔二卷
向德星　易義便覽三卷
張仁浹　周易集解增釋八十卷
唐一麟　周易曉義九卷
吳鼎　十家易象集說九十卷
喬大凱　周易觀瀾
朱宗洛　易經觀玩篇
周世金　易解拾遺七卷　附周易句讀讀本二卷
翟均廉　周易章句證異十一卷
王琰①　周易集注十一卷　圖說一卷
曹廷棟　易準四卷
劉鳴珂　易圖疏義四卷
貢渭濱　易見九卷
吳脈鬯　易象圖說二卷
黎由高　周易後天歸圖四卷
黃家杰　易經輯疏四卷
王芝蘭　易經會意解
劉天真　河洛先天圖說二卷
姚球　周易象訓十二卷
鄭國器　易經辨疑四卷
黃燐　周易剩義八卷②

————

①　"琰"，原作"炎"，《四庫全書總目》作"琬"，"琬""炎"皆係避嘉慶諱，今回改。
②　"八卷"，光緒本同，民國本作"四卷"。

趙世迴　易經告蒙四卷　圖注三卷
黃元御　周易懸象八卷
周大樞　周易井觀十二卷

大清國史藝文志卷四

經 部

書 類

孫承澤　尚書集解二十卷① 　九州山水考三卷
孫奇逢　尚書近指六卷
王夫之　書經稗疏四卷　尚書引義六卷
黃宗羲　書經筆授三卷
朱鶴齡　尚書埤傳十七卷　禹貢長箋十二卷
狄敬　尚書衍義六卷
張沐　書經疏略六卷
馬世俊　禹貢翼注一卷
徐世沐　尚書惜陰錄六卷
錢肅潤　尚書體要六卷
張英　書經衷論四卷
李光地　尚書解義一卷
陸隴其　古文尚書考一卷
周夢顏　禹貢精注②
曹爾成　禹貢正義三卷
閻若璩　古文尚書疏證八卷
毛奇齡　古文尚書冤詞八卷　尚書廣聽錄五卷　舜典補亡一

---

① "書"，原誤作"魯"，據光緒本、民國本改。
② 光緒本著錄作"一卷"。

卷　壁書辨疑六卷
蔣家駒　尚書義疏
姜兆錫　書經參義六卷
冉覲祖　書經詳說
蔣廷錫①　尚書地理今釋一卷
胡渭　禹貢錐指二十卷圖一卷　洪範正論五卷
方楘如　尚書通義十四卷
王澍　禹貢譜②
楊陸榮　禹貢臆參
顧棟高　尚書質疑二卷
陸奎勳　今文尚書說三卷
晏斯盛　禹貢解八卷
劉懷志　尚書口義六卷
徐志遴　尚書舉隅六卷
顧昺　書經劄記
湯奕瑞　禹貢方域考③
楊方達　書經約旨六卷　尚書通典略二卷
華玉淳　禹貢約義
孫之騄　別本尚書大傳三卷　補遺一卷
王心敬　尚書質疑八卷
徐鐸　書經提要十卷
徐文靖　禹貢會箋十二卷
沈彤　尚書小疏一卷
郭兆奎　心園書經知新八卷

---

①　"廷"，原誤作"延"，據民國本改。
②　光緒本著錄作"二卷"。
③　光緒本著錄作"一卷"。

閻循觀　尚書讀記一卷
江昱　尚書私學四卷
吳蓮　尚書注解纂要六卷
黃燦　尚書剩義四卷

詩　類

孫承澤　詩經朱傳翼三十卷
錢澄之　田間詩學十二卷
王夫之　詩經稗疏四卷
提橋　詩說簡正錄十卷
朱鶴齡　詩經通義十二卷
吳肅公　詩問一卷
張能鱗　詩經傳說取裁十二卷
秦松齡　毛詩日箋六卷
張沐　詩經疏略八卷
徐世沐　詩經惜陰錄二十卷
王鍾毅　詩經比興全義一卷
狄樞南　毛詩箋四卷
任大任　詩經解八卷
李光地　詩所八卷
陳詵　詩經述四卷
宮夢仁　詩考翼朱疏一卷
毛奇齡　國風省篇一卷　毛詩寫官記四卷　詩札二卷　詩傳
　詩說駁義五卷　白鷺洲主客說詩一卷　續詩傳鳥名三卷
陳遷鶴　讀詩隨記一卷　毛詩國風繹一卷
陳啓源　毛詩稽古編三十卷
姚炳　詩識名解十五卷

陳大章　詩傳名物輯覽十二卷
趙燦英　詩經集成三十卷
姜兆錫　詩蘊四卷
閻若璩　毛朱詩說一卷
黃叔琳　詩統說三十二卷
惠周惕　詩說三卷
楊名時　詩經劄記一卷
冉覲祖　詩經詳說
嚴虞惇　讀詩質疑三十一卷　附錄十五卷
黃中松　詩疑辨證六卷①
方楘如　毛詩通義十四卷
王承烈　復菴詩說六卷
李鍾僑　詩經測義四卷
應麟　詩經旁參二卷
王夢白、陳曾②　詩經廣大全二十卷
顧棟高　毛詩類釋二十一卷　續編三卷
陸奎勳　陸堂詩學十二卷
夏宗瀾　詩義記講四卷
諸錦　毛詩說二卷
顧昺　詩經序傳合參
劉青芝　學詩闕疑二卷
張敘　詩貫十八卷
謝起龍　毛詩訂韻五卷
徐鐸　詩經提要錄三十一卷

---

① "辨",原誤作"編",據光緒本、民國本改。
② "王",民國本同,《四庫全書總目》作"黃";"曾"下原衍一"同"字,民國本同,據《四庫全書總目》及清康熙二十一年刻本本書題名刪。

王心敬　豐川詩說二十卷
葉酉　詩經拾遺十三卷
史榮　風雅遺音四卷
許伯政　詩深二十六卷
范家相　詩瀋二十卷
姜炳璋　詩序補義二十四卷
顧鎮　虞東學詩十二卷
紀昭　毛詩廣義
范芳　詩經彙詁二十四卷
姜文燦　詩經正解三十卷

春秋類

惠棟　左傳補注六卷
孫承澤　春秋程傳補二十卷
王夫之　春秋稗疏二卷　春秋家說三卷
俞汝言　春秋四傳糾正一卷　春秋平義十二卷
嚴啓隆　春秋傳注三十六卷
嚴轂　春秋論二卷
金甌　春秋正業經傳刪本十二卷
姜希轍　左傳統箋三十五卷
朱鶴齡　讀左日鈔十二卷　補二卷
顧炎武　左傳杜解補正三卷
張爾岐　春秋傳議四卷
王芝藻　春秋類義折衷十六卷
張沐　春秋疏略五十卷
馬驌　左傳事緯十二卷　附錄八卷
湯秀琦　春秋志十五卷

翁漢麟　春秋備要三十卷
華學泉　春秋類考十二卷　春秋疑義一卷
李集鳳　春秋輯傳辨疑
徐世沐　春秋惜陰錄八卷
馬教思　左傳紀事本末
萬斯大　學春秋隨筆十卷
毛奇齡　春秋毛氏傳三十六卷　春秋簡書刊誤二卷　春秋屬
　　辭比事記四卷　春秋條貫篇十一卷
應撝謙　春秋集解十二卷　附校補春秋集解緒餘一卷　春秋
　　提要補遺一卷
邱鍾仁　春秋遵經集説二十六卷
張希良　春秋大義
陳遷鶴　春秋紀疑三卷
高士奇　春秋地名考略十四卷　左傳姓名考四卷　左傳紀事
　　本末五十三卷①
徐庭垣　春秋管窺十二卷
王原　春秋㘽聞十二卷
張尚瑗　三傳折諸四十四卷②
姜兆錫　春秋參義十二卷　春秋事義慎考十四卷　公穀彙義
　　十二卷
蔣家駒　春秋義疏
儲欣、蔣景祁　春秋指掌三十卷　前事一卷　後事一卷
黃叔琳　宋元春秋解提要
冉覲祖　春秋詳説
王源　或庵評春秋三傳　左傳練要四册　公穀練要四册

---

① "五十三卷"，民國本同，光緒本作"五十四卷"。
② "諸"，原誤作"緒"，據光緒本改。

朱軾　春秋鈔十卷
焦袁熹　春秋闕如編八卷
張自超　春秋宗朱辨義十二卷
方苞　春秋通論四卷　春秋比事目錄四卷
陳厚耀　春秋世族譜一卷　春秋長曆十卷
劉蔭樞　春秋蓄疑十一卷
朱元英　左傳拾遺二卷
惠士奇　半農春秋說十五卷
盧軒　春秋三傳纂凡表四卷
田嘉穀　春秋說十二卷
孫嘉淦　春秋義十五卷
李文炤　春秋集傳十卷①
蘇本潔　左傳杜注補義一卷
朱奇齡　春秋測微十三卷
吳陳琰②　春秋三傳同異考一卷
顧宗瑋　春秋左傳事類年表一卷
馮李驊、陸浩　左繡三十卷
羅琮　春秋本義一卷
應麟　春秋剩義二卷
顧棟高　春秋大事表五十卷　輿圖一卷　附錄一卷
陸奎勳　春秋義存錄十二卷
劉紹攽　春秋筆削微旨二十六卷　春秋通論五卷
沈彤　春秋左氏傳小疏一卷
江永　春秋地理考實四卷
魏樞　春秋管見

---

① "傳"，原誤作"解"，據光緒本改。
② "琰"，原避諱作"炎"，今回改。

牛運震　空山堂春秋傳十二卷①
楊方達　春秋義補注十二卷
魏禧　左傳經世
吳鼐　三正考二卷
王心敬　春秋原經四卷
葉酉　春秋究遺十六卷
程廷祚　春秋識小錄九卷
許伯政　春秋深十九卷
顧奎光　春秋隨筆二卷
郜坦　春秋集古傳注二十六卷　或問六卷
劉夢鵬　春秋義解十二卷
姜炳璋　讀左補義五十卷
孫從添、過臨汾　春秋經傳類求十二卷
閻循　觀春秋一得一卷
李文淵　左傳評三卷
吳守一　春秋日食質疑一卷
湯啓祚　春秋不傳十二卷
吳應申　春秋集解讀本十二卷

---

① "十二卷",光緒本同,民國本作"十三卷"。

大清國史藝文志卷五

經　部

禮　類

王芝藻　周禮訂釋古本
高愈　高注周禮二十二卷
徐世沐　周禮惜陰錄六卷
李光坡　周禮述注二十四卷
萬斯大　周官辨非一卷
毛奇齡　周禮問二卷
姜兆錫　周禮輯義十二卷
黃叔琳　周禮節訓六卷
李鍾倫　周禮訓纂二十一卷
方苞　周官集注十二卷　周官析疑三十六卷　考工記析義四卷　周官辨一卷
惠士奇　禮說十四卷
李文炤　周禮集傳六卷
沈彤　周官祿田考三卷
江永　周禮疑義舉要七卷
沈淑　周官翼疏三十卷
王文清　周禮會要六卷
劉青芝　周禮質疑五卷
李大澮　周禮拾義

高宸　周禮三注粹抄二卷
　　　右周禮。
張爾岐　儀禮鄭注句讀十七卷①　附監本正誤石經正誤二卷
吳肅公　讀禮問一卷
徐世沐　儀禮惜陰錄八卷②
徐乾學　讀禮通考一百二十卷
李光坡　儀禮述注十七卷
朱董祥　讀禮紀略六卷　附婚禮廣義一卷
萬斯大　儀禮商二卷
毛奇齡　儀禮疑義二卷　喪禮吾說篇十卷
方苞　儀禮析疑十七卷
吳廷華　儀禮章句十七卷
盛世佐　儀禮集編四十卷
沈彤　儀禮小疏一卷
江永　儀禮釋宮增注一卷　儀禮釋例一卷
諸錦　補饗禮一卷
蔡德晋③　禮經本義十七卷
任啓運　宮室考十三卷　肆獻祼饋食禮三卷
朱建子　制服圖考八卷
馬駉　儀禮易讀十七卷
　　　右儀禮。
黃宗羲　深衣考一卷
徐世溥　夏小正解一卷
邱元復　禮記提綱集解四卷

―――――――――――
① "鄭"，原誤作"節"，據光緒本改。
② "八卷"，光緒本同，民國本作"一卷"，並有小註"一卷，正本作八卷"。
③ "晋"，原誤作"音"，據光緒本改。

張沐　禮記疏略四十七卷
徐世沐　禮記惜陰録八卷
耿極　王制管窺一卷
李光坡　禮記述注二十八卷
萬斯大　禮記偶箋三卷
毛奇齡　曾子問講録四卷
姜兆錫　禮記章義十卷　大戴禮删翼四卷
黃叔琳　夏小正注一卷①
冉覲祖　禮記詳説
朱軾　校補禮記纂言三十六卷②
納喇性德　陳氏禮記集説補正三十八卷
方苞　禮記析疑四十六卷
陸奎勳　戴記緒言四卷
沈元滄　禮記類編三十卷
邵泰衢　檀弓疑問一卷
江永　禮記訓義擇言八卷　深衣考誤一卷
諸錦　夏小正詁一卷
劉青蓮　學禮闕疑八卷
孫濩孫　檀弓論文二卷
任啓運　禮記章句十卷
王心敬　禮記彙編八卷
　　右禮記。
張怡　三禮合纂二十八卷
賀寬　五禮輯要一卷
汪琬　古今五服考異八卷

---

①　"注"，原誤作"証"，據光緒本改。
②　"校"，原誤作"核"，據光緒本改。

孫自務　讀禮竊注一卷
劉凝　稽禮辨論一卷
陸隴其　讀禮志疑六卷
萬斯大　學記質疑二卷
毛奇齡　郊社禘祫問一卷[①]　昏禮辨正一卷　廟制折衷三卷
　　　大小宗通繹一卷[②]　學校問一卷　明堂問一卷
應撝謙　禮樂彙編七十卷
姜兆錫　儀禮經傳內編二十三卷　外編五卷
李塨　郊社考辨一卷
惠周惕　禮說
朱軾　儀禮節要二十卷
汪紱　參讀禮志疑二卷
汪基三　禮約編十九卷
胡掄　禮樂通考三十卷
江永　禮書綱目八十五卷
梁萬方　重刊朱子儀禮經傳通解六十九卷
秦蕙田　五禮通考二百六十二卷
張必剛　三禮會通二卷
　　　右總禮通禮。
許三禮　讀禮偶見二卷
李光地　朱子禮纂五卷
毛奇齡　辨定祭禮通俗譜五卷
王復禮　家禮辨定十卷
李塨　學記五卷
王心敬　四禮寧儉編

[①] "禘祫"，原誤作"禘祫"，據光緒本、民國本改。
[②] "通繹"，原誤作"釋通"，據光緒本及《四庫全書總目》改。

曹廷棟　婚禮通考二十四卷
張文嘉　齊家寶要二卷
　　　右雜禮書。

孝經類

魏裔介　孝經注義一卷
蔣永修　孝經集解一卷
耿介　孝經易知一卷
彭瓏　孝經纂注二卷
應是　讀孝經四卷
吳之騄　孝經類解十八卷
李之素　孝經正文一卷　內傳一卷　外傳三卷
毛奇齡　孝經問一卷
竇克勤　孝經闡義一卷
邱鍾仁　孝經通解四卷　孝經約注一卷
姜兆錫　孝經本義一卷
冉覲祖　孝經詳說二卷
朱軾　孝經一卷
吳隆元　孝經三本管窺一卷
張星徽　孝經集解一卷
任啓運　孝經章句一卷
華玉淳　孝經通義一卷
曹廷棟　孝經通釋十卷

諸經總義類

惠棟　九經古義十六卷
沈起　墨菴經學

孫承澤　五經翼二十卷
顧炎武　九經誤字一卷　石經考一卷
龔廷歷　稽古訂訛
汪琬　經解七卷
呂治平　五經辨訛五卷
吳浩　三傳三禮字疑六卷附春秋大全字疑一卷禮記大全字疑一卷　十三經義疑十二卷
成德[①]　九經解二千八百四十卷
齊祖望　勉菴說經十卷
周象明　七經同異考三十四卷
朱董祥　經史辨疑一卷
朱彝尊　經義考三百卷
毛奇齡　經問十八卷　經問補三卷
冉覲祖　經說一卷
焦袁熹　此木軒經說彙編六卷
江爲龍　六經圖十六卷
盧雲英　重編五經圖十二卷
邵向榮[②]　冬餘經說十二卷
姚際恒　九經通論一百七十卷
童能靈　清時新書九卷
沈淑　經玩二十卷
鄭方坤　經稗六卷
陳祖范　經咫一卷
李重華　三經附義六卷
江永　群經補義五卷

[①] "成德"，光緒本作"納喇性德"，民國本有小注"正本作納喇性德"。

[②] "邵"，原誤作"邱"，據光緒本改。

孫之騄　松源經說四卷
沈廷芳①　十三經注疏正字八十一卷
程川　朱子五經語類八十卷
郭兆奎②　心園說二卷
王皞　六經圖六卷
陳鶴齡　十三經字辨③
楊魁植　九經圖
沈炳震　九經辨字瀆蒙十二卷
余蕭客　古經解鉤沉三十卷
丁愷曾　說書偶筆四卷
黃文澍　經解五卷　經義雜著一卷

---

① "廷"，原誤作"延"，據民國本改。
② "奎"，原誤作"基"，據光緒本改，民國本有小注"基，正本作奎"。
③ "辨"，原誤作"解"，據民國本改。

大清國史藝文志卷六

經　部

四書類

孫奇逢　四書近指二十卷
黃宗羲　孟子師説二卷
周在延　朱子四書語類五十二卷
紀克揚　麗奇軒四書講義
刁包　四書翊注四十二卷
申佳允　四書鐸四册
薛鳳祚　聖學心傳
魏裔介　四書大全纂要
郝浴　中庸解一卷　孟子解一卷
張爲仁　四書隅説四册
徐世沐　四書惜陰録二十一卷
胡渭　大學翼真七卷
李光地　大學古本説一卷　中庸章段一卷　中庸餘論一卷
　　讀論語劄記二卷　讀孟子劄記二卷
陸隴其　四書講義困勉録三十七卷　松陽講義十二卷　三魚
　　堂四書大全四十卷　續困勉録六卷　讀朱隨筆
邵嗣堯　四書初學易知解十卷
張鵬翮　刊陸楷四書大成三十一卷
陳詵　四書述十九卷

董養性　四書訂疑二十二卷①
秘丕笈　四書鈔十八卷
閔嗣同　四書貫一解十二卷②
毛奇齡　論語稽求篇四卷③　四書賸言四卷補二卷　大學證文四卷　四書索解四卷　大學知本圖說一卷　大學問一卷　逸講箋三卷　中庸說五卷
閻若璩　四書釋地一卷　四書釋地續一卷　四書釋地又續二卷　四書釋地三續二卷
李中孚④　四書反身錄六卷　續補一卷
王原　四書講義四册
李塨　論語傳注二卷　大學傳注一卷　中庸傳注一卷　傳注問一卷
陸邦烈　聖門釋非錄五卷
楊名時　四書劄記四卷　辟雍講義一卷　大學講義一卷　中庸講義一卷
焦袁熹　此木軒四書說九卷　雜說⑤
邱嘉穗　考定石經大學經傳解一卷
朱謹　中庸本旨二卷
王澍　大學本文一卷　大學古本一卷　中庸本文一卷　大學困學錄一卷　中庸困學錄一卷
孫見龍　五華纂訂四書大全十四卷
孫嘉淦　成均講義
王士陵　四書纂言

---

① "二十二卷"，光緒本同，民國本作"二十三卷"。
② "十二卷"，民國本同，光緒本作"十一卷"。
③ "稽"下原衍一"古"字，民國本同，據光緒本刪。
④ 民國本有小注"正本作李容"。
⑤ 光緒本不著錄。

張文蔭　大學偶言一卷
崔紀　成均課講學庸　讀孟子劄記　論語温知録二卷
王植　四書參注
夏力恕　菜根堂劄記十二卷
任大任　中庸解一卷
陳綽　四書録疑三十九卷
汪份　增訂四書大全十四卷
周夢顏　讀孟偶評二卷
王步青　四書本義匯參四十五卷
潘思榘　鼇峰講義四卷
任啓運　四書約旨十九卷
桑調元　論語説二卷
江永　鄉黨圖考十卷
蕭正發　翼藝典略十卷
康吕賜　讀大學中庸日録二卷
王心敬　江漢書院講義十卷
胡在角①　四書説注卮詞十卷
劉琴　四書順義解十九卷
陳鋐　四書就正録十九卷　四書晰疑
李祖惠　虹舟講義二十卷
程大中　四書逸箋六卷
范凝鼎　四書句讀釋義十九卷
戴鋐　四書講義尊聞録二十卷
王國瑚　四書窮鈔十六卷
劉醇驥　古本大學解二卷

---

①　"角"，原誤作"用"，據光緒本改。

樂類

熊賜履　辨樂賸語一卷
孔貞瑄　大成樂律一卷
李光地　古樂經傳五卷
應撝謙　古樂書二卷
毛奇齡　竟山樂錄四卷　聖諭樂本解說二卷　皇言定聲錄八卷
王建常　律呂圖說九卷
李塨　李氏學樂錄二卷
顧陳垿　鍾律陳數一卷
張宣猷　樂經內編二十卷
周模　律呂新書注三卷
呂夏音　律呂新書衍義一卷
胡彥昇　樂律表微八卷
何夢瑤　賡和錄二卷①
江永　律呂新論二卷　律呂闡微十卷
王坦　琴旨二卷
沈光邦　易律通解八卷
童能靈　樂律古義二卷
潘士權　大樂元音七卷
羅登選　律呂新書箋義二卷　附八音考略一卷
張紫芝　律呂圖說一卷
潘繼善　音律節略考一卷
都四德　黃鍾通韻二卷

---

① "賡"，原誤作"慶"，據光緒本改。

小學類

黃生　字詁一卷
周靖　篆隸考異二卷
楊慶　古韻叶音六卷　佐同録五卷
徐世溥　韻叢一卷
顧炎武　音論三卷　詩本音十卷　易音三卷　唐韻正二十卷　古音表二卷　韻補正一卷①　字記六卷
顧藹吉　隸辨八卷
林尚葵、李根　廣金石韻府五卷
錢邦芑　他山字學二卷
馮調鼎　六書準四卷
閔齊伋　六書通十卷
吳國縉　詩韻更定五卷
柴紹炳　古韻通八卷
毛先舒　聲韻叢説一卷　韻問一卷　韻學通指一卷　韻白一卷
耿人龍　韻統圖説
周亮工　重刊廣金石韻府六卷
劉凝韻　原表一卷　石鼓文定本二卷
萬斯同　聲韻源流考
虞德升　諧聲品字箋
宮夢仁　讀書紀數略五十四卷
彭定求　明賢蒙正録二卷
李因篤　廣韻正四卷

---

① "一卷",光緒本同,民國本作"二卷"。

潘耒　類音八卷
毛奇齡　越語肯綮錄一卷　古今通韻十二卷　易韻四卷　韻學要指十一卷
吳震方　讀書正音四卷
顧景星　黃公說字
吳任臣　字彙補六卷
施何牧　韻雅五卷
竇克勤　尋樂堂家規一冊
魏裔懿　名物蒙求一卷
姜兆錫　爾雅補注六卷
熊士伯　古音正義一卷　等切元聲十卷
仇廷模　古今韻表新編五卷
邵長蘅　韻略五卷
林佶　漢隸考一卷
紀容舒　廣韻考五卷
譚孫蓮　小學習二卷
陳策　篆文纂要四卷
熊文登　字辨七卷
傅世垚　六書分類十二卷
程德洽①　說文廣義十二卷
佟世男　篆字彙十二卷
汪立名　鐘鼎字源五卷
姜日章　天然窮源字韻九卷
顧陳垿　八矢注字圖說一卷
錢人麟　聲韻圖譜

---

① "洽"，原誤作"給"，據光緒本、民國本改。

莫宏勳　類字本意
王植　韻學臆說一卷　韻學五卷
王言　連文釋義一卷
樊騰鳳　五方元音二卷①
劉維謙　詩經叶音辨訛八卷
吳起元　詩傳叶音考三卷
楊錫觀　六書辨通五卷　六書例解一卷附六書雜說一卷八分書辨一卷
成端人　五經字學考五卷
劉臣敬　六經字便
李京　字學正本五卷
衛執穀　字學同文四卷
江永　古韻標準四卷　四聲切韻表一卷
龍爲霖　本韻一得二十卷
潘咸　音韻源流五十卷
杭世駿　續方言二卷
吳玉搢　別雅五卷
江昱　韻歧四卷
王祚禎②　音韻鑑三卷
潘遂先　聲音發源圖解一卷
汪憲　說文繫傳考異四卷　附錄一卷
莊履豐、莊鼎鉉③　古音駢字續編五卷

---

① "音"，原誤作"奇"，據光緒本改。
② "禎"，原誤作"楨"，據光緒本、民國本改。
③ "鉉"，民國本同，光緒本作"竑"。

大清國史藝文志卷七

史　部

正史類

傅以漸　明史紀
王鴻緒　明史稿三百十卷
邵遠平　元史類編四十二卷
汪越　讀史記十表十卷
楊陸榮　五代史志疑四卷
厲鶚　遼史拾遺二十四卷
邵泰衢　史記疑問一卷
杭世駿　三國志補注六卷　諸史然疑一卷

編年類

芮長恤　綱目分注拾遺四卷
陳景雲　通鑑胡注舉正一卷　綱目訂誤四卷
李學孔　皇王史訂四卷
蔡方炳　通鑑類編六十卷
范承勳　通鑑參注
徐乾學　資治通鑑後編一百八十四卷
焦袁熹　此木軒紀年略五卷
王植　讀史綱要一卷
張庚　通鑑綱目釋地糾繆六卷　補注六卷

徐文靖　竹書統箋十二卷
孫之騄　考定竹書十三卷

紀事本末類

吳偉業　綏寇紀略十二卷
谷應泰　明史紀事本末八十卷
馮甦　滇考二卷
蔡毓榮　通鑑本末紀要八十一卷
馬驌　繹史一百六十卷
高士奇　左傳紀事本末五十四卷
楊陸榮　三藩紀事本末四卷
藍鼎元　平臺紀略一卷　附東征集六卷

別史類

傅維鱗　明書一百七十一卷
吳綏　廿二史紀事提要八卷
葉暎榴　北史豹斑三卷　周書錄要一卷　遼史紀實一卷
王廷燦　漢後書十四卷
萬斯同　歷代史表五十三卷
陳厚耀　春秋戰國異辭五十四卷　通表二卷　摭遺一卷
姚之駰　後漢書補逸二十一卷
李鳳雛　春秋紀傳五十一卷
潘永圜　讀史津逮四卷
王復禮　季漢五志十二卷
李鍇　尚史一百七卷
龍體剛　半窗史略四十二卷
郭倫　晉記六十八卷

雜史類

毛霦　平叛紀二卷
谷應泰　明倭寇始末一卷
馮甦　見聞隨筆二卷
李仙根　安南使事記一卷　安南雜記一卷
王崇簡　南渡錄一卷
楊素蘊　穀城水運紀略一卷
王士禎　召對錄一卷
趙吉士　交山平賊紀一卷
裴天錫　守鄂錄四卷
彭鵬　中藏集一卷
方象瑛　封長白山記一卷
陸隴其　戰國策去毒二卷
夏駰　交山平寇本末三卷　附詩一卷　詳文一卷　書牘一卷
楊捷　平閩記十三卷
王得一　師中紀績一卷
王萬祥　西征紀略二卷　紀盛集一卷
許盛恢　復南贛事略一卷
毛奇齡　武宗外紀一卷　後鑑錄七卷　彤史拾遺一卷
俞益謨　辦苗紀略八卷
俞美英　遜代陽秋二十八卷
孫之騄　二申野錄八卷
王萬澍　衡湘稽古五卷

奏議類

于成龍　奏牘七卷　附詩詞一卷

張勇　奏疏六卷
郝惟訥集五卷
李之芳　奏疏十五卷　附年譜一卷
曹本榮　奏議稽詢四十四卷
徐越　奏疏
胡文學　疏稿一卷
余縉　大觀堂文集三卷
楊素蘊　西臺奏議一卷　京兆奏議一卷　附曲徙録一卷①
楊雍建　奏疏　撫黔奏疏八卷
董訥　督漕疏草二十二卷
郭琇　疏稿五卷
靳輔　奏疏八卷
萬正色　平岳疏議一卷　平海疏議一卷　附平海咨文一卷　師中小札一卷
江蘩　奏議稿
朱宏祚　清忠堂奏疏
朱之錫　河防疏略二十卷
田文鏡　撫豫宣化録四卷

政書類

孫承澤　元朝典故編年考十卷
朱鳳台　治開録二集②
袁國梓　齊政録四卷
葉方恒　治萊訓迪講語一卷
嵇永仁　集政備考

---

① 按，此書爲劉祚昌集楊素蘊劾奏吴三桂之奏疏。
② "集"，民國本同，光緒本作"卷"。

蔣伊　臣鑑錄二十卷
田雯　楚儲末議二卷①　撫黔事宜一卷
趙申喬　自治官書二十四卷
朱而琦　治齊小記
彭鵬　東粵日省一卷
趙俞　治陶紀實一卷
陳鵬年　歷仕政略一卷
張鵬翼　立朝三譜三卷
　　右通制。
孫承澤　學典三十卷
郎廷極　文廟從祀先賢先儒考一卷
張安茂　頖宮禮樂全書十六卷②
湯斌　謚法類鈔一卷
王士禎　春曹儀注一卷　琉球人太學始末一卷③　國朝謚法考一卷
萬斯同　廟制圖考一卷
鍾淵映　歷代建元考十卷
翁叔元　太學志
毛奇齡　辨定嘉靖大禮議二卷　北郊配位議一卷　廟制折衷二卷　祭祀通俗譜二卷　制科雜錄一卷
陸世儀　宗祭禮一卷
孔毓慈　文廟備考十六卷
翟熤　丁祀存考七卷
王原　歷代宗廟圖考二卷

---

① "二卷"，光緒本同，民國本作"一卷"。
② "頖"，光緒本同，民國本作"類"。
③ "人"，原誤作"人"，據光緒本、民國本改。

應撝謙　家塾祀典一卷
李周望、謝履忠　國學禮樂錄二十四卷
黃琳　紀元彙考三十五卷
張行言　聖門禮樂統二十四卷
彭其位　學宮備考十卷
江蘩　四譯館考十卷　太常紀要十五卷
陳景雲　紀元要略二卷　補遺一卷
劉宗魏　歷代帝系年號二十卷
　　　右典禮。
胡文學　淮鹺本論二卷
王庭　三邑畎田志一卷
周夢顏　蘇松歷代財賦考一册
許自俊　司計全書
彭寧求　歷代山澤征稅記一卷
吳暻　左司筆記二十卷
王應憲　鹽鐵志二十卷　漕運考二卷
邱峻　泉刀匯纂
張端木①　錢錄十二卷
陳芳生　捕蝗考一卷
俞森　荒政叢書十卷
　　　右邦計。
譚吉璁　歷代武舉考一卷
　　　右軍政。
李柟　律令箋注
彭孫貽　提刑通要

————
①　"木"，原誤作"本"，據光緒本改。

蕭震　洗冤錄
楊雍建　政學編一卷
姜宸英　明史刑法志三卷
　　右刑法。
吳允嘉　浮梁陶政志一卷
　　右考工。

大清國史藝文志卷八

史　部

傳記類

黃宗羲　明儒學案六十二卷
孫奇逢　中州人物考八卷
曹溶　崇禎五十宰相傳一卷　續獻徵錄一卷①　劉豫事迹一卷
胡時忠　孔庭神在錄八卷
孫廷銓　南征紀略二卷
吳肅公、杜名齊　姑山事錄八卷
孫承澤　畿輔人物志二十卷　四朝人物略六卷　益智錄二十卷
閔元衢　羅江東外紀三卷
聞性善、聞性道　賀監紀略四卷
徐沁　謝臯羽年譜一卷
黃家遴　楊公政績記一卷
顧炎武　顧氏譜系考一卷
魏裔介　聖學知統錄二卷　續補高士傳四卷　聖學知統翼錄二卷
朱顯祖　希賢錄五卷
許纘曾　滇行紀程一卷續抄一卷　東還紀程一卷續抄一卷

---

①　"一卷"，民國本同，光緒本作"四十卷"。

趙吉士　續表忠記八卷
邵燈　天中景行集
胡文學　李贄一卷
耿介　中州道學編二卷　補編一卷
王士禎　古懽錄八卷　蜀道驛程記二卷　南來志一卷　北歸志一卷　秦蜀驛程後記二卷
杜臻　閩粵巡視紀略六卷
熊賜履　學統五十六卷
湯斌　洛學編四卷①
王鉞　粵游日記一卷
孫蕙　歷代循良錄一卷
萬斯同　儒林宗派十六卷
高兆　續高士傳五卷
陳允衡　古人幾部六卷
徐賓　歷代黨鑑五卷
潘檉章　松陵文獻錄十五卷
項玉笛　檇李往哲續編一卷
王崇炳　金華徵獻略二十卷
陳鼎　東林列傳二十四卷　留溪外傳十八卷
孫應龍　稽古名異錄
聶芳聲　豐陽人物紀略十卷
王永命　山右節烈集一卷　奇節編一卷
張學禮　使琉球記一卷
盧崇興②　治禾紀略五卷
范鄗鼎　理學備考三十四卷

---

①　"六卷"，光緒本同，民國本作"四卷"。
②　"盧"，原誤作"虞"，據光緒本改。

黄中　別本朱子年譜二卷　附錄一卷
楊慶　大成通志十八卷
張鵬翮　忠武誌八卷
陸祚蕃　粵西偶記一卷
宮夢仁　歷代名臣言行錄一百二十卷
宋際、宋慶長①　闕里廣志二十卷
彭定求　周忠介公遺事
張榕端　海岱日記一卷
李清馥　閩中理學淵源考九十二卷　閩學志略十七卷
李澄中　滇行日記二卷
毛奇齡　王文成集傳本二卷　何御史孝子祠主復位錄一卷　勝朝彤史拾遺記六卷
閻若璩　孟子生卒年月考一卷
馬教思　皖桐幽貞錄一卷
張恒明　儒林錄十九卷
高士奇　塞北小抄一卷　松亭行記二卷　扈從西巡日錄一卷
余寀　塞程別紀一卷
張夏　楊文靖年譜二卷　雒閩源流錄十九卷
張夏、胡永禔　錫山宦賢考略三卷
張伯行　道統錄二卷　附錄一卷　道南源委六卷　伊洛淵源續錄二十卷
吳存禮　梅里志四卷
朱世潤　朱子年譜六卷
吳允嘉　吳越順存集三卷　外集一卷
盛楓　嘉禾徵獻錄四十六卷

---

①　"宋"，原誤作"李"，據《清史稿·藝文志》改。

孔尚任　人瑞錄一卷
錢肅潤　道南正學編三卷
杜濬　名賢考概
王應憲　歷代名臣紀要二十卷
魏禮　寧都先賢傳
劉梅　三立祠傳贊四卷
薛應吉　孝義傳二卷　艱貞錄一卷　繆璲傳四卷
郭世勳　賢達傳四卷
李暄亨　雲中節義錄一卷
朱軾　史傳三編五十六卷
曹汾　養正圖解二卷
何屬乾　又尚集二卷
費緯祹　聖宗集要八卷
黃容　卓行錄四卷
畢曰澥　滇游記一卷　附記一卷
黃叔璥　南征紀程一卷
李紱　陸象山年譜二卷
王懋竑　朱子年譜四卷　考異四卷　附錄二卷
沈佳　明儒言行錄十卷　續錄二卷
胡作柄　荊門耆舊紀略三卷　列女紀略一卷
孟衍泰、王特選、仲蘊錦　三遷志十二卷
楊方晃　孔子年譜五卷
薛元敏傳一卷
王植　道學淵源錄一卷
楊錫紱　節婦傳十五卷
藍鼎元　修史試筆二卷　鹿洲公案二卷
康偉然　釁祀紀迹十卷

江永　考訂朱子世家一卷
王心敬　關學編五卷
彭遵泗　蜀碧四卷
李灼、黃晟　至聖編年世紀二十四卷
左宰　左忠毅年譜二卷
史珥　胡忠烈遺事四卷
周宣智　念貽謄紀一卷
舒敬亭　朱子文公傳道經世言行錄八卷
沈志禮　曹江孝女廟志十卷
張璿　太學典祀彙考十四卷
張先岳　循良前傳約編四卷
余丙　學宮輯略六卷
郭景昌　吉州人文紀略二十六卷
錢尚衡　孝史十卷
張體乾　東游紀略二卷

史鈔類

方亨咸　班馬筆記
王士禄　讀史蒙拾一卷
葉映榴　劉宋腴詞一卷　隋書鈔略二卷　五代史標新一卷　金史膚辭一卷　元史刪餘一卷
陳允錫　史緯三百三十卷
陳維崧　兩晉南北集珍六卷
沈名蓀、朱昆田　南史識小錄八卷　北史識小錄八卷

載記類

毛先舒　南唐拾遺記一卷

葉映榴　南齊佳話一卷　蕭梁典故二卷
張愉曾　十六國年表一卷
吳任臣　十國春秋一百十四卷
汪楫　中山沿革志二卷
孔尚質　十六國年表二十二卷

　　　　　　　　　　　時令類
董穀士、董炳文　古今類傳歲時部四卷
孔尚任　節序同風錄
朱濂　時令彙紀十六卷　餘日事文四卷

大清國史藝文志卷九

史　部

地理類

顧炎武　天下郡國利病書一百二十卷　肇域志二百卷
蔡方炳　增訂廣輿記二十四卷
熊賜履　天下輿地圖
朱約淳　閱史津逮
顧祖禹　方輿紀要一百三十卷
錢邦寅　歷代輿地徵信編殘本六卷
徐文靖　山河兩戒考十四卷
邵元龍　古今約說
　　右總志之屬。
顧炎武　歷代帝王宅京記二十卷
談遷　海昌外志
蘇銑　西寧志七卷
王訓　續安邱志二十五卷
宋琬　永平府志二十四卷
張貞　杞紀二十二卷
田雯　黔書二卷
毛奇齡　杭志三詰三誤辨一卷　蕭山縣志刊誤三卷
汪森　粵西統載六十卷
林謙光　臺灣紀略一卷

李騏光①　臺灣雜紀一卷②
張聖誥　登封縣志十卷
沈鼐琅　鹽井志四卷
管棆　師宗州志二卷
林本裕　遼載前集二卷
張萬壽　揚州府志四十卷
畿輔通志一百二十卷　李衛等監修。
江南通志二百卷　趙宏恩等監修。
江西通志一百六十二卷　謝旻等監修。③
浙江通志二百八十卷　嵇曾筠等監修。
福建通志七十八卷　郝玉麟等監修。
廣東通志六十四卷　郝玉麟等監修。
湖廣通志一百二十卷　邁柱等監修。
河南通志八十卷　王士俊等監修。
山東通志三十六卷　岳濬等監修。
山西通志二百三十卷　覺羅石麟等監修。
陝西通志一百卷　劉於義等監修。
甘肅通志五十卷　許容等監修。
四川通志四十七卷　黃廷桂等監修。
廣西通志一百二十八卷　金鉷等監修。
雲南通志三十卷　鄂爾泰等監修。
貴州通志四十六卷　鄂爾泰等監修。
湖南通志一百十四卷　陳宏謀等監修。

---

① "騏"，十卷本同，光緒本作"麒"。
② "紀"，光緒本、民國本皆作"記"。
③ "謝旻"，民國本同，光緒本作"尹繼善"。

續河南通志八十卷　　阿思哈監修。①
陳履中　河套志六卷
印光任、張汝霖　澳門記略二卷
　　　右都會郡縣之屬。
孫承澤　河紀二卷
黃宗羲　今水經一卷
閻廷謨　北河續記八卷
崔維雅　河防芻議六卷
顧士璉　新劉河志一卷　　婁江志二卷
翁澍　具區志十六卷
葉方恒　山東全河備考四卷
萬斯同　明代河渠考　崑崙河源考一卷
薛鳳祚　兩河清彙八卷
沈炳巽　水經注集釋訂訛四十卷
田雯　長河志十卷
陳士鑛　明江南治水記一卷
毛奇齡　湘湖水利志三卷
錢中諧　三吳水利議一卷
沈愷曾　東南水利八卷
孫宗彝　治水要議一卷
張伯行　居濟一得八卷
靳輔　治河奏績書四卷　附河防述言一卷
陳儀　直隸河渠志一卷
趙一清　水經注釋四十卷　刊誤十二卷
金友理　太湖備考十六卷

---

① 光緒本"哈"下有"等"字。

來鴻雯　蕭山水利書初集二卷①
張文瑞　蕭山水利書續集一卷　三集三卷
張學懋　蕭山水利書附集一卷
傅澤洪　行水金鑑一百七十五卷
齊召南　水道提綱二十八卷
馮祚泰　治河前策二卷　後策二卷
郭起元　水鑑六卷
沈光曾　安瀾文獻一卷
翟均廉　海塘錄二十六卷
　　右河渠之屬。
譚吉璁　延綏鎮志六卷
毛奇齡　蠻司合志十五卷
杜臻　海防述略一卷
姜宸英　江防總論一卷　海防總論一卷
　　右邊防之屬。
張能鱗　峨眉志略一卷
黃宗羲　四明山志九卷
顧炎武　昌平山水記二卷
李確　乍浦九山補志十二卷
閔麟嗣　黃山志七卷
羅森　麻姑山丹霞洞天志十七卷
蔣超　峨眉山志十八卷
彭而述　衡岳記異一卷
張萬選　太平三書十一卷
吳秋士　天下名山記鈔

---

①　光緒本"蕭"上有"重訂"二字。

孔貞瑄　泰山紀勝一卷
吳闡思　匡廬紀游一卷
張貞生　王山遺響六卷
王士禎　浯溪考二卷　長白山錄一卷補遺一卷
韓作棟　七星巖志十六卷
張崇德　恒岳志三卷
曹熙衡　峨眉山志十八卷
釋元賢　鼓山志十二卷
釋性制　龍唐山志五卷
釋德基　寶華山志十卷
釋定暠　廬山通志十二卷
張岱　西湖夢尋五卷
李標　穹窿山志六卷
柯願　蠏磯山志二卷
徐崧、張大純　百城烟水九卷
宋犖　盤山志一卷
張尚瑗　瀲水志林二十六卷
陳鵬年　焦山志二卷
景日昣　說嵩三十二卷　嵩岳廟史十卷
趙寧　岳麓志八卷
范承勳　雞足山志十卷
朱謹、陳璿　普陀山志十五卷
朱謹　馬鞍山志一卷　雞足山志一卷
徐泌　湘山志八卷
王維德　林屋民風十二卷
毛德琦　廬山志十五卷
陳文在　玉華洞志六志

傅王露　西湖志四十八卷
陶敬益　羅浮山志十二卷
宋廣業　羅浮山志會編二十二卷
錢以塏　羅浮外史
吳騫　惠陽山水紀勝四卷
馬符錄　西樵志六卷
王復禮　武夷九曲志十六卷
王概　太岳太和山紀略八卷
蔣宏任　峽石山水志一卷
釋實行　雁山圖志
姜虬綠　金井志四卷
梁詩正、沈德潛　西湖志纂十二卷
聶鈫　泰山道里記一卷
潘廷章　峽川志一卷
夏基　西湖覽勝十四卷
邱俊　南湖紀略稿六卷
　　右山川之屬。

大清國史藝文志卷十

史　部

地理類

陳宏緒　江城名迹二卷
顧炎武　營平二州地名記一卷
孫治　靈隱寺志八卷
宋犖　滄浪小志二卷
郎遂　杏花村志十二卷
程元愈　二樓小志四卷
釋大然　青原志略十三卷
釋智藏　崇恩志略七卷
釋元奇　江心志十二卷
廖文英　白鹿書院志十六卷
高士奇　金鼇退食筆記二卷
吳雲　靈谷寺志十六卷
鄭元慶　石柱記箋釋五卷
毛德琦　白鹿書院志十九卷
吳寶崖　通元觀志二卷
諸紹禹　孔宅志六卷
蕭韻　丹霞洞天志十七卷
張晹　武林志餘三十二卷

高崟、①高霪、高廷珍、高陛、②許獻　東林書院志二十二卷
厲鶚　增修雲林寺志八卷
周城　宋東京考二十卷
鄭之僑　鵝湖講學會編十二卷
畢沅　關中勝迹圖志三十二卷
　　　右古迹之屬。
孫廷銓　顏山雜記四卷
顧炎武　山東考古錄一卷　京東考古錄一卷　譎觚一卷
孫承澤　天府廣記四十四卷
畢振姬　四州文獻摘抄四卷
勞大輿　甌江逸志一卷
吳綺　嶺南風物紀一卷
閔叙　粵述一卷
王士禎　廣州游覽小志一卷
杜臻　閩越疆理記
王鉞　星餘筆記一卷
汪价　中州雜俎三十五卷
夏之符　姑孰備考八卷
陳鼎　滇黔紀游二卷
葉燮　江南星野辨一卷
吳震方　嶺南雜記二卷
陸次雲　湖壖雜記一卷
李麒光③　臺灣記略一卷
徐懷祖　臺灣隨筆一卷

---

①　"崟"，原誤作"崔"，據《四庫全書總目》改。
②　"陛"，原誤作"陞"，據《四庫全書總目》改。
③　"麒"，民國本作"麟"。

項維貞　燕臺筆錄一卷
倪璠①　神州古史考一卷　方輿通俗文一卷
方式濟　龍沙紀略一卷
黃叔璥　臺海使槎錄八卷
江德中　西粵對問
文行遠　潯陽蹠醢六卷
陳祥裔　蜀都碎事六卷
黎定國　續閩小紀一卷
錢以壒　嶺海見聞四卷
王廷燦　乘槎偶記
畢曰澪　蒼洱小記一卷
厲鶚　東城雜記二卷
孫之騄　南漳子二卷
　　右雜記之屬。
汪楫　使琉球雜錄一卷
龔翔麟　珠海奉使紀一卷
南懷仁　坤輿圖説二卷　別本坤輿外紀一卷
利類思、安文思、南懷仁　西方要記一卷
周燦　使交紀事一卷②
陸次雲　八紘譯史四卷紀餘四卷　八紘荒史一卷　峒谿纖志一卷志餘一卷③
孫致彌　朝鮮採風錄
李來章　連陽八排風土記八卷
潘鼎珪　安南紀游一卷

---

① "璠"，原誤作"璔"，據民國本改。
② "事"字原脱，據中華書局2000年版《清史稿藝文志拾遺》補。
③ "峒谿纖志一卷"，光緒本、民國本皆作"峒谿纖志三卷"。

釋同揆　洱海叢談一卷
釋大汕　海外紀事六卷
徐葆光　中山傳信錄六卷
圖理琛　異域錄一卷
陳倫炯　海國聞見錄二卷①
段汝霖　楚南苗志六卷
　　　右外紀之屬。

職官類

孫承澤　三垣筆記
袁定遠　歷代銓選志一卷
鄭端　政學錄五卷
萬斯同　歷代宰輔彙考八卷
蔡方炳　銓政論略一卷
孫鋐　爲政第一編八卷
牛天宿　百寮金鑑十二卷
凌銘麟　文武金鏡律例指南十六卷
王崇簡　三垣筆記一卷
黃叔璥　南臺舊聞十六卷
高士奇　天祿識餘一卷

目錄類

黃虞稷　千頃堂書目三十二卷
王鉞　讀書蕞殘三卷　別本讀書蕞殘二卷
錢曾　讀書敏求記四卷　述古堂書目

---

① "國"，原誤作"圖"，據民國本改。

朱彝尊　經義考三百卷
尤侗　明藝文志五卷
翟均廉　易傳辨異四卷
　　　右經籍。
曹溶　金石表一卷
孫承澤　閒者軒帖考一卷
胡世安　禊帖綜聞一卷
顧炎武　求古錄一卷　金石文字記六卷　石經考一卷
萬斯同　石經考一卷
林侗　來齋金石考三卷①
葉封　嵩陽石刻集記二卷
李光暎　觀妙齋金石文考略十六卷
周在浚　天發神讖碑釋文一卷
陳奕禧　金石遺文錄十卷
張弨　昭陵六駿贊辨一卷　瘞鶴銘辨一卷
汪士鋐　瘞鶴銘考一卷
萬經　分隸偶存二卷
劉青藜　金石續錄四卷
葉萬　續金石錄
黃叔璥　中州金石考八卷
王澍　淳化秘閣法帖考正十二卷　竹雲題跋四卷
褚峻、牛運震　金石經眼錄一卷　金石圖二卷
杭世駿　石經考異二卷
　　　右金石。

——————

① "三卷"，民國本同，光緒本作"一卷"。

史評類

吴肅公　讀書論世十六卷
孫廷銓　漢史億二卷
華慶遠　論世八編十二卷
黄宗羲　歷代甲子考一卷
魏裔介　經世編七十二卷　鑑語經世編二十七卷
蔣超　論史百篇
胡夢泰　弱樊園論史書後一卷
郝浴　史論二卷
申涵盼　史籟一卷
黄鵬揚　讀史吟評一卷　史評辨正四卷
張彦士　讀史矕疑十卷
談遷　史論六卷
賀裳　史折三卷　續一卷
施鴻　澂景堂史測十四卷
金維寧　垂世芳型十三卷
陳詵　資治通鑑述①
尤侗　看鑑偶評五卷
邵遠平　史學辨誤十二卷
朱嘉徵　經世書一百卷
張篤慶　班范肪截四卷　五代史肪截四卷
黄叔琳　史通訓故補二十卷
仲宏道　增定史韻四卷　附讀史小論一卷
葛震　詩史十二卷　四言史徵十二卷

---

① 光緒本、民國本皆著録作"一卷"。

秦鏡　通鑑大感應錄二卷
王建衡　讀史辨惑
朱直　史論初集
夏敦仁　十七史論九卷　年表一卷
張鵬翼　芝壇史案五卷
浦起龍　史通通釋二十卷
宋士宗　史學正藏五卷
費宏灝　讀史評論六卷
郭倫　十七朝史論一得一卷
劉風起　石溪史話八卷
周池　唐鑑偶評四卷

清代藝文略

朱師轍 述　李 兵 整理

底本：國家圖書館藏1935年華西協合大學哈佛燕京學
　　社印本

總　　叙

　　清代學術,卓越宋元明,著述之富,考訂之精,校勘之勤,胥足述焉。四部之中,以經學爲最,蓋清儒多由小學通訓故爲根柢,益以考證名物,發明精義,其於派别源流,釐然不亂,遂成專科,才知之士,瘁力於此。史部雖有宏著,然較治經則不逮遠甚,又皆以條考雜記爲夥,而能總挈綱要,筆削纂述,成一家之言,而爲史之正宗者蓋寡。子部率多考校注釋秦漢諸子,其雜考經文,糾正史事,彙編而成者亦衆,至於發揮學説,自創宗風,獨立成家者則鮮。集部以文鳴者,實不乏其人,取則漢魏六朝唐宋,駢散各體,胥有專家,派出相承,率能繼軌,又以經義子史考訂之文成集者頗多,詩亦稱盛,詞尤超佚前朝,追縱宋代,曲仿元人,亦足與明並駕。有清一代學術,綜而計之,以經學爲極盛,以子部爲最衰。

　　有清經籍廣博,學術浩穰,好學之士,苦難研求,斯編采取《清史・藝文志》四部之書,挈要講授,略述學術源流派别,間及思想趨勢,以便學子自修鑽研,易得途徑,兹將《清史藝文志序》錄後:①

　　清代肇基東陲,造創伊始,文教未宏。太宗首命大學士希福等譯遼、金、元三史,逮世祖,譯史告成。二年,又有議修《明史》之詔。惟其時區宇未寧,日不暇給,是以石渠之建,猶未遑焉。聖祖繼統,詔舉博學鴻儒,繼修《明史》,復纂諸《經解》、《圖書集成》等書,以綱羅遺逸,拔擢英才,宏獎斯文,潤

---

① "藝"字原脱,據上下文意補。按,此應爲關内本《清史稿藝文志序》,關外本與此詳略互異。

色鴻業，馴致太平之治，而海內彬彬靡然向風矣。世宗嗣位，再舉鴻詞，未行而崩。高宗初元，繼試鴻博，采訪遺書。乾隆三十七年，諭曰："朕稽古右文，聿資治理，幾餘典學，日有孜孜。因思策府縹緗，載籍極博，其鉅者羽翼經訓，垂範方來，固足稱千秋法鑑，即在識小之徒，專門撰述，細及名物象數，兼綜條貫，各自成家，亦莫不有所發明，可爲游藝養心之助。然或逸在名山，未登柱史，正宜及時採集，彙送京師，以彰千古同文之盛。其令直省督撫、學政加意購訪，量爲給價，家藏鈔本，錄副呈送。庶幾藏在石渠，用儲乙覽，四庫七略，益昭美備，稱朕意焉。"於是安徽學政朱筠條奏明《永樂大典》內多古書，請開局纂輯，繕寫各自爲書。時《永樂大典》儲翰林院，已有殘缺，原書爲卷二萬二千九百三十七，缺二千四百四卷，存二萬四百七十三卷，爲册九千八百八十一。高宗下筠議，大學士于敏中力贊其説。明年，詔設四庫全書館，以皇子永瑢、①大學士于敏中等爲總裁，侍郎紀昀、大理寺卿陸錫熊等爲總纂，其纂修等官則有戴震、邵晉涵、周永年、②莊存與、任大椿、③王念孫、姚鼐、翁方綱、朱筠等，與事者三百餘人，皆博選一時之俊。歷二十年，始繕寫告成。先後編輯之書三百八十五種，以聚珍版印行百餘種。三十九年，催繳直省藏書，四方競進秘籍甚衆，江、浙督撫採進者達四五千種，浙江鮑士恭、范懋柱、汪啓淑、江蘇馬裕家藏之籍，呈進者各六七百種，周厚堉、④蔣曾瑩、吳玉墀、孫仰曾、汪汝瑮等亦各進書百種以上。至是天府之藏，卓越前代，特命紀昀等撰《四庫全書總

---

① "瑢"，原誤作"溶"，據中華書局1977年版《清史稿·藝文志》注釋（一）所錄關內本《清史稿藝文志序》（以下簡稱"關內本序"）改。
② 關內本序無"周永年"。
③ "椿"，原誤作"樁"，據關內本序改。
④ "周"，原誤作"用"，據關內本序改。

目》，著録三千四百五十八種，存目著録六千七百八十八種，都一萬二百四十六種。復以《總目提要》卷帙浩繁，學子繙閲匪易，又命紀昀就《總目》之書别纂《四庫簡明目録》，其存目之書不預焉。先是高宗命擷《四庫》精華，都四百六十四種，①繕寫《薈要》，藏諸摛藻堂及味腴書屋，②以備御覽。

當是時，四庫寫書至十六萬八千册，蓋鈔《全書》四分、《薈要》二分，其《全書》③分庋京師文淵、④京西圓明園文源、⑤奉天文溯、熱河文津四閣，復簡選精要，命武英殿刊版頒行。四十七年，詔再寫三分，分貯揚州大觀堂之文匯閣、鎮江金山寺之文宗閣、杭州聖因寺玉蘭堂之文瀾閣，令好古之士欲讀中秘書者，任其入覽。用是海内從風，人文炳蔚，學術昌盛，方駕漢唐。後文源載籍燼於英法聯軍，文匯、文宗毁於洪楊之亂，文瀾亦有散佚。獨文淵、文溯、文津三閣之書，巍然具存，書皆鈔本，其宋元精槧，多儲大内天禄琳瑯等處，載諸《宮史》；而外省督撫，禮聘儒雅，廣修方志，郡邑典章，粲然大備。阮元補《四庫》未收書四百五十四種，復刊學海堂《經解》一千四百十二卷，王先謙續刊一千三百十五卷，甄采精博，一代經學人文萃焉。曾國藩督兩江，倡設金陵、蘇州、揚州、浙江、武昌官書局，張之洞督粵，設廣雅書局，皆慎選通儒，審校群籍，廣爲剞劂，以惠士林，而私家校勘，精鏤亦夥，叢書之富，曩代莫京。

清之末葉，歐風東漸，科學日昌。同治初，設江南製造局，始譯西籍。光緒末，復設譯書局，流風所被，譯書競出，憂

---

① "種"，關内本序作"部"。
② "摛"，原誤作"𣂏"，據關内本序改；"及味腴書屋"五字，關内本序無。
③ "蓋鈔《全書》四分、《薈要》二分，其《全書》"，關内本序作"詔鈔四分"。
④ "淵"，原誤作"源"，據關内本序改。
⑤ "源"，原誤作"淵"，據關内本序改。

世俊英,群研時務。是時敦煌寫經,殷墟龜甲,異書秘寶,胥見壇壝,實足獻納藝林,宏裨學術,其間碩學名儒,各標宗派,故鴻篇鉅製,不可殫紀。

　　藝文舊例,胥列古籍,清代《總目》,既已博載,兹志著錄,取則《明史》,斷自清代,四部分類,多從《總目》,審例訂訛,間有異撰。清儒著述,《總目》所載,捋采靡遺,存目稍無,斠錄從慎。乾隆以前,漏者補之,嘉慶以後,缺者續之,苟有纖疑,則從蓋闕。前朝群書,例既弗錄,清代輯佚,異乎斯旨,裒纂功深,無殊撰述,故附載焉。

藝文略一

經部十類：一易類，二書類，①三詩類，四禮類，五樂類，六春秋類，七孝經類，八四書類，②九經總義類，十小學類

易　類

《易》自伏羲制卦，文王繫辭，孔子作《十翼》，《易》歷三聖，義始大明。自魯商瞿受《易》孔子，六傳至漢田何，漢《易》皆祖田何，大義略同，惟京房爲異，獨費直《易》與古文合。漢初説《易》，皆主義理，切人事，焦延壽、京房始言災異、陰陽、術數，鄭玄兼習京、費二家之《易》。至魏王弼《易注》，復舍象數，言義理，間雜《老》《莊》之旨，而鄭、王之學並行。迨唐孔穎達撰《義疏》，屏鄭用王，而漢《易》遂廢。至宋陳摶作《先天後天圖》，③劉牧、邵雍傳其學，以數推理，而《易》又一變；程頤《易傳》，出數言理，朱子主復古本，作《周易本義》。此後多宗程朱，間有以圖象說《易》者。至明敕撰《周易大全》，宗程朱而兼取象數，龐雜割裂，無所取裁，以爲一代取士準則，而漢《易》盡亡。此清以前各朝易學治革之大概也。

清初王夫之撰《周易稗疏》，排京房，攻陳摶，言必徵實，義必切理；黃宗羲撰《易學象數論》，④力闢邵雍，其弟宗炎撰《周易象辭》《尋門餘論》《周易辨惑》，則擊陳摶。雖入清代，然皆明之

---

① "書"，原誤作"易"，據上下文意改。
② "類"，原誤作"種"，據上下文意改。
③ "摶"，原誤作"搏"，據上下文意改，下"陳摶"同。
④ "黃"，原誤作"集"，據民國十七年清史館排印本《清史稿·藝文志》（以下引用該書皆據此本）及上下文意改。

遺老，各家撰述，頗有卓見，而漢學家法，終未大明。惟李塨《周易傳注》頗爲淳實，胡渭《易圖明辨》舍數言理，無穿鑿之失。

梁啓超《清代學術概論》云："胡渭之《易圖明辨》，大旨辨宋以來所謂《河圖》《洛書》者，傳自邵雍。雍受諸李之才，之才受諸道士陳摶，①非羲、文、周、孔所有，與《易》義無關。此似更屬一局部之小問題，何故認爲與閻若璩書有同等之價值耶？須知所謂'無極''太極'，所謂《河圖》《洛書》，實組織'宋學'之主要根核。宋儒言理，言氣，言數，言命，言心，言性，無不從此衍出。周敦頤自謂'得不傳之學於遺經'，程朱輩祖述之，謂爲道統所攸寄，於是占領思想界五六百年，其權威幾與經典相埒。渭之此書，以《易》還諸羲、文、周、孔，以《圖》還諸陳、邵，并不爲過情之抨擊，而宋學已受'致命傷'。自此，學者乃知宋學自宋學，孔學自孔學，離之雙美，合之兩傷。自此，學者乃知欲求孔子所謂真理，舍宋人所用方法外，尚別有其途。不寧唯是，我國人好以'陰陽五行'説理，不自宋始，蓋漢以來已然。一切惑世誣民汨靈窒智之邪術，皆緣附而起。胡氏此書，乃將此等異説之來歷，和盤托出，使其不復能依經訓以自重，此思想一大革命也。"

毛奇齡述仲兄錫齡言，作《仲氏易》，又作《推易始末》《春秋占筮》《易小帖》等書，謂"易"有變易、交易、反易、對易、移易五義，牽合附會，務求詞勝。東吳惠氏，世傳易學，周惕撰《易傳》，子士奇撰《易説》，專明漢例，但采擇未純，至孫棟撰《周易述》，以虞翻、鄭玄爲主，兼采兩漢《易》説，旁通曲證，然全書未竟，閒人江藩繼之作《周易述補》，棟又撰《易漢學》②《易例》《周易本義辨

---

① "摶"，原誤作"搏"，據中華書局 2015 年版《清代學術概論》（以下引用該書皆據此本）改。

② "漢"字原脱，據《清史稿·藝文志》補。

證》,胥遵漢儒。江都焦循撰《易章句》,其體例略仿虞氏,又撰《周易通釋》,采卦爻之辭,字以類從,貫通其義,綜以書九數之旨,復提其要爲《易圖略》,發明旁通相錯時行之義,其餘説《易》各種,皆有補助發明,卓然成一家之言。武進張惠言撰《周易鄭氏義》《虞氏義》《周易易禮》《虞氏消息》各書,於鄭、荀、虞諸家,①求其條貫,明其統例,釋其疑滯,獨成顓門之學。其後姚配中、戴棠、胡祥麟、方申等宗其義,多以象數爲主,或雜援讖緯,然仍遵漢儒家法。若錢澄之、李光地、楊名時、查慎行之書,則崇宋黜漢,率多臆測之談,皆不逮惠、焦。以上多本江藩、劉師培説。清代言漢《易》者,惠棟造其基,焦循、張惠言集其成,張惠言爲顓門,焦循爲通學,而先博士《六十四卦經解》各著,亦爲專家也。

讀易大旨五卷② 孫奇逢撰。③

周易疏四卷　考異一卷　易内傳六卷　發例一卷　周易大象解一卷　周易外傳七卷 王夫之撰。④

易學象數論六卷 孫奇逢撰。

周易象辭二十一卷　尋門餘論二卷　圖書辨惑一卷 黄宗炎撰。

田間易學十二卷 錢澄之撰。

周易通論四卷　周易觀彖十二卷 李光地撰。

合訂删補大易集義粹言八十卷 納喇性德撰。

仲氏易三十卷　推易始末四卷　春秋占筮書三卷　易小帖五卷　太極圖説遺議一卷　河圖洛書原舛編一卷 毛奇齡撰。

周易傳義合訂十二卷 朱軾撰。

---

① "荀",原誤作"苟",據清道光九年廣東學海堂刻咸豐十一年補刻《皇清經解》本(以下簡稱"《皇清經解》本")《周易虞氏義》卷一改。

② "易",原誤作"惠",據《清史稿·藝文志》改。

③ "孫"上,原衍一"惠"字,據《清史稿·藝文志》刪。

④ "夫",原誤作"先",據《清史稿·藝文志》改。

易圖明辨十卷　胡渭撰。
周易傳注七卷　周易筮考一卷　李塨撰。
周易劄記二卷　楊名時撰。
周易玩辭集解十卷　易說一卷　查慎行撰。
易經詮義十五卷　易經如話十五卷　汪紱撰。
周易洗心九卷　任啓運撰。
讀易別錄三卷　全祖望撰。
卦氣解一卷　八卦觀象解二卷　彖傳論一卷　象象論一卷　繫辭傳論二卷　莊存與撰。
大易擇言三十六卷　程氏易通十四卷　易說辨正四卷　程廷祚撰。
易說六卷　惠士奇撰。
周易述九卷　易微言二卷　易漢學八卷　易例二卷　易大誼一卷　周易本義辨證五卷　惠棟撰。
周易述補四卷　江藩撰。
周易述補五卷　李林松撰。
孫氏周易集解十卷　孫星衍撰。
卦本圖考一卷　胡秉虔撰。
卦氣解一卷　周易考異二卷　宋翔鳳撰。
周易虞氏義九卷　虞氏消息二卷　虞氏易禮二卷　虞氏易事二卷　虞氏易言二卷　虞氏易候一卷　虞氏易變表二卷　周易鄭氏義二卷　周易荀氏九家義一卷　易別錄十四卷　易圖條辨一卷　易緯略義三卷　張惠言撰。
易說十二卷　易說便錄二卷　郝懿行撰。
易章句十二卷　易通釋二十卷　易圖略八卷　周易補疏二卷　易餘籥錄二十卷　易話二卷　易廣記三卷　焦循撰。
易經異文釋六卷　李氏集解賸義三卷　校異二卷　李富孫撰。
周易虞氏略例一卷　李銳撰。

六十四卦經解八卷　　易鄭氏爻辰廣義二卷　　經傳互卦卮言一
　卷　　易章句異同一卷　　易消息升降圖二卷　　學易札記四卷
　　　朱駿聲撰。
周易姚氏學十六卷　　周易通論月令二卷　　姚配中撰。
易碓十二卷　　許桂林撰。
虞氏易消息圖說一卷　　胡祥麟撰。
周易舊疏考證一卷　　劉毓崧撰。
鄭氏爻辰補六卷　　戴棠撰。
諸家易學別錄一卷　　虞氏易學彙編一卷　　周易集證一卷　　周
　易互體詳述一卷　　周易卦變舉要一卷　　方申撰。
周易故訓訂一卷　　黃以周撰。
陳氏易說四卷　　讀易漢學私記訂一卷　　陳壽熊撰。
易貫五卷　　玩易篇一卷　　艮宧易說一卷　　邵易補原一卷　　卦
　氣直日解一卷　　易窮通變化論一卷　　八卦方位說一卷　　卦
　象補考一卷　　周易互體徵一卷　　俞樾撰。
周易解爻例一卷　　成蓉鏡撰。
易經通論一卷　　皮錫瑞撰。

書　類

　　江藩《清朝經師經義目錄》云："《尚書》有二：一爲今文，伏生
所授也；一爲古文，孔安國所傳也。《書》本百篇，孔子序之，遭秦
滅學。至漢，唯濟南伏生口傳二十八篇：一《堯典》，合《舜典》爲
一篇；二《皋陶謨》，合《益稷》爲一篇；三《禹貢》；四《甘誓》；五
《湯誓》；六《盤庚》；七《高宗肜日》；八《西伯戡黎》；①九《微
子》；十《牧誓》；十一《洪範》；十二《金縢》；十三《大誥》；十四

---

①　"戡"字原磨滅，據《粵雅堂叢書》本《國朝漢學師承記》（以下引用該書皆據此
　　本）補。

《康誥》;十五《酒誥》;十六《梓材》;十七《召誥》;十八《洛誥》;十九《多士》;二十《無逸》;二十一《君奭》;二十二《多方》;二十三《立政》;二十四《顧命》,合《康王之誥》爲一篇;二十五《吕刑》;二十六《文侯之命》;二十七《粊誓》;二十八《秦誓》。又河内女子得《泰誓》一篇獻之,共二十九篇。伏生作《尚書傳》四十一篇,以授同郡張生,張生授千乘歐陽生,歐陽生授同郡兒寬,寬授歐陽生之子,世世傳之,至曾孫歐陽高,謂之《尚書》歐陽之學。又有夏侯都尉受業於張生,以授族子始昌,始昌傳族子勝,爲大夏侯之學;勝授從子建,別爲小夏侯之學。於是有歐陽、大、小夏侯三家,訖漢東京,相傳不絶,是謂《今文尚書》。漢武帝時,魯恭王壞孔子宅,得《古文尚書》,孔安國以今文字讀之,因以起其家,增多一十六篇:《舜典》一,《汨作》二,《九共》三,《大禹謨》四,《棄稷》五,《五子之歌》六,《允征》七,《湯誥》八,《咸有一德》九,《典寶》十,《伊訓》十一,《肆命》十二,《原命》十三,《武成》十四,《旅獒》十五,《臩命》十六。鄭康成謂之二十四篇者,分《九共》爲九篇也。遭巫蠱事,不得列於學官,故稱《逸書》,亦稱中古文。其傳之者都尉朝,朝授膠東庸生,庸生授胡常,常授徐敖,敖授王璜、涂惲,惲授桑欽。成、哀時,劉向父子校理秘書,皆見之。後漢賈徽受業於涂惲,傳子逵。又有孔僖者,安國後也,世傳其學。尹敏、周防、周磐、楊倫、張楷、孫期,亦習古文。又有扶風杜林,得西州漆書,互相考證,以授衛宏、徐巡,馬融亦傳其學。鄭君康成先受古文於張恭祖,既游馬融之門,乃淵源於孔氏,又通杜林漆書者也,是謂《古文尚書》。然增多之一十六篇,馬融云'絶無師説',蓋安國以今文讀之,校其文字,習其句讀而已。漢儒重師承,無師説者,不敢强爲之解。則張楷之注,賈逵之訓,馬融之傳,康成之注,亦但解伏生所傳之二十八篇,其一十六篇皆無注釋也,所以謂之《逸書》。《逸書》者，非逸其文，其説逸而無考也。其後《武成》亡于建武之際。至東漢之末，《允征》《伊訓》猶有存者，故康成注《書》，間一引之，如《禹貢》注引《允征》，《典寶》注引《伊訓》之類。迄乎永嘉，師資道喪，二京逸典，咸就滅亡。江左中興，元帝時，豫章内史梅賾奏上《古文尚書》，自云'晋太保鄭沖，以《古文尚書》授扶風蘇愉，愉授天水梁柳，柳授城陽臧曹，曹授汝南梅賾'。賾所上之書，增多古文二十五篇：一《大禹謨》，二《五子之歌》，三《允征》，四《仲虺之誥》，五《湯誥》，六《伊訓》，七《太甲上》，八《太甲中》，九《太甲下》，十《咸有一德》，十一《説命上》，十二《説命中》，十三《説命下》，十四《泰誓上》，十五《太誓中》，十六《太誓下》，十七《武成》，十八《旅獒》，①十九《微子之命》，二十《蔡仲之命》，二十一《周官》，二十二《君陳》，二十三《畢命》，二十四《君牙》，二十五《冏命》。是爲僞《古文尚書》、僞《孔傳》。齊建武中，吳姚方興於大航市得《舜典》一篇奏上，比馬、鄭注多'曰若稽古帝舜，曰重華，協于帝，濬哲文明，温恭允塞，玄德升聞，乃命以位'二十八字，乃分《堯典》之半爲《舜典》，此又僞中之僞也。時梁武爲博士，駁之，遂不行。至唐孔穎達爲《正義》，取僞孔《書》，又取此説，反斥鄭氏所述之二十四篇爲張霸僞造。張霸僞造者，乃《百兩篇》，成帝時，劉向以古文校之，非是，遂黜其書。《漢書·儒林傳》先述孔壁《逸書》，後叙《百兩篇》，則《逸書》非《百兩》明矣。且《逸書》及《百兩篇》，劉向父子領校秘書時，皆得見之，豈有向明知其僞而撰《别録》仍取霸書乎？歆撰《三統曆》，述《伊訓》《武成》《畢命》諸篇，悉孔壁古文，豈有歆亦知其僞而取其説乎？沖遠之説，可謂游談無根矣。自此以後，《正義》大行，而馬、鄭之注皆亡。至宋，吳棫、朱子始疑其僞，繼

---

① "十"，原誤作"大"，據上下文意改。

之者吳草廬、郝京山、梅鷟也，然皆未能抉其奧，探其蘊。逮國朝閻氏、惠氏出，而僞古文寖微，馬、鄭之學，復顯於世矣。"觀子屏所述，今、古文《尚書》之真僞沿革，已可憭然，然關於清代《尚書》學之評論，劉師培《經學傳授考》頗能挈其要，兹録其説於下：

劉氏云："自吳澄、梅鷟攻僞古文，①太原閻若璩作《古文尚書疏證》，灼見古文孔傳之僞，

《清代學術概論》云："《尚書古文疏證》，專辨東晉晚出《古文尚書》十六篇及同時出現之孔安國《尚書傳》皆爲僞書也。此書之僞，自宋朱熹、元吳澄以來，既有疑之者；顧雖積疑，②然有所憚而莫敢斷；自若璩此書出而讞乃定。夫辨十數篇之僞書，則何關輕重？殊不知此僞書者，千餘年來，舉國學子人人習之，七八歲便都上口，心目中恆視爲神聖不可侵犯；歷代帝王，經筵日講，臨軒發策，咸所依據尊尚。毅然悍然辭而闢之，非天下之大勇，固不能矣。自漢武帝表章六藝、罷黜百家以來，國人之對六經，只許徵引解釋，不許批評研究。韓愈所謂'曾經聖人之手，議論安敢到？'若對於經文之一字一句稍涉擬議，便自覺陷於'非聖無法'，③戚然不自安於其良心，非特畏法綱、憚清議而已。凡事物之含有宗教性者，例不許作爲學問上研究之問題。一作爲問題，其神聖之地位固已動搖矣！今不唯成爲問題而已，而研究之結果，乃知疇昔所共奉爲神聖者，其中一部分實糞土也，則人心之受刺激起驚愕而生變化，宜何如者？蓋自兹以往，而一切經文，皆可以成

---

① "鷟"，原誤作"鸚"，據岳麓書社2013年版劉師培《經學教科書》（以下引用該書皆據此本）改。
② "顧"，原誤作"然"，據《清代學術概論》改。
③ "陷於"，原誤作"於陷"，據《清代學術概論》乙正。

爲研究之問題矣。再進一步，而一切經義，皆可以成爲研究之問題矣。以舊學家眼光觀之，直可指爲人心世道之憂。當時毛奇齡著《古文尚書冤詞》以難閻，自比於抑洪水、驅猛獸。光緒間，有洪良品者，猶著書數十萬言，欲翻閻案，意亦同此。以吾儕今日之眼光觀之，則誠思想界之一大解放。後此今古文經對待研究，成爲問題；六經諸子對待研究，成爲問題；中國經典與外國宗教哲學諸書對待研究，成爲問題；其最初之動機，①實發於此。"

惟體例未純，不足當疏證之目。弟子宋鑑廣其義，別作《尚書考辨》。厥後，惠棟作《古文尚書考》，江聲從棟受業，作《尚書集注音疏》，江南學者多遵之。王鳴盛作《尚書後案》，孫星衍作《尚書古今文注疏》，②咸崇今文，黜僞孔，以馬、鄭傳注爲宗。段玉裁作《古文尚書撰異》，③亦詳於考覈，惟毛奇齡崇信僞古文，作《古文尚書冤詞》。朱鶴齡亦信僞古文。

　　按，擁護僞古文者，毛奇齡後，有王劼《尚書後案駁正》、張崇蘭《古文尚書私議》、吳光耀《古文尚書正辭》、洪良品《尚書古文辨惑》《釋難》《析疑》《商是》諸書，皆崇信僞古文，爲之申辯，用力亦頗勤，胥劉氏所未睹。

厥後，莊存與諸人亦言僞《尚書》不可廢，存與作《尚書既見》，以宣究微言，其甥劉逢禄亦作《書序述聞》，並作《尚書古今文集解》。及魏源作《書古微》，以馬、鄭之學出於杜林漆書，並疑杜林漆書爲僞作，乃排黜馬、鄭，上溯西漢今文家言，雖武斷穿鑿，亦間有善言。龔自珍治《尚書》，亦作《太誓答問》，以今文《太

---

① "最"字原脱，據《清代學術概論》補。
② "今"字原脱，據《經學教科書》補。
③ "撰"，原誤作"考"，據《皇清經解》本《古文尚書撰異》本書題名及《清史稿·藝文志》改。

誓》爲僞書，常州學派多從之。若李光地《尚書解義》、張英《書經衷論》，據理臆測，至不足觀。若夫釋《尚書》天文者，有盛百二《尚書釋天》，而胡渭《洪範正論》並闢災異五行之說。雖不守漢儒家法，然辯惑之功則甚大。釋《尚書》地理者，有蔣廷錫《尚書地理今釋》，而胡渭《禹貢錐指》辨證尤詳，精於往哲。"

按，丁晏《禹貢錐指正誤》、陳澧《考正胡氏禹貢圖》二書，皆有訂補胡氏之功。後起之儒，有朱鶴齡、徐文靖、焦循、程瑤田、成蓉鏡，詮釋《禹貢》，咸有專書。此清儒之《尚書》學也。

劉氏所論諸書之外，尚有最重要者數家：先博士《尚書古注便讀》於今文詳爲注釋，天文皆徵諸曆算，地理則釋以今地，而於僞古文，博考古籍，詳注出處，尤爲他家所不及。陳喬樅《今文尚書經說考》捃拾宏富，今文家說多存。王先謙《尚書孔傳參正》兼疏今古文，詳明精確，亦爲善本。皮錫瑞《書經通論》頗有獨到處。故治《尚書》當以孫、星衍。陳、朱、王諸家爲主。

書經稗疏四卷　尚書引義六卷　王夫之撰。

尚書埤傳十七卷　禹貢長箋十二卷　朱鶴齡撰。

書經衷論四卷　張英撰。

尚書解義一卷　尚書句讀一卷　洪範說一卷　李光地撰。

古文尚書疏證八卷　閻若璩撰。

古文尚書冤詞八卷　尚書廣聽錄五卷　舜典補亡一卷　毛奇齡撰。

禹貢錐指二十卷　圖一卷　洪範正論五卷　胡渭撰。

尚書地理今釋一卷　蔣廷錫撰。

禹貢會箋十二卷　徐文靖撰。

尚書既見三卷　尚書說一卷　莊存與撰。

晚書訂疑三卷　程廷祚撰。

尚書後案三十卷　附後辨一卷　王鳴盛撰。

尚書後案駁正二卷　王劼撰。

尚書釋天六卷　盛百二撰。
禹貢三江考三卷　程瑤田撰。
古文尚書考二卷　惠棟撰。
尚書考辨四卷　宋鑑撰。
尚書義考二卷　戴震撰。
古文尚書撰異三十三卷　段玉裁撰。
古文尚書正辭三十三卷　吳光耀撰。
尚書今古文疏證七卷　莊述祖撰。
尚書今古文注疏三十卷　古文尚書馬鄭注十卷　尚書逸文二卷　孫星衍撰。
尚書叙錄一卷　胡秉虔撰。
尚書集注音疏十二卷　尚書經師系表一卷　江聲撰。
禹貢鄭注釋二卷　尚書補疏二卷　焦循撰。
尚書今古文集解三十卷　書序述聞一卷　劉逢祿撰。
禹貢集釋三卷　禹貢錐指正誤一卷　禹貢蔡傳正誤一卷　尚書餘論一卷　丁晏撰。
尚書古注便讀四卷　朱駿聲撰。
太誓答問一卷　龔自珍撰。
古文尚書私議二卷　張崇蘭撰。
考正胡氏禹貢圖一卷　陳澧撰。
今文尚書經說考三十八卷　尚書歐陽夏侯遺說考一卷　陳喬樅撰。
書古微十二卷　魏源撰。
達齋書說一卷　生霸死霸考一卷　九族考一卷　俞樾撰。
尚書曆譜二卷　禹貢班義述二卷　成蓉鏡撰。
尚書古文辨惑十八卷　尚書古文釋難二卷　尚書古文析疑一

卷　尚書古文商是一卷　洪良品撰。①
今古文尚書考證三十卷　書經通論一卷　皮錫瑞撰。
尚書孔傳參正三十六卷　王先謙撰。
尚書大傳考異補遺一卷　盧文弨撰。
別本尚書大傳三卷　補遺一卷　孫之騄編。
尚書大傳注四卷　孔廣森撰。
尚書大傳注五卷　五行傳注三卷　陳壽祺撰。

詩　類

　　詩之興，始於唐虞之世，《書》云"詩言志，歌永言"，是《詩》之名昉於此，而無篇章之傳，意者年湮代遠，不可考也。或謂古《詩》有三千餘篇，自孔子刪之，純取周詩，上采殷，下取魯，凡三百十一篇，言三百者，舉大數也。其後又亡六篇，至漢毛公作傳，實止三百五篇。《詩》遭秦火而得全者，以諷誦者多，不專在竹帛故也。漢興，有齊、魯、韓、毛四家，皆言出於子夏。齊人轅固生作《詩傳》，號曰《齊詩》；魯人申培，受《詩》浮邱伯，以《詩經》爲教，無傳，號曰《魯詩》；燕人韓嬰，推《詩》之意，作《內》《外傳》，號曰《韓詩》。三家皆立於學官。又有毛氏之學，河間人毛亨爲《故訓傳》，授趙人毛萇，世因稱亨爲大毛公，萇爲小毛公，號其《詩》曰《毛詩》，未得立。後漢鄭衆、賈逵傳《毛詩》，馬融作《毛詩注》，鄭玄作《毛詩箋》。先儒相承，謂《毛詩序》，子夏所創，毛公及衛敬仲又加潤益。《齊詩》魏代已亡，《魯詩》亡於西晉，《韓詩》唐時猶存，今則僅存《外傳》，惟《毛傳》《鄭箋》獨盛行。唐孔穎達屬作《正義》，守"疏不破注"之例，《毛詩》古義，賴以得存。至宋歐陽修《詩本義》，與鄭立異，不主一家；蘇轍作

---

① "良"，原誤作"艮"，據《清史稿·藝文志》改。

《詩經説》,專務新奇;朱子又采鄭樵説,攻小序,作《詩集傳》,棄序不用,惟雜采毛、鄭及三家《詩》,而《詩》義以淆。元延祐定科舉法,以之取士,遂由明至清,相承沿用,毛、鄭日衰。

　　清初王夫之《詩經稗疏》詳於名物訓詁,《詩廣傳》亦多新義,《詩經考異》尚未賅備,《叶韻辨》持論雖圓通,然是時古韻尚未大明,故終未能透澈。至錢澄之《田間詩學》、嚴虞惇《讀詩質疑》、顧鎮《虞東學詩》、范家相《詩瀋》,雜取漢、宋,調停毛、朱,殊無家法;毛奇齡《毛詩寫官記》《詩札》、顧棟高《毛詩類釋》,皆多鑿空之詞;朱鶴齡《詩經通義》,雖力博廢序之非,而又采歐陽修、蘇轍等之説,亦博而不純;陳啓源與鶴齡同里,商榷《毛詩》,撰《毛詩稽古編》,實宗鄭學,訓詁聲音折衷《爾雅》,草木蟲魚取則陸《疏》,雖未標漢幟,已隱倡宗風,或譏其附録,牽及雜説,盛稱佛教,固爲小疵,然瑕不掩瑜,仍不失尺璧之美也。其後李黼平《毛詩紬義》、戴震《毛鄭詩考》,咸宗漢詁,漸趨醇粹;段玉裁受業戴震,復作《毛詩故訓傳》《詩經小學》,以校訂古經,然擇言短促,規模雖立,未臻美備。惟馬瑞辰《毛詩傳箋通釋》、胡承珙《毛詩後箋》,①號爲精博,始各成家。馬氏糾孔穎達之失,時有心得而不鑿,胡氏徵引豐富,斷制謹嚴,間有申毛糾鄭,已開陳奐舍鄭用毛先路。承珙撰述,僅至《魯頌》,未竟而卒,《泮水》以下,陳奐爲補成之。奐受業段玉裁,撰《詩毛氏傳疏》,專宗《毛傳》,篤信小序,集衆説之大成,洵《毛詩》之專家;又撰《毛詩音》以存古音韻;《毛詩傳義類》以存古訓詁;《毛詩説》則作説舉例,立表示圖,以明《毛詩》條例;《鄭氏箋考徵》則摭采韓、齊、魯遺説,以證《鄭箋》據以改毛,皆極精覈。至若惠周惕《詩説》、莊存與《毛詩説》,舍訓詁而究微言,注漸開今文學派之風。及魏

――――――――
　　① "珙",原誤作"琪",據《清史稿·藝文志》改。

源《詩古微》,斥毛鄭而宗三家,采取淆雜,丁晏宗毛鄭而兼考三家。清代專研究三家《詩》者,范家相有《三家詩拾遺》,阮元有《三家詩補遺》,馮登府有《三家詩異文疏證》及《補遺》;陳壽祺有《三家詩遺說考》,其子喬樅亦有《三家詩遺說考》,蓋繼續其父之業,愈加精密,又有《四家詩異文考》;王先謙有《詩三家義集疏》。諸家以陳、王為詳瞻。迮鶴壽有《齊詩翼氏學》,喬樅亦有《齊詩翼氏學疏證》,宋緜初有《韓詩內傳徵》,臧庸有《韓詩遺說》及《訂訛》,馬國翰復輯齊、魯、韓各家《詩》,皆有拾遺補闕之功。其他如洪亮吉《毛詩天文考》、焦循《毛詩地理釋》《毛詩艸木蟲魚疏考證》、朱右曾《詩地理徵》、陳大章《詩傳名物集覽》、多隆阿《毛詩多識》、徐鼎《毛詩名物圖說》、俞樾《詩名物證古》、包世榮《毛詩禮徵》、夏炘《詩樂存亡譜》、李超孫《詩氏族考》,亦足資多識博聞之助,於《詩》學甚有裨益也。

詩經稗疏四卷　詩經考異一卷　詩廣傳五卷　　王夫之撰。

田間詩學十二卷　　錢澄之撰。

詩經通義十二卷　　朱鶴齡撰。

毛詩稽古篇三十卷　　陳啟源撰。

毛詩寫官記四卷　詩札二卷　國風省篇一卷　詩傳詩說駁義五卷　續詩傳鳥名三卷　白鷺洲主客說詩一卷　　毛奇齡撰。

詩傳名物集覽十二卷　　陳大章撰。

詩說三卷　附錄一卷　　惠周惕撰。

讀詩質疑三十一卷　附錄十五卷　　嚴虞惇撰。

毛詩類釋二十一卷　續編三卷　　顧棟高撰。

虞東學詩十二卷　　顧鎮撰。

毛詩名物圖說九卷　　徐鼎撰。

三家詩拾遺十卷　詩瀋二十卷　　范家相撰。

詩經小學四卷　毛詩故訓傳三十卷　　段玉裁撰。

毛鄭詩考正四卷　詩經補注二卷　_{戴震撰。}
韓詩內傳徵四卷　敘錄一卷　_{宋緜初撰。}
毛詩考證四卷　周頌口義三卷　_{莊述祖撰。}
三家詩補遺三卷　_{阮元撰。}
毛詩天文考一卷　_{洪亮吉撰。}
韓詩遺說二卷　訂訛一卷　_{臧庸撰。}
毛詩補疏五卷　毛詩地理釋四卷　陸璣毛詩疏考證一卷　_{焦循撰。}
三家詩遺說考十五卷　_{陳壽祺撰。}
詩氏族考六卷　_{李超孫撰。}
詩經異文釋十六卷　_{李富孫撰。}
毛詩紬義二十四卷　_{李黼平撰。}
毛詩後箋三十卷　_{胡承珙撰。}
三家詩異文疏證六卷　補遺三卷　續補遺二卷　_{馮登府撰。}
毛鄭詩釋四卷　鄭氏詩譜考正一卷　詩考補注二卷　補遺一卷　毛詩陸疏校正二卷　詩集傳附釋一卷　_{丁晏撰。}
讀詩札記八卷　詩章句考一卷　詩樂存亡譜一卷　朱子詩集傳校勘記一卷　_{夏炘撰。}
毛詩通考三十卷　毛詩識小三十卷　鄭氏詩譜考正一卷　_{林伯桐撰。}
毛詩禮徵十卷　_{包世榮撰。}
齊詩翼氏學四卷　_{迮鶴壽撰。}
詩古微二十卷　_{魏源撰。}
毛詩傳箋通釋三十二卷　_{馬瑞辰撰。}
三家詩遺說考四十九卷　毛詩鄭箋改字說四卷　四家詩異文考五卷　齊詩翼氏學疏證二卷　詩緯集證四卷　_{陳喬樅撰。}
詩名物證古一卷　達齋說一卷　讀韓詩外傳一卷　_{俞樾撰。}
詩毛氏傳疏三十卷　鄭氏箋考徵一卷　毛詩音四卷　毛詩說

一卷　毛詩傳義類一卷　陳奐撰。
詩小學三十卷　吳樹聲撰。
毛詩多識二卷　多隆阿撰。
詩地理徵七卷　朱右曾撰。
毛詩異文箋十卷　陳玉樹撰。
詩經通論一卷　皮錫瑞撰。
詩三家義集疏二十九卷　王先謙撰。
韓詩外傳校注十卷　趙懷玉校、周廷寀注。

禮　類

江子屏云："秦氏坑焚，《禮經》缺壞。漢興，魯高堂生傳《士禮》十七篇，①即今《儀禮》也。而魯徐生善爲容。景帝時，河間獻王好古，得古《禮》獻之，古文《禮》五十六篇，《記》百三十一篇、《周禮》六篇。其十七篇與高堂生同，而文字多異。或曰：'河間獻王開獻書之路，有李氏上《周官》五篇，失《冬官》一篇，乃購千金不得，取《考工記》以補之，即今之《周禮》也。'《禮記》者，本孔子門徒共撰所聞，以爲此《記》，後人各有損益。《中庸》，子思所作；《緇衣》，公孫尼子制；《月令》，吕不韋撰；《王制》，漢時博士所爲。陳邵《周禮論》序云：'戴德删古《禮》二百四篇爲八十五篇，謂之《大戴禮》；戴聖删《大戴禮》爲四十九篇，是爲《小戴禮》。後漢馬融、盧植考諸同異，附戴聖篇章，去其繁重及所叙略而行於世，即今之《禮記》也。'傳《禮經》者，自瑕邱蕭奮授東海孟卿，卿授同郡后蒼及魯瑕邱卿。②其古《禮經》五十六篇，蒼傳十七篇，所餘三十餘篇以付書館，名爲逸《禮》。蒼説《禮》，號《后蒼曲臺記》，授聞人通漢及戴德、戴聖、慶普，由是

---

① "魯"字原脱，據《國朝漢學師承記》補。
② "瑕"，原誤作"間"，據《國朝漢學師承記》改。

《禮》有大、小戴、慶氏之學。普授夏侯敬,又傳族子咸;①大戴授徐良;小戴授橋仁楊榮。新莽時,劉歆爲國師,始立《周官經》,杜子春受業於歆,授鄭興父子。此《士禮》《周官》授受源流也。慶氏《曲臺》,其亡已久,傳《禮記》者,馬融、盧植、鄭康成。自晉及唐,《三禮》皆用鄭注。至宋儒潛心理學,不暇深究名物度數,所以於《禮經》無可置喙;然必欲攻擊漢儒,乃於《周禮》中指摘其好引讖緯而已。南宋以後,②始改竄經文,補亡之説興矣。《士禮》十七篇,文詞古奥,宋儒畏其難讀,別無異説。至敖繼公始疑《喪服傳》非子夏所作,而注文隱攻鄭氏,巧於求勝,於是郝敬之臆斷、奇齡之吾説起矣。延祐科舉之制,《易》《詩》《書》《春秋》皆以宋儒新説與注疏相參,惟《禮記》則用注疏。至陳澔乃爲《集説》一書,不從鄭注,於是談《禮記》皆趨淺顯而不問古義矣。"

　　清代治《禮》,王夫之《禮記章句》,群稱其精,已開研《禮》之風。繼以徐乾學《讀禮通考》,雖僅成《凶禮》一門,然包舉宏富,綱目秩然,古今言《喪禮》者,莫備於是書。其時萬斯大撰《儀禮商》《禮記偶箋》《學禮質疑》,皆欲獨出新義,未能盡當,其《周官辨非》則力攻《周禮》之僞。毛奇齡於《三禮》皆有撰述,好奇立異,過於萬氏,其《喪服吾説篇》,顛舛乖謬尤甚。盛世佐撰《儀禮集編》,裒輯雖富,家法未立。安溪李光地、光坡亦通《三禮》。方苞受業光地,殫心禮學,亦多武斷。惟張爾岐《儀禮鄭注句讀》,獨取鄭《箋》,間采賈《疏》,分晰章句,極有條理。顧炎武少所推許,亦稱其書"根本先儒,立言簡當"。而吳廷華亦有《儀禮章句》,金曰追有《儀禮注疏正譌》,沈彤有《儀禮小疏》,盧文弨有《儀禮注疏詳校》,胡承珙有《儀禮今古文疏義》,褚寅亮有《儀

---

① "子"字原脱,據《國朝漢學師承記》補。
② "以",原誤作"已",據《國朝漢學師承記》改。

禮管見》,皆宗漢詁。皖南學派,自婺源江永撰《周禮疑義舉要》《儀禮釋例》《儀禮釋宮增注》《禮記訓義擇言》《深衣考誤》及《禮書綱目》,爲《三禮》大家。同時,汪紱有《禮記章句》《參讀禮志疑》《六禮或問》之作,永弟子戴震作《考工記圖注》、金榜作《禮箋》。同學之士,有胡匡衷作《儀禮釋官》《周禮畿內授田考實》,程瑤田作《宗法小記》《喪服足徵錄》《釋宮小記》《考工創物小記》。後有凌廷堪、胡培翬。廷堪撰《禮經釋例》,學者稱爲最精;培翬撰《燕寢考》《儀禮正義》,見稱於世。培翬爲廷堪弟子,皆徽人也。興化任大椿撰《弁服釋例》《深衣釋例》,儀徵阮元撰《車制考》,曲阜孔廣森撰《禮學卮言》,諸人咸從戴震問《禮》。張惠言與榜同學,作《儀禮圖》《儀禮記》,皆精審。秦蕙田作《五禮通考》,集《三禮》大成,胥采江、戴之緒論。自培翬撰《儀禮正義》,朱彬撰《禮記訓纂》,孫詒讓撰《周禮正義》,《三禮》新疏既備,咸邁舊疏,後來居上矣。清季言《禮》者,以黃以周《禮書通故》最稱詳備;至於論《禮》者,有惠士奇《禮説》,莊存與《周官説》,凌曙《禮論》,陳喬樅《禮堂經説》,邵懿辰《禮經通論》,皮錫瑞《三禮通論》;考名物制度者,有任啓運《廟宮室考》,沈彤《周官祿田考》,惠棟《明堂大道錄》,王鳴盛《周禮軍賦説》,錢坫《車制考》,洪頤煊《禮經宮室問答》,金鶚《求古錄禮説》;注《大戴禮》者,孔廣森撰《補注》,王聘珍撰《解詁》,汪中撰《正誤》,汪照撰《補注》,胡培系撰《私箋》;而釋《夏小正》者尤衆,如諸錦、范家相、莊述祖、任兆麟、雷學淇、王筠及先大父允倩博士,此其尤著者也。

周官筆記一卷 李光地撰。①

周禮述注二十四卷 李光坡撰。

---

① "光",原誤作"先",據《清史稿·藝文志》改。

周官辨非一卷　萬斯大撰。

周禮問二卷　毛奇齡撰。

周官集注十二卷① 　周官析疑三十六卷② 　考工記析義四卷　方苞撰。

禮說十四卷　惠士奇撰。

周官記六卷　周官說二卷　周官說補三卷　莊存與撰。

周禮疑義舉要七卷　江永撰。

周官祿田考三卷　沈彤撰。

考工記圖注二卷　戴震撰。

周官軍賦說四卷　王鳴盛撰。

周禮漢讀考六卷　段玉裁撰。

田賦考一卷　任大椿撰。

車制圖考一卷　阮元撰。

車制考一卷　錢坫撰。

周禮學二卷　王聘珍撰。

周官故書考四卷　徐養原撰。

周禮畿內授田考實一卷　胡匡衷撰。

考工輪輿私箋二卷　鄭珍撰。

考工記考辨八卷　王宗涑撰。③

周禮正義八十六卷　孫詒讓撰。

　　以上周禮。

儀禮鄭注句讀十七卷　附監本正誤一卷　張爾岐撰。

讀禮通考一百二十卷　徐乾學撰。

儀禮商二卷　附錄一卷　萬斯大撰。

---

① "官"，原誤作"家"，據《清史稿·藝文志》改。
② "官"，原誤作"宜"，據《清史稿·藝文志》改。
③ "涑"字原脫，據《清史稿·藝文志》補。

喪服吾說篇十卷　三年服制考一卷　毛奇齡撰。
儀禮章句十七卷　吳廷華撰。
儀禮晣疑十七卷　喪服或問一卷　方苞撰。
饗禮補亡一卷　諸錦撰。
朝廟宮室考十三卷①　肆獻祼饋食禮三卷　任啓運撰。
儀禮釋宮增注一卷　儀禮釋例一卷　江永撰。
儀禮小疏一卷　沈彤撰。
儀禮管見十七卷　褚寅亮撰。
儀禮注疏詳校十七卷　盧文弨撰。
喪服文足徵記十卷　程瑤田撰。
儀禮漢讀考一卷　段玉裁撰。
儀禮集編四十卷　盛世佐撰。
禮經釋例十三卷　目錄一卷　凌廷堪撰。
儀禮圖六卷　讀儀禮記二卷　張惠言撰。
儀禮今古文異同疏證五卷　徐養原撰。
禮經宮室答問二卷　洪頤煊撰。
儀禮注一隅一卷　朱駿聲撰。
儀禮釋官六卷　侯國官制考二卷　侯國職官表一卷　鄭氏儀禮目錄校正一卷　胡匡衷撰。
儀禮學一卷　王聘珍撰。
儀禮今古文疏義十七卷　胡承珙撰。
儀禮正義四十卷　胡培翬撰。
儀禮經注疏正訛十七卷　金曰追撰。
儀禮禮服通釋六卷　凌曙撰。
儀禮私箋八卷　鄭珍撰。

---

①　"室"，原誤作"考"，據《清史稿·藝文志》改。

讀儀禮録一卷 曾國藩撰。
士昏禮對席圖一卷　喪服私論一卷 俞樾撰。
　　以上儀禮。
禮記章句四十九卷 王夫之撰。
深衣考一卷 黄宗羲撰。
禮記述注二十八卷 李光坡撰。
禮記偶箋三卷 萬斯大撰。
廟朝圖考四卷 萬斯同撰。
陳氏禮記集説補正三十八卷 納喇性德撰。
曾子問講録四卷　檀弓訂誤一卷 毛奇齡撰。
禮記析疑四十六卷　喪禮或問一卷① 方苞撰。
禮記章句十卷　或問一卷 汪紱撰。
禮記訓義擇言八卷　深衣考誤一卷 江永撰。
續衛氏禮記集説一百卷 杭世駿撰。
禮記注疏考證一卷 齊召南撰。
禮記注疏校證一卷 盧文弨撰。
明堂大道録八卷　禘説二卷 惠棟撰。
深衣釋例三卷　弁服釋例八卷 任大椿撰。②
釋服二卷 宋綿初撰。
明堂考三卷 孫星衍撰。
禮記鄭讀考四卷　禮記天算釋一卷 孔廣牧撰。
禮記補疏三卷 焦循撰。
禮記異文釋八卷 李富孫撰。
禮記箋四十九卷 郝懿行撰。
燕寢考三卷 胡培翬撰。

---

①　"或問"，原誤作"問"，據《清史稿·藝文志》改。
②　"椿"，原誤作"椿"，據《清史稿·藝文志》改。

禮記集解六十一卷　孫希旦撰。
禮記訓纂四十九卷　朱彬撰。
禮記經注正訛六十三卷　金曰追撰。
禮記釋注四卷　投壺考原一卷　丁晏撰。
禮記鄭讀考六卷　陳喬樅撰。
禮記質疑四十九卷　郭嵩燾撰。
禮記異文箋一卷　禮記鄭讀考一卷　七十二候考一卷　俞樾撰。
　　以上禮記。
大戴禮記補注十三卷　叙錄一卷　孔廣森撰。
大戴禮記解詁十三卷　叙錄一卷　王聘珍撰。
大戴禮記正誤一卷　汪中撰。
大戴禮記箋證五卷　胡培系撰。
大戴禮記補注十三卷　目錄一卷　附錄一卷　汪照撰。
大戴禮記考一卷　吳文起撰。
夏小正詁一卷　諸錦撰。
夏小正注一卷　黃叔琳撰。
夏小正輯注四卷　范家相撰。
夏小正考注一卷　畢沅撰。
夏小正經傳考釋十卷　莊述祖撰。
夏小正傳校正三卷　孫星衍撰。
夏小正分箋四卷　異義二卷　黃模撰。
夏小正補注四卷　任兆麟撰。
夏小正補傳三卷　朱駿聲撰。
夏小正經傳考二卷　本義四卷　雷學淇撰。
夏小正集解四卷　校錄一卷　顧鳳藻撰。
夏小正疏義四卷　附釋音異字記一卷　洪震煊撰。
夏小正正義四卷　王筠撰。

夏小正戴氏傳訓解四卷　考異一卷　通論一卷　王寶仁撰。
曾子問天員篇一卷　梅文鼎撰。
曾子注釋四卷　阮元撰。
孔子三朝記七卷　目錄一卷　洪頤煊撰。
　　以上大戴禮。
學禮質疑二卷　宗法論一卷　萬斯大撰。
讀禮志疑十三卷　禮經會元疏解四卷　陸隴其撰。
郊社禘祫問一卷①　北郊配位尊西向義一卷　昏禮辨正一卷
大小宗通繹一卷　明堂問一卷　廟制折衷一卷　學校問一卷
　　毛奇齡撰。
禮箋三卷　金榜撰。
禮學卮言六卷　孔廣森撰。
三禮義證十卷　武億撰。
三禮圖三卷　孫星衍、嚴可均同撰。
禘祫問答一卷②　胡培翬撰。
禮堂經說二卷　陳喬樅撰。
三禮通釋二百八十卷　林昌彝撰。
求古錄禮說五卷　補遺一卷　金鶚撰。
禮經通論一卷　邵懿辰撰。
禮書通故五十卷　禮說略三卷　黃以周撰。
白虎通闕文一卷　莊述祖撰。
白虎通疏證十二卷　陳立撰。
　　以上禮總義。
朱子禮纂五卷　李光地撰。

---

①　"禘"，原誤作"祫"，據《清史稿·藝文志》改。
②　"禘"，原誤作"祫"，據《清史稿·藝文志》改；"問答"，《清史稿·藝文志》作"答問"。

辨定祭禮通俗譜五卷　家禮辨説十六卷 _{毛奇齡撰。}

呂氏四禮翼一卷 _{朱軾撰。}

禮學彙編七十卷 _{應撝謙撰。}

禮樂通考三十卷 _{胡掄撰。}

禮書綱目八十五卷 _{江永撰。}

六禮或問十二卷 _{汪紱撰。}

五禮通考二百六十二卷 _{秦蕙田撰。}

五禮經傳目五卷 _{沈廷芳撰。}

冠昏喪祭儀考十二卷 _{林伯桐撰。}

三禮從今三卷 _{黃本驥撰。}

四禮榷疑八卷 _{顧廣譽撰。}

以上通禮。

樂　類

　　古者禮樂並重，皆所以垂教也。故《孝經》曰："安上治民，莫善於禮；移風易俗，莫善於樂。"樂之爲用大矣。自黃帝至三代，樂各有名，以彰盛治，所謂《雲門》《咸池》《大韶》《大夏》《大濩》《大武》是也。古以《禮》《樂》《詩》《書》爲教，《管子》謂之"四經"。沈約稱《樂經》亡於秦，《隋志》所載《樂經》四卷，已非古籍。《漢志》云："漢興，制氏以雅樂聲律，世在樂官，頗能紀其鏗鏘鼓舞，而不能言其義。其後，樂人竇公獻《樂章》。武帝時，河間獻王作《樂記》，獻八佾之舞，與制氏不相遠。其内史丞王定傳之，以授常山王禹。禹，成帝時爲謁者，數言其義，獻二十四卷記。劉向校書，得《樂記》二十三篇，與禹不同，其道寖微。"魏晉以降，古樂喪失，不復有書，史志相承，乃取樂府教坊琵琶、羯鼓之屬，以充樂類，與經並列。陳振孫采鄭子敬之説，譏其失當，不列於經，而著於子録雜藝之前。馬端臨又非之，仍置經部之末。《明史》采其言鍾律者，置於經部禮類之後，而以琴譜之類，入於子部藝術。清《四庫總目》，樂列經部，惟以辨律呂、明雅樂者入之，琴瑟之譜附焉，其謳歌末技，弦管繁聲，均退列雜藝、詞曲兩類，頗有折衷，玆編從之。

樂書自漢以後，歷代史志所載，大半散亡，傳至今者，以宋陳暘《樂書》二百卷爲引據浩博，辨論精審。明朱載堉《樂律全書》四十二卷，竭畢生之力以成，辨證詳明，多精微之論。清初康熙撰《律呂正義》，即采朱氏書內《律呂精義》爲藍本，①而發明之。乾隆復敕撰《律呂正義後編》。其時李光地取《大司樂》及《樂記》而考釋之，爲《古樂經傳》，應撝謙亦撰《古樂書》，皆頗得要領。毛奇齡深究音樂，撰《竟山樂錄》，以《唐樂笛色譜》爲準，以解五音十二律，而攻司馬遷、蔡元定之說，故其論樂未必合於古，而播諸管弦，歸於實用，實唐教坊舊調之遺也。其所撰《聖諭樂本解說》《皇言定聲錄》，則不過推明康熙論樂而頌揚之。門人李塨本奇齡《宮調》諸圖而撰《學樂錄》，亦可備一家之言。胡彥昇撰《樂律表微》，江永撰《律呂新論》《律呂闡微》，頗有心得，而以凌廷堪《燕樂考原》爲尤精。廷堪潛心於樂，謂今世俗樂與古雅樂，中隔唐人燕樂一關，因以隋沛公鄭譯"五音七調"之說，爲燕樂之本，復參考段安節《琵琶錄》、張叔夏《詞源》、《遼史・樂志》諸書而成，江藩歎以爲思通鬼神。②藩亦作《樂縣考》，錢塘作《律呂古義》，紀大奎作《古律經傳附考》，咸有考證。清季陳澧謂"古有十二宮，且有轉調，今俗樂惟存七調。然古律尺度具在，③可考歷代樂聲高下。晋十二笛，可仿而製。④ 唐《鹿

---

① "藍"，原誤作"監"，據上下文意改。
② "江"，原誤作"汀"，據《清史稿・藝文志》改。
③ "律"字原脫，據清光緒十八年菊坡精舍刻本陳澧《東塾集》補。
④ "仿"，原誤作"倣"，據清光緒十八年菊坡精舍刻本陳澧《東塾集》改。

鳴》《關雎》十二詩譜，可按而歌，而古樂不墜於地"。乃撰《聲律通考》，世稱其精。清儒搜討舊聞，雖樂制云亡，而研究音樂，據周尺漢尺之遺，考審律審音之旨，揚千年之墜緒，昭三代之遺聲，繼往開來，斯亦盛業，有足述者。

律呂正義五卷 康熙五十二年御撰。
律呂正義後編一百二十卷 乾隆十一年敕撰。
大成樂律一卷 孔貞瑄撰。
古樂經傳五卷 李光地撰。
聖諭樂本解說二卷　皇言定聲錄八卷　竟山樂錄四卷 毛奇齡撰。
古樂書二卷 應撝謙撰。
李氏學樂錄二卷① 李塨撰。
樂經律呂通解五卷　樂經或問三卷 汪紱撰。
樂律表微八卷 胡彥昇撰。
琴旨三卷 王坦撰。
律呂新論二卷　律呂闡微十卷 江永撰。
律呂古義六卷 錢塘撰。
燕樂考原六卷　晉泰始笛律匡謬一卷 凌廷堪撰。
樂縣考二卷 江藩撰。
樂譜一卷 任兆麟撰。
律呂臆說一卷　荀勗笛律圖注一卷　理色考一卷 徐養原撰。
古律經傳附考六卷 紀大奎撰。
聲律通考十卷 陳澧撰。

春秋類

孔子據魯史作《春秋》，明褒貶，口授弟子，弟子退而有異

---

① "錄"，原誤作"綠"，據《清史稿·藝文志》改。

言。左邱明恐失其真，故論本事而作傳。六傳而至荀卿，卿授張蒼，是爲《左氏》學之祖。《公》《穀》二傳，咸出於子夏。子夏一授公羊高，公羊氏世傳其學，五傳而至胡毋生，是爲《公羊》學之祖；子夏一授穀梁赤，一傳爲荀卿，卿授申公，是爲《穀梁》學之祖。傳《春秋》者，三家之外，有鄒氏、夾氏。鄒氏無師，夾氏有録無書，皆不顯於世，惟左氏、公、穀三家傳至於今。漢賈誼從張蒼受《左氏》，家世相傳，至孫嘉，嘉傳貫公，貫公傳子長卿，長卿能脩其學，傳張敞、張禹，禹傳尹更始，更始傳子咸及翟方進、房鳳、胡常，常傳賈護，護授陳欽，欽傳子元，元作《左氏同異》，授延篤。劉歆從尹咸、方進受業，傳賈徽，徽傳子逵，逵作《左氏解詁》，復列《公》《穀》不如《左氏》四十事奏之。鄭興從劉歆學，傳子衆，衆作《左氏條例章句》。而馬融、鄭玄、穎容、服虔皆爲《左氏》學，玄作注未成，遇服虔，聞注傳意多與己合，乃以所注授服虔，虔作《左氏章句》，其學益顯。和帝元興間，鄭興父子奏立學官，《左氏》遂盛行。南北朝時，服注猶行於河北。唐孔穎達作《義疏》，專用杜預注，而賈、服之注廢矣。傳《公羊》者，胡毋生與董仲舒同業，授公孫弘，仲舒授褚大、嬴公、段仲温、吕步舒，嬴公授孟卿及眭弘，弘授嚴彭祖、顔安樂，由是《公羊》有嚴、顔二學，二家竝立學官。後漢何休作《公羊墨守》，復依胡毋生《條例》，撰《公羊解詁》，爲《公羊》大師，盛行於世。傳《穀梁》者，瑕丘江公受自申公，授榮廣、浩星公，蔡千秋、周慶、丁姓皆從廣授，千秋傳尹更始，更始撰《章句》十五卷。宣帝聞衛太子好《穀梁》，及即位，召見千秋，令與《公羊》家並説而善之，拜爲諫大夫，選郎十人從受《穀梁》。千秋病死，復徵江公孫爲博士，詔劉向從受並助之。江博士死，又徵周慶、丁姓，卒授十人皆明習，召五經名儒，大議殿中，議三十餘事，多從《穀梁》，由此大盛。至晉范寧注行，唐楊士勛作疏，遂以爲主。然隋唐時,《左氏》大行,《公》《穀》二家,鮮習之者。及趙匡、啖助、陸淳談經,三傳束置高閣。宋儒孫復、蕭楚等説《春秋》,皆廢棄傳注,發揮尊王之旨。胡安國《春秋傳》,借以諷時事,亦與經旨不符。其後習之者衆,考試《春秋》,定用胡《傳》,遂頒爲功令矣。

　　清初研《春秋》者,多沿宋儒空言之例,如王夫之《春秋家説》、俞汝言《春秋平義》《四傳糾正》、徐庭垣《春秋管窺》、張自超《春秋宗朱辨義》、方苞《春秋通論》、葉酉《春秋究遺》是也。毛奇齡撰《春秋傳》《春秋簡書刊誤》《春秋屬辭比事記》《春秋條貫篇》,皆以經文爲綱,雖有精闢之處,然好穿鑿。萬斯大《學春秋隨筆》,根據《禮經》,與宋儒空談書法有間,其説經以新見長,以鑿見短。惠士奇亦以典禮説《春秋》,其《春秋説》實雜糅三傳,殊少家法。惟顧棟高《春秋大事表》考證典核,精深博大,允爲清代宏著,雖間有立表繁碎,參用七言歌括,爲白璧之玷,終無傷大體也。林春溥《春秋經傳比事》亦頗能貫穿。治《左傳》者,①顧炎武撰《杜解補正》,張聰咸撰《左傳杜注辨正》,糾正杜注。而朱鶴齡《讀左日鈔》、惠棟《左傳補注》、沈彤《春秋左傳小疏》、洪亮吉《左傳詁》、梁履繩《左通補釋》、焦循《左氏補疏》、馬宗璉《左傳補注》,亦皆排杜。而仲賈、服緒論,段玉裁《左傳古經》、臧恭壽《左傳古義》,咸宗漢詁。而李貽德《左傳賈服注輯》,頗能發揮,爲尤詳備。劉文淇撰《左傳舊疏考證》,摭采各家集其大成。馬驌《左傳事緯》別具體裁,融會貫通,考證精詳,亦專門學也。論者謂棟高之書,多借資馬氏云。治《公羊》學者,自孔廣森撰《公羊通義》,倡今文學説,會通禮制,申明何氏,遂開陽湖今文學派之風。莊存與撰《春秋正辭》《春秋舉例》《春秋舉要》,劉逢禄撰《公羊釋例》《公羊何氏解詁箋》《發墨守評》

---

① "者",原誤作"着",據上下文意改。

《箴膏肓評》《穀梁廢疾申何》，皆偏重今文，宣究大義。而淩曙、陳立師弟，聞風興起，各以心得著書，曙有《公羊禮疏》《公羊禮説》《公羊答問》《春秋繁露注》，立有《公羊義疏》，胥能宣揚墜緒，繼述絕學。龔自珍有《春秋決事比》，陳奂有《公羊逸禮考徵》，斯皆主張今文學説者也。其以《公羊》義而説群經者，別有宋翔鳳、魏源、戴望、皮錫瑞諸人，皆能成家。治《穀梁》者，有許桂林《穀梁釋例》、侯康《穀梁禮證》、柳興恩《穀梁大義述》、鍾文烝《穀梁經傳補注》。論《春秋》之例，《穀梁》時日月更密於《公羊》，許氏作《釋例》以發明之，其功與逢祿釋《公羊》相等。清代治《穀梁》者寡，少大師，梅毓《穀梁正義》未成，柯劭忞《穀梁注》又成於清亡之後。故《穀梁》學説，遠不逮《公羊》學説之盛，亦以《穀梁》無漢儒傳注可據故也。至於釋三傳異文者，別有李富孫《春秋三傳異文釋》、趙坦《春秋三傳異文箋》、先博士《春秋三家異文覈》；言曆者，則有陳厚耀《春秋長曆》、包慎言《春秋曆譜》、姚文田《春秋經傳朔閏表》、施彥士《春秋經傳閏朔表發覆》《推春秋日食法》、羅士琳《春秋朔閏異同考》、吳鼐《三正考》、俞樾《春秋歲星表》、①成蓉鏡《春秋日南至譜》；考究地理者，則有江永《春秋地理考實》、高士奇《春秋地名考略》、沈淑《春秋左傳分國土地名》；考官爵者，則有汪中《列國官名異同考》、陳鵬《春秋國都爵姓考》、曾釗《春秋國都爵姓續考》。此外，先博士尚有《春秋地名職官人名考略》《春秋列女表》《春秋闕文考》，皆有裨《春秋》三傳者也。

左傳杜解補正三卷　　顧炎武撰。
讀左日鈔十二卷　補二卷　　朱鶴齡撰。
左傳事緯十二卷　附錄八卷　　馬驌撰。

---

① "樾"，原誤作"越"，據《清史稿·藝文志》改。

春秋地名考略十四卷　高士奇撰。
春秋國都爵姓考一卷　補一卷　陳鵬撰。
春秋長曆十卷　春秋世族譜一卷　陳厚耀撰。
春秋分年繫傳表一卷　翁方綱撰。
春秋識小錄九卷　程廷祚撰。
春秋左傳補注六卷　惠棟撰。
春秋地理考實四卷　江永撰。
春秋左傳小疏一卷　沈彤撰。
春秋左傳古經十二卷　附五十凡一卷　段玉裁撰。
春秋左傳詁五十卷　春秋十論一卷　洪亮吉撰。
春秋列國官名異同考一卷　汪中撰。
左通補釋三十二卷　梁履繩撰。
春秋左傳分國土地名二卷　春秋列國職官一卷　春秋器物宮室一卷　沈淑撰。
春秋左氏補疏五卷　焦循撰。
左氏春秋考證二卷　劉逢祿撰。
春秋左氏傳補注三卷　馬宗槤撰。
左傳識小錄一卷　朱駿聲撰。
春秋左氏古義六卷　臧壽恭撰。
左傳賈服注輯述二十卷　李貽德撰。
左傳杜注辨正六卷　張聰咸撰。
春秋國都爵姓續考一卷　曾釗撰。
左傳舊疏考證八卷　劉文淇撰。
春秋世族譜拾遺一卷

　　以上左傳。

春秋正辭十一卷　春秋舉例一卷　春秋要旨一卷　莊存與撰。
春秋公羊通義十一卷　叙一卷　孔廣森撰。

公羊何氏釋例十卷　公羊何氏解詁箋一卷　發墨守評一卷　箴膏肓評一卷　穀梁廢疾申何二卷　劉逢祿撰。

公羊補注一卷　馬宗槤撰。

公羊禮疏十一卷　公羊禮説一卷　公羊答問二卷　春秋繁露注十七卷　凌曙撰。

春秋決事比一卷　龔自珍撰。

公羊義疏七十六卷　陳立撰。

公羊注疏質疑二卷　何若瑤撰。

公羊曆譜十一卷　包慎言撰。

公羊逸禮考徵一卷　陳奐撰。

　　以上公羊傳。

穀梁釋例四卷　許桂林撰。

穀梁大義述三十卷　柳興恩撰。

穀梁禮證二卷　侯康撰。

穀梁經傳補注二十四卷　鍾文烝撰。

　　以上穀梁傳。

春秋稗疏二卷　春秋家説三卷　春秋世論五卷　王夫之撰。

春秋平義十二卷　春秋四傳糾正一卷　俞汝言撰。

春秋傳議四卷　張爾岐撰。

學春秋隨筆十卷　萬斯大撰。

春秋毛氏傳三十六卷　春秋簡書刊誤二卷　春秋屬辭比事記四卷　春秋占筮書三卷　春秋條貫篇十一卷　毛奇齡撰。

春秋集解十二卷　校補春秋集解緒餘一卷　春秋提要補遺一卷　應撝謙撰。

春秋管窺十二卷　徐庭垣撰。

三傳折諸四十四卷　張尚瑗撰。

春秋闕如編八卷　小國春秋一卷　焦袁熹撰。

春秋宗朱辨義十二卷　張自超撰。

春秋通論四卷　春秋義法舉要一卷　春秋比事目錄四卷　春秋直解十二卷　方苞撰。

半農春秋說十五卷　惠士奇撰。

春秋大事表五十卷　輿圖一卷　附錄一卷　顧棟高撰。

三正考二卷　吳鼐撰。

春秋究遺十六卷　葉酉撰。

三傳補注三卷　姚鼐撰。

春秋經傳朔閏表二卷　姚文田撰。

春秋說略十二卷　春秋比二卷　郝懿行撰。

春秋經傳比事二十二卷　林春溥撰。

春秋三家異文覈一卷　春秋亂賊考一卷　春秋闕文考一卷　春秋地名職官人名考略三卷　春秋國名今釋表一卷　春秋列女表一卷　朱駿聲撰。

春秋三傳異文釋十三卷　李富孫撰。

春秋屬辭辨例編六十卷　張應昌撰。

春秋三傳異文箋十二卷　附錄一卷　趙坦撰。①

春秋古經說二卷　侯康撰。

達齋春秋論一卷　春秋歲星考一卷　春秋古本分年考一卷　俞樾撰。

春秋朔閏異同考三卷　羅士琳撰。

春秋經傳朔閏表發覆四卷　推春秋日食法一卷　施彥士撰。

春秋釋一卷　黃式三撰。

春秋傳正誼四卷　方宗誠撰。

春秋日南至譜一卷　成蓉鏡撰。

春秋說二卷　鄭杲撰。

---

① "坦"，原誤作"垣"，據《清史稿·藝文志》改。

以上春秋通義。

孝經類

《漢書·藝文志》云："《孝經》者，孔子爲曾子陳孝道也。夫孝，天之經，地之義，民之行也。舉大者言，故曰《孝經》。"當戰國時，由子夏授魏文侯，文侯爲作傳，荀卿諸儒亦傳之。遭秦焚書，河間顔芝藏之。漢興，芝子貞出之，凡十八章，是爲今文。而長孫氏、江翁、后蒼、翼奉、張禹皆傳其學，各自名家。又有《古文孝經》，出孔壁，較今文不同，孔安國爲傳，《庶人章》分爲二，《曾子敢問章》爲三，又多一章，凡二十二章。至劉向校書，除其繁惑，以十八章爲定。許沖撰其説，馬融爲之注，惜皆不傳。鄭玄撰注未成，其孫小同始成之，今所傳鄭《注》是也。東漢以降，鄭《注》盛行，孔《傳》亡於梁亂。至隋王劭得於長安，實非舊本，而劉炫信之，撰《孝經述義》，分爲二十二章，與鄭並行。唐劉知幾欲廢鄭崇孔，司馬貞復闢孔尊鄭，故玄宗之《注》，復用十八章。宋邢昺不信僞孔，采取玄宗《注》而爲之疏，流傳至今。宋司馬光、朱子皆信僞古文，朱子又以胡宏、汪應辰之疑，作《孝經刊誤》，分經文爲一章，分傳爲十四章，復多删改。元吴澄則用今文，而遵朱子《刊誤》章目，分經一章，傳十二章。明徐貫復撰《孝經集善》，宗吴澄之説用今文。項霦撰《孝經述注》，用孔《注》爲主，不盡宗朱。諸家皆由不知僞古文之故。黄道周《孝經集注》，揭五微義，而以《禮記》諸篇條貫之，間采史事比附，參以己意，雖主鄭用今文，然亦未能辨古文之僞。

清初毛奇齡治《孝經》，作《孝經問》答張燧，謂今文、古文不過字之異同，劉炫所傳亦非僞，對於朱子、吴澄之説則排之，徒以空理相駁詰，於著書之例有乖。冉覲祖遵用今文，全録唐玄宗《注》，節采邢《疏》，附朱子《刊誤》，而糾吕維祺《孝經本義》體例蕪雜。朱軾《孝經注》用吳澄定本，吳隆元《孝經三本管窺》以古文爲是，亦爲尊朱。李光地《孝經全注》、汪紱《孝經章句》，發揮義理，皆於朱子之説爲近。任啓運亦有《孝經章句》，遵朱子《刊誤》本，而於傳之十章，增"君子無不敬也"一百十二字，自序云得於山西佛寺中，是其本又一變矣。曹庭棟《孝經通釋》力主古文，其引澄自唐以來七千餘家，徵引頗備，惜家法未嚴耳。自臧庸、嚴可均各輯《孝經鄭注》，洪頤煊有《鄭注補證》，表彰鄭學。阮福撰《孝經義疏》，據王應麟説，定鄭《注》爲小同著。丁晏撰《孝經述注》，用唐玄宗、司馬光、范祖禹三家注，而以今文爲主，又以宋儒疑《孝經》，撰《孝經徵文》辨之，引據繁富，力攻今所傳古文孔《傳》爲贋本，謂獨今文可信。汪宗沂《孝經輯傳》則攻鄭《注》爲不經。清末皮錫瑞言今文，復撰《孝經鄭注疏》，以伸鄭義。清代於《孝經》古文今文主張各異，《四庫總目》采黃雲説，謂文句小異，義理不殊，以爲定論，亦尚信僞古文。至姚際恒《古今僞書考》，定《孝經》爲僞書，謂爲張禹同時人作，殆未考《吕覽‧審微篇》及蔡邕《明堂論》所引，而妄言耳。

孝經全注一卷　李光地撰。
孝經問一卷　毛奇齡撰。
孝經詳説二卷　冉覲祖撰。
孝經注三卷　朱軾撰。
孝經三本管窺三卷　吳隆元撰。
孝經章句一卷　或問一卷　汪紱撰。①
孝經章句一卷　任啓運撰。
孝經通釋十卷　曹庭棟撰。
孝經音義考證一卷　盧文弨撰。

---

① "紱"，原誤作"紋"，據《清史稿‧藝文志》改。

孝經鄭氏解輯一卷 臧庸輯。
孝經鄭氏注一卷 嚴可均輯。
孝經鄭注補證一卷 洪頤煊撰。
孝經外傳一卷　孝經中文一卷 周春撰。
孝經義疏九卷 阮福撰。
孝經述注一卷　孝經徵文一卷 丁晏撰。①
孝經今古文傳注輯論一卷 吳大廷撰。
孝經十八章輯傳一卷 汪宗沂撰。
孝經鄭注疏二卷 皮錫瑞撰。

四書類

　　清《四庫總目》云："《論語》《孟子》，舊各爲帙；《大學》《中庸》，舊《禮記》之二篇。其編爲四書，自宋淳熙始。其懸爲令甲，②則自元延祐復科舉始。古來無是名也。"按《漢志》，《論語》列於六藝，《孟子》列於諸子儒家。至趙宋續刊《蜀石經》，《孟子》始列於十三經。迨朱子采《大學》《中庸》於《小戴記》之內，而表章之，與《論語》《孟子》竝立，稱爲"四書"，而爲之注。元代用爲考試，明朝因之，故《明史·藝文志》別立"四書"一門，清《四庫總目》復依其例。③　茲編沿用《四庫》，仍題曰"四書類"云。

　　《漢志》云："《論語》者，孔子應答弟子時人及弟子相與言而接聞於夫子之語也。門人相與輯而論纂，故謂之《論語》。"鄭康成云："仲弓、子夏等所撰定。"漢初，傳《論語》者三家：《魯論》，即今所行二十篇，龔奮、夏侯建、夏侯勝、韋賢、魯扶聊、蕭望之並傳之；《齊論》，多《問王》《知道》二篇，爲今存《魯論》所無，王

---

① "丁"，原誤作"乙"，據《清史稿·藝文志》改。
② "爲"字原脫，據《四庫全書總目》補。
③ "總"，原誤作"書"，據上下文意改。

吉、宋畸、貢禹、五鹿充宗、膠東庸生並傳之；《古論語》，出孔壁中，有兩《子張》篇，篇次與《齊》《魯》不同，孔安國爲作傳，馬融亦作注。張禹受《魯論》於夏侯建，又從王吉、庸生受《齊論》，遂合而考之，删其煩惑，除去《問王》《知道》二篇，從《魯論》二十篇爲定，號《張侯論》，大行於世。至後漢包咸、周氏各爲《章句》，鄭玄就《魯論》張、包、周之篇章，參考《齊》《古》而爲之注。魏陳群等爲《義説》，何晏又爲《集解》，晏書最盛行。① 梁皇侃爲作《義疏》，宋邢昺復作《正義》。邢《疏》行而皇《疏》亡。迨清康熙時，皇《疏》復得諸日本，今二《疏》並存，互有短長，未可偏廢也。梁陳時，鄭玄、何晏二家，並立學官。唐用何《解》而鄭《注》亡。宋儒自程頤提倡《論語》，其時研《論語》者頗衆，多重義理。朱子輯宋儒十一家之説，爲《論孟精義》，又作《論語集注》。元明以降，多宗朱子。

　　清初治《論語》者，如孫奇逢、李光地、陸隴其等，亦多宗朱，高談義理。而王夫之《稗疏》則漸采古訓，時糾朱子《集注》，發輝新義。毛奇齡《論語稽求篇》對於《集注》力加攻駁，旁搜古義，以相詰難，其考據博辨，頗有特長。其後，江聲《論語竣質》、方觀旭《論語偶記》亦糾朱《注》而崇漢詁。惟劉台拱《論語駢枝》、錢坫《論語後録》始宗漢注。而陳鱣有《論語古訓》，梁廷柟有《論語古解》，潘維城有《論語古注集箋》，俞樾有《論語古注擇從》《論語鄭義》，皆趨重於漢訓。其間有以《公羊》之義述《論語》者，如劉逢禄《論語述何》、宋翔鳳《論語説義》、戴望《論語注》、劉恭冕《何休注訓論語述》，②自成一派，頗有精言。又有以何晏《集解》爲主者，劉寶楠爲之《正義》，蔣曰豫爲之《校補》，焦循爲之《補疏》，劉氏頗能集衆説之大成，號稱佳構。焦循復撰

---

① "書"，原誤作"書"，據上下文意改。
② "恭"，原誤作"宗"，據《清史稿·藝文志》改。

《論語通釋》,析理尤精。程廷祚《魯論説》、黄式三《論語後案》,①融和漢宋,頗得其平。然丁晏《論語集注附考》、潘衍桐《朱子論語集注訓詁考》,則欲訂漢學派攻朱之非,爲之辨護,則工未免多事矣。其專考《鄉黨》者,則有江永《鄉黨圖考》、金鶚《鄉黨正義》,江氏專研名物制度,金氏偏重微言義;其研究三家異文古讀者,馮登府有《論語異文考證》,徐養原有《論語魯讀考》;其疑漢注之僞者,沈濤有《論語孔注辨僞》。此清代治《論語》諸家之派别大略也。

《孟子》漢時雖列諸子,然文帝時,曾立博士之官,未幾即罷,楊雄始爲之注。後漢程曾、高誘、劉熙、趙岐、鄭玄皆注之,獨趙岐《孟子章句並題辭》傳至於今。晋綦母邃、唐陸善經亦注《孟子》,今皆不傳。自韓愈尊崇孔孟,宋儒益加表章,孫奭以趙《注》爲主,作《正義》,始列爲《十三經注疏》之一。陳振孫撰《書録解題》,始入書目經類。朱子作《孟子集注》,始有"四書"之稱。元明諸儒,説《孟子》者,咸宗朱《注》。

清儒治《孟子》者,沿襲明代,侈談性理,多尚空言。黄宗羲《孟子師説》,雖多闡發良知之旨,然亦不盡主姚江,頗能徵實推究事理,不爲空疏之談,較爲優勝。迨焦循撰《孟子正義》,以爲孫奭《疏》蹖駁乖謬,②乃依據趙《注》,博采經史傳解及近儒數十家之説,斷以己意,世稱其精。戴震《孟子字義疏證》辨明"欲之失爲私不爲蔽",斥宋儒糅合儒佛,剖析義理,極其精卓。

《清代學術概論》云:"《疏證》一書,字字精粹,綜其内容,不外欲以'情感哲學'代'理性哲學',就此點論之,乃與歐洲文藝復興時思潮之本質絶相類。蓋當時人心,爲基督教絶對禁欲主義所束縛,痛苦無藝,既反乎人理,而又不敢違,乃相

---

① "後",原誤作"復",據《清史稿·藝文志》改。
② "爲",原誤作"僞",據上下文意改。

與作僞,而道德反掃地以盡。文藝復興之運動,乃採久閟塞之'希臘的情感主義'以藥之。一旦解放,文化轉一新方向以進行,則蓬勃而莫能禦。戴震蓋有見於此,①其志願確欲爲中國文化轉一新方向。其哲學之立脚點,直可稱二千年一大翻案。其論尊卑逆順一段,實以平等精神,作倫理學上一大革命。其斥宋儒之糅合儒佛,雖辭帶含蓄,而意極嚴正,隨處發輝科學家求真求是之精神,實三百年間最有價值之奇書也。震亦極以此自負,嘗曰:'僕生平著述之大,以《孟子字義疏證》爲第一。'"

其他若周廣業《孟子四考》,一卷考逸文,二卷考異本,三卷考古注,四卷考出處時地,頗爲詳核。然考辨孟子生卒月者,前有萬斯同、閻若璩,亦稱精善;考證逸文者,後有施彥士《孟子外書集證》,搜羅亦富,又有任兆麟《孟子時事略》、張宗泰《孟子七篇諸國年表》、崔述《孟子事實録》,皆有可觀。而迮鶴壽《孟子班爵禄疏證》《孟子正經界疏證》,博考周詳,允推佳撰,皆治《孟子》者所當讀也。

自漢至唐,《大學》《中庸》皆附《禮記》解釋。《漢志》雖有《中庸》二篇,載於六藝禮類,是否即今《禮記》内之《中庸》,不敢强斷。《隋志》戴顒有《中庸傳》二卷,梁武帝有《中庸講疏》一卷,或爲《禮記》内分出之始,然其書皆不傳。《大學》則唐以前無别行之本。宋司馬光有《大學廣義》一卷、《中庸講義》一卷,見陳振孫《解題》,②已在二程之前,則表章《學》《庸》,不始於洛閩諸儒。特論説之詳,自二程始,四書之稱,自朱子定之。程顥作《中庸解》,其弟子游酢、楊時等復有解釋,故石憝輯周、張、二程及游、楊各家之説爲《中庸輯解》。朱子復删爲《輯略》,另撰

---

① "於",原誤作"有",據《清代學術概論》改。
② "孫",原誤作"係",據上下文意改。

《大學章句》《中庸章句》，與《論》《孟》集注，合爲四書，謂《大學》爲曾子所作，分《大學》爲經一章、傳十章，顛倒其舊次，補綴其闕文。《中庸》鄭玄謂爲子思所作，朱子依之，然不從鄭注分節，而定爲三十三章。元明説《學》《庸》者，亦多宗朱，惟王柏、高攀龍欲考定《大學》，方孝孺、王守仁主復《大學》古本，獨與朱異。

　　清初治《大學》《中庸》者，仍多從朱子定本。胡渭雖不專崇宋，然所作《大學翼真》，大旨主朱説。李光地言《論》《孟》則宗朱注，言《學》《庸》則不從其定本。而毛奇齡《大學證文》《中庸説》、李塨《大學中庸傳注》，始力排朱子。乾隆以降，治漢學諸家反《學》《庸》於《禮記》，汪中《大學評議》尤爲正本清源。惠士奇有《大學説》，其子棟有《中庸注》，皆重古義。惠棟並以《易》理述《中庸》，繼之者有魏源《易庸通義》，又有宋翔鳳以《公羊》述《大學》，皆自爲一派。

　　自宋朱子以《學》《庸》《論》《孟》爲四書，又有《四書或問》，真德秀有《集編》，趙順孫有《纂疏》，皆發揮朱子之説。宋以後相沿，皆稱"四書"。清儒雖多宗漢學，然"四書"之號，仍襲其名。毛奇齡《四書改錯》攻擊朱注最力，頗失其平，故楊希閔有《四書改錯平》，程朝儀有《四書改錯改》之作，然斤斤爭論，亦可不必。若孫奇逢之《四書近旨》，陸隴其之《四書講義困勉錄》，楊名時之《四書劄記》，汪紱之《四書詮義》，皆崇宋學；而程大中《四書逸箋》、閻若璩《四書釋地》、宋翔鳳《四書釋地辨證》、樊廷枚《四書釋地補》、翟灝《四書考異》、武億《四書考異句讀》、林春溥《四書拾遺》、凌曙《四書典故覈》，皆宗漢詁，考證多精。先博士《六書假借經徵》，以《説文》釋四書字義之原，尤能貫穿經義，推明古訓。此清儒治四書者之大略也。

四書近指二十卷　　孫奇逢撰。

孟子師説二卷　　黃宗羲撰。

讀四書大全説十卷　四書稗疏一卷　四書考異一卷　王夫之撰。

四書翊注四十二卷　刁包撰。

四書講義困勉録三十七卷　續困勉録六卷　松陽講義十二卷　陸隴其撰。

大學古本説一卷　中庸章段一卷　中庸餘論一卷　讀論語劄記二卷　讀孟劄記二卷　李光地撰。

論語稽求篇七卷　四書賸言四卷補二卷　大學證文四卷　四書改錯二十二卷　中庸説五卷　毛奇齡撰。

四書釋地一卷　續一卷　又續二卷　三續二卷　孟子生卒年月考一卷　閻若璩撰。

大學傳注四卷　中庸傳注一卷　論語傳注二卷　傳注問一卷　李塨撰。

四書劄記四卷　辟雍講義一卷　大學講義二卷　中庸講義一卷　楊名時撰。

大學翼真七卷　胡渭撰。

大學説一卷　惠士奇撰。

四書詮義十五卷　汪紱撰。

四書逸箋六卷　程大中撰。

鄉黨圖考十卷　江永撰。

魯論説三卷　程廷祚撰。①

四書考異總考三十六卷　條考三十六卷　翟灝撰。

論語駢枝一卷　劉台拱撰。

孟子字義疏證三卷　戴震撰。

論語後録五卷　錢坫撰。

中庸注一卷　惠棟撰。

---

① "程",原誤作"陳",據《清史稿・藝文志》改。

四書考異句讀一卷　武億撰。
孟子考四卷　周廣業撰。
孟子七篇諸國年表一卷　張宗泰撰。
論語竢質三卷　江聲撰。
孟子時事略一卷　任兆麟撰。
論語古訓十卷　陳鱣撰。
論語異文考證十卷　馮登府撰。
論語補疏三卷　論語通釋二卷　孟子正義三十卷　焦循撰。
論語説義十卷　孟子趙注補正六卷　四書釋地辨證二卷　大學古義説二卷　宋翔鳳撰。
論語魯讀考一卷　徐養原撰。
論語旁證二十卷　梁章鉅撰。
四書拾遺五卷　孟子外書補證一卷　林春溥撰。
論語孔注辨僞二卷　沈濤撰。
鄉黨正義一卷　金鶚撰。①
六書假借經徵四卷　朱駿聲撰。
孟子音義考證二卷　蔣仁榮撰。
論語述何二卷　四書是訓十五卷　劉逢禄撰。
論語古解十卷　梁廷枏撰。
四書釋地補一卷②　續補一卷　又續補一卷　三續補一卷　樊廷枚撰。
四書典故覈三卷　凌曙撰。
孟子班爵禄疏證十六卷　孟子正經界疏證六卷　迮鶴壽撰。
論語正義二十卷　劉寶楠撰。
大學質疑一卷　中庸質疑二卷　郭嵩燾撰。

---

①　"鶚"，原誤作"鴞"，據《清史稿·藝文志》改。
②　"補"上原衍一"地"字，據《清史稿·藝文志》删。

論語古注集箋十卷　考一卷　潘維城撰。

論語古注擇從一卷　論語鄭義一卷　何邵公論語義一卷　續論語駢枝一卷　論語小言一卷　孟子古注擇從一卷　孟子高氏義一卷　孟子續義一卷　四書經疑解一卷　俞樾撰。

論語注二十卷　戴望撰。

何休注訓論語述一卷　劉恭冕撰。

論語後案二十卷　黃式三撰。

讀孟子質疑二卷　孟子外書集證五卷　施彥士撰。

論語集解校補一卷　蔣日豫撰。

朱子論語集注訓詁二卷　潘衍桐撰。

經總義類

《漢志》六藝列石渠論《五經雜議》十八篇於《孝經》後，蓋以《孝經》爲經之總會，故附著錄。《隋志》不從《漢志》，而以統論諸經者附於論語類，並於論語類末稱："《孔叢》《家語》，並孔氏所傳仲尼之旨。《爾雅》諸書，解古今之意，并五經總義，附於此篇。"《舊唐書志》始別立經解一類，諸家著錄因之。《明志》改稱"諸經"，朱彝尊《經義考》題曰"群經"，蓋皆以《唐志》立目，未能兼括諸經之義。清《四庫總目》又以不典改稱"五經總義"，①然目中所錄經解，實不限於五經，故今題曰"經總義"，庶名實相符云。

漢宣帝時，講論石渠，始有《五經雜議》。《隋志》已不著錄，首列許慎《五經異義》十卷，《舊唐書志》卷數同，並注云"鄭玄駁"。清《四庫總目》著錄，②首列《鄭氏駁五經異義》一卷、《補遺》一卷，蓋後人所輯，已非原書；繼以鄭小同《鄭志》三卷、《補

---

① "庫"，原誤作"庸"，據上下文意改。
② "庫"，原誤作"庸"，據上下文意改。

遺》一卷，亦非原書。此類《總目》所列，自漢至明，僅十七部，而以唐陸德明《經典釋文》爲最著，考證精博，至今談經之士，鑽仰不窮。

　　清儒經學極盛，群經既多專書，而總考諸經、發舒心得、條列辨訂者亦衆。其屬於考說總義者，如毛奇齡《經問》、臧琳《經義雜記》、惠棟《九經古義》、江永《群經補義》、戴震《經考》、孔廣森《經學卮言》、劉台拱《經傳小記》《漢學拾遺》、①朱琳《經傳考證》、宋翔鳳《五經要義》及《通義》、程瑤田《通藝錄》、王引之《經義述聞》、馮登府《十三經詁答問》、武億《群經義證》、鄭珍《巢經說》、俞樾《群經平議》、陳澧《漢儒通義》、朱緒曾《開卷有益齋經說》、黃以周《經說略》，皆考證博核，議論精深。王引之又有《經傳釋詞》，於經詞融會貫通，獨標精義，洵爲絕作。劉淇《助字辨略》雖有可觀，遠不逮王氏之精。而鄭方坤《經稗》、余蕭客《古經解鉤沈》皆輯古說而成，有捃摭考核之功。其屬於文字音義之考證者，如顧炎武《九經誤字》《五經同異》、沈廷芳《十三經注疏正字》、沈炳震《九經辨字瀆蒙》各書，皆考訂文字，校正刊版，有功於經傳注疏。而以阮元《十三經校勘記》廣搜善本互校，挈諸家之長，尤爲該備。汪文臺作《校勘記識語》，援引各書，糾正其誤。阮元亦服其精博，元又有《經典釋文校勘記》。盧文弨則有《經典釋文考證》，汪遠孫有《經典釋文補條例》，皆有裨陸德明之書而補助經傳。考經中天文算學者，有雷學淇《古經天文考并圖說》、陳懋齡《經書算學天文考》、鄒伯奇《學計一得》。而作傳經表者，則有洪亮吉、蔣曰豫，洪博而蔣精，未易軒輊。其考訂石經者，則有顧炎武、萬斯同、杭世駿、翁方綱、王昶、彭元瑞、孫星衍、阮元、孔廣牧、嚴可均、馮登府、丁晏、魏錫曾諸家，

---

① "拱"，原誤作"栱"，據《清史稿·藝文志》改。

考原流以杭氏爲精,考文字以馮氏爲詳。
經問十八卷　經問補三卷　毛奇齡撰。
十三經義疑十二卷　吳浩撰。
經義雜記三十卷　臧琳撰。
經稗六卷　鄭方坤撰。
經咫一卷　陳祖范撰。
古經解鉤沈三十卷　余蕭客撰。
群經補義五卷　江永撰。
九經說十七卷　方苞撰。
十三經札記二十二卷　朱亦棟撰。
群經互解一卷　馮經撰。
經學卮言六卷　孔廣森撰。
經傳小記三卷　漢學拾遺一卷　劉台拱撰。
九經古義十六卷　惠棟撰。
經考六卷　戴震撰。
通藝四十八卷　程瑤田撰。
五經小學述二卷　莊述祖撰。
群經識小八卷　李惇撰。
經義知新記一卷　汪中撰。
詩書古訓八卷　阮元撰。
五經異義疏證三卷　左海經辨二卷　陳壽祺撰。
遂雅堂學古錄七卷　姚文田撰。①
經義述聞三十二卷　經傳釋詞十卷　王引之撰。
五經要義一卷　五經通義一卷　宋翔鳳撰。
群經宮室圖二卷　焦循撰。

---

① "田",原誤作"由",據《清史稿·藝文志》改。

經義叢鈔三十卷　嚴杰編。
十三經詁答問六卷　馮登府撰。
讀經說一卷　丁晏撰。
漢儒通義七卷　陳澧撰。
娛親雅言六卷　嚴元照撰。
經傳考證八卷　朱彬撰。
群經平議三十五卷　茶香室經說十五卷　詁經舍自課文二卷　經課續編八卷　群經賸義一卷　達齋叢說一卷　俞樾撰。
開卷有益齋經說五卷　朱緒曾撰。
讀書偶志十一卷　鄒漢勛撰。
巢經巢經說一卷　鄭學錄三卷　鄭珍撰。
儆居經說四卷　黃式三撰。
鄭志考證一卷　成蓉鏡撰。
漢孳室經說一卷　陶方琦撰。
經說略二卷　黃以周撰。
九經誤字一卷　五經同異三卷　顧炎武撰。
助字辨略五卷　劉淇撰。
十三經注疏正字八十一卷　沈廷芳撰。
注疏考證六卷　齊召南撰。
九經辨字瀆蒙十二卷　沈炳震撰。
經典釋文考證三十卷　盧文弨撰。
經典文字考異一卷　錢大昕撰。
經讀考異八卷補一卷　句讀叙述二卷補一卷　群經義證一卷　武億撰。
經典文字辨正五卷　畢沅撰。
十三經注疏校勘記二百十七卷　孟子音義校勘記一卷　釋文校勘記二十五卷　阮元撰。

十經文字通正書十四卷　錢坫撰。
七經異文釋五十卷　李富孫撰。
經典釋文補條例一卷　汪遠孫撰。
經典異同四十八卷　張維屏撰。
十三經注疏校勘記識語四卷　汪文臺撰。
十三經注疏姓氏一卷　翁方綱撰。
傳經表一卷　通經表一卷　洪亮吉撰。
兩漢傳經表二卷　蔣曰豫撰。
國朝漢學師承記七卷　附經義目錄一卷　隸經文四卷　江藩撰。
古經天象考十二卷　附圖說一卷　雷學淇撰。
經書算學天文考二卷　陳懋齡撰。
學計一得二卷　鄒伯奇撰。
石經考一卷　顧炎武撰。
石經正誤一卷　張爾岐撰。
石經考異二卷　杭世駿撰。
漢石經殘字考一卷　翁方綱撰。
蜀石經毛詩殘字一卷　王昶撰。
蜀石經毛詩考異二卷①　陳鱣撰。
石經考文提要十三卷　彭元瑞撰。
魏三體石經殘字考二卷　孫星衍撰。
石經儀禮校勘記四卷　阮元撰。②
漢石經殘字證異二卷　孔廣牧撰。
唐石經校文十卷　嚴可均撰。
石經補考十二卷　馮登府撰。
北宋汴發篆隸二體石記一卷　丁晏撰。

---

① "詩"字原脱，據《清史稿·藝文志》補。
② "阮"，原誤作"陌"，據《清史稿·藝文志》改。

唐開成石經圖考一卷　魏錫曾撰。

小學類

《漢志》小學列於六藝之末，以識字爲通經之本、學術之原故也，計列《史籀》至杜林十家四十五篇。《隋志》又以西域胡書能以十四字貫一切音，文省而義廣，謂之"婆羅門書"，與八體六文之義殊別，取附體勢，以後魏"國語"附音韻，而秦皇刻石文、漢魏石經亦附於後。《舊唐志》始以《爾雅》入小學，又增書法、書品。小學一類，已多異撰。至朱子撰《小學》以配《大學》，趙希弁《讀書附志》以《弟子職》併入小學，而蒙求之類亦附之。《宋》《明史·藝文志》皆相沿襲，小學益多岐矣。清《四庫目》始復根據《漢志》，而以論幼儀者別入儒家，以論筆法者別入雜藝，以蒙求之屬隸故事，以便記誦者別入類書，惟以《爾雅》之屬編爲訓詁，《説文》之屬編爲字書，《廣韻》之屬編爲韻書入小學，體例頗嚴。《清史》因之，獨以清文字書另列子目，以便省覽，無清《四庫目》稍異。兹略仍其舊貫，不復改易云。

訓詁之書，以《爾雅》爲最古，蓋九流之津涉，六藝之鈐鍵。《經典釋文序録》云："《釋詁》一篇，周公所作。《釋言》以下，或言仲尼所增，子夏所足，叔孫通所益，梁文所補。"雖傳説如此，然終未能確定爲何人所作。漢儒注《爾雅》者，舍人劉歆、樊光、李巡各家，其書皆不傳，獨晋郭璞注盛行。宋邢昺復爲之疏，而鄭樵亦有《爾雅注》，糾郭補正，頗多精核。羅願又有《爾雅翼》，搜羅甚富，間有穿鑿。

清儒治《爾雅》學，精鑽郭《注》邢《疏》，而爲之補訂者，翟灝有《爾雅補郭》，戴塋有《郭注補正》，潘衍桐有《爾雅正郭》，周春有《補注》，皆有匡正補遺之功。而仲明古訓，發揮漢詁者，錢坫、胡承珙、黄奭皆有《爾雅古義》，臧庸始輯《爾雅漢注》，馬國翰復輯舍人劉、樊、李各家之説，先君亦纂《爾雅漢注》，廣集大成，引據尤博，此皆舍郭氏而祖漢儒者也。其宗郭而爲之疏者，則有邵晉涵《正義》、郝懿行《義疏》，二家皆勝於舊疏，但郝氏爲尤佳。其他江藩《小箋》、嚴元照《匡名》，皆多可觀。其考解音義、校勘疏本者，錢大昭有《爾雅釋文補》，張宗泰有《爾雅注疏本正誤》，亦尚有裨斯學。

古籍之仿《爾雅》者，有漢孔鮒《小爾雅》、魏張楫《廣雅》，二書多以同聲之字互相訓釋，洵爲古訓。又漢劉熙《釋名》、宋陸佃《埤雅》、明朱謀㙔《駢雅》，皆《爾雅》之支流。

清儒繼述作"雅"者，有吳玉搢《別雅》、洪亮吉《比雅》、夏味堂《拾雅》、先博士《説雅》，史夢蘭有《疊雅》，許瀚復有《別雅訂》，頗能訂吳氏之舛誤；其注《小爾雅》者，宋翔鳳有《訓纂》，胡承珙有《義證》，葛其仁有《疏證》，先博士有《約注》；其注《釋名》者，江聲有《釋名疏證》，成蓉鏡有《釋名補證》，王先謙有《釋名疏證補》及《補遺》，江聲復有《續釋名》，張金吾亦有《廣釋名》。江氏《釋名疏證》，原代畢沅作，故刊本皆題畢氏撰。

漢揚雄《方言》，晉郭璞注，錢大昕謂即《别字》。清代注《方言》者，有戴震《疏證》、錢繹《箋疏》，皆博考翔實；盧文弨有《校正》，劉台拱有《補校》，亦有功古籍；杭世駿撰《續方言》，程際盛爲之《補證》，沈齡爲之《疏證》，此又羽翼揚雄之書者也。

清阮元《經籍纂詁》頗能集訓詁之大成，而其以《説文》爲補遺，亦一大疏漏也。現存字書之最古者，爲漢史游《急就章》，次則許慎《説文解字》。《急就章》清儒有孫星衍有《考異》，莊世驥亦有《考異》，鈕樹玉《考證》，陳本禮《統箋》，陳氏復有《急就姓氏考》，吳省蘭亦有《姓氏補注》，王紹蘭爲之《音略》，此治《急就章》之最著者也。其治《説文》者，清代尤盛，精深博大，發揮盡藴，超軼前代，有清學術之隆，胥基於此。清初王夫之、顧炎武皆研《説文》,王氏有《廣義》,顧氏謂"自隸書以來,其能發明六書之指,使三代之文尚存於今日,而得以識古人制作之本者,許叔重《説文》之功爲大"。顧氏雖未著專書,觀《日知録》所述,知其用力於《説文》亦深。《説文解字》自南唐徐鉉爲之校,其弟鍇亦有《繫傳》之作,清儒治《説文》,皆據二徐之本。爲之校者,鈕樹玉有《説文解字校録》,姚文田、嚴可均有《校議》,嚴章福有《校議議》,顧廣圻有《辨疑》,沈濤有《説文古本考》,王念孫、惠棟皆有《讀説文記》,諸家於校正訂訛,胥有補益。其注《説文》者,桂馥有《義證》,段玉裁有《説文注》,錢坫有《斠詮》,王筠有《句讀》,桂氏徵引博富,段氏精深多心得,錢氏簡要,王氏尚便初學。然朱谷繁富而鮮抉擇,若膺武斷妄改舊本,獻之少發明,貫三則藉資桂、段,識解凡庸,故各有瑕玷。王氏與桂、段並稱,實以《釋例》一書,能稍啓途徑之故,各家終以段氏爲勝,故錢竹汀、王石臞、江叔澐、盧抱經、孫淵如並稱之。然攻之者亦衆,鈕樹玉有《段注訂》,王紹蘭有《段注訂補》,桂馥有《段注鈔案》,徐承慶有《匡謬》,龔自珍、徐松、鄒伯奇等各有《段注札記》,林昌彝有《書段注後》,皆多所訂正。胥爲若膺諍友,清末徐灝復爲之箋,亦可謂爲段氏功臣,其能明辨六書,通轉注假借之旨,①融合經傳,貫穿子史,實無逾於先允倩博士《説文通訓定聲》一書。其書以聲爲經,以義爲緯,分爲十八部,俾人知古韻之源,而六書中最難明者轉注假借,尤能發揮蘊義,徵諸六藝九流,以廣其用,使六書之蘊,昭然日月,讀書室礙胥除,誠學子之津梁,儒林之管籥,海内外學者,咸多寶之,豈獨張之洞《書目答問》稱爲極便學者已也。世稱桂、段、朱、王<small>筠</small>。爲《説文》四大家,桂、段義例相類,皆爲注體,但段有斷制爲精,王氏《釋例》,融貫許書,開

---

① "假",原誤作"段",據上下文意改。

闢門户,亦自成家,然其謂非字不出於《説解》,尤爲固執鮮通,其他亦多畫蛇添足。先博士書異軍蒼頭特起,於許氏固爲別派,而能囊括群言,貫穿百氏,以極六書之用,擴充許氏範圍,厥功尤偉,蓋非許書之附庸,實洨長之鄰國也。專言《説文》例者,王貫山外,有江沅《釋例》、陳瑑《舉例》、張度《補例》,先君有《釋説文讀若例》及《重文箋》;專釋《説文》音聲者,有戚學標《漢學諧聲》、姚文田《説文聲系》、嚴可均《説文聲類》、宋保《諧聲補逸》、陳立《諧聲孳生述》、苗夔《説文聲讀考》《説文聲訂》,又有段玉裁《六書音韻表》、江沅《説文音韻表》、畢沅《説文舊音》、許桂林《説音》;考《説文》引經者,有吳玉搢《引經考》、邵瑛《群經正字》、陳瑑《引經考證》及《引經互異論》、柳榮宗《引經考異》、雷浚《引經例辨》、承培元《引經例證》;考《説文》新附者,有鈕樹玉《新附考》及《續考》、王筠《新附考校正》、毛際盛《新附通誼》、錢大昭《新補新附考證》,鄭珍亦有《新附考》。此皆研究《説文》之專書。又有考《繫傳》者,如汪憲之《考異》,王筠之《校録》,苗夔之《校刊記》,亦足輔助《説文》。而總考《説文》群籍者,則有謝啓昆《小學考》。其他如江永、戴震、錢大昕、王念孫、引之父子,吳穎芳、胡秉虔、洪亮吉、王煦、許瀚、俞樾、孫詒讓、吳大澂等皆深於《説文》。蓋清代漢學經師,莫不兼通小學,此略舉其最著者也。

　　清初言音韻者,顧炎武撰《音論》《詩本音》《易音古韻表》,研求古韻,廣宋鄭庠之六部爲十部,頗多發明。江永撰《古韻標準》,又析爲十四部,日益精密。段玉裁撰《六書音韻表》,更分爲十七部,多本其師戴震之説。戴震初作《聲類考》,分七類,後作《聲類表》,分九類。然戴氏之書,實成於段書之後。孔廣森依據其師戴震《陰陽聲正旁轉》之説而成《詩聲類》,爲十八部。嚴可均則撰《説文聲類》,分爲十六類。先博士《説文通訓定聲》

亦分十八部，而十八部内附屬分部十，實包含二十八部。與段氏同時言古韻者，王懷祖分二十一部，江有誥亦分二十一部，二人未相見而持論多同。江氏《二十一部諧聲表》刊行，而王氏之書未成。《懷祖答有誥書》謂"與大略相同，鄙書可以不刊"。段氏亦稱之，謂其考古審音皆精。夏炘《古韻表廿二部集説》謂王氏與有誥集韻學大成，折衷二家之説，爲二十二部。而姚文田《古音諧》分古韻爲二十六部，劉逢禄《詩聲衍》亦分爲二十六部，分析愈細，而牴牾亦多。至毛奇齡之《古今通韻》，不知以古音求古音，而執今韻以求古音，殊無家法，反妄駁顧氏，其《易韻》亦穿鑿。當時毛先舒、柴紹炳、邵長蘅等亦各撰著，然皆不精。錢大昕與戴、段、王同時，精研音韻，所著《聲類》及《音韻問答》多所發明。錢氏尤精《等韻》，二江亦精，永有《四聲切韻表音學辨微》，有誥有《等韻叢説》，洪榜有《四聲韻和表》。清季陳澧有《切韻考》，欲上溯雙聲，推明《切韻》，以溝通古今。考《唐韻》者，顧炎武有《唐韻正》，紀容舒有《唐韻考》，江有誥有《唐韻四聲正》，李因篤有《廣韻正》，吴凌雲有《廣韻説》，皆於韻學有裨。啟古韻門徑，闢吴棫之失，雖由明陳第，然至清顧炎武始研究邃密，江、戴、段、孔益加深造，懷祖、有誥始集大成，更臻完備，實能超越前朝，嘉惠後學，揚千年之墜緒，洵清儒之偉功。

　　清文之創，太祖命巴克什額爾德尼以蒙古字聯綴滿洲語成句，尚未成書。太宗始命巴克什庫爾纏創造滿字，以十二字頭貫一切音，因音而立字，合字而成語。聖祖又命別類分門勒爲《清文鑑》，未及音譯其文。乾隆時，詔館臣增定，爲部三十五，子目二百九十二，每條左爲滿書，右爲漢語，滿書之左，譯以漢音，用三合切韻，漢書之右，譯以滿書，①惟取對音。此書之外，官書疊有頒布，其後私家亦有述作。今略載數部，以備習滿文、研清掌故者取資焉。

爾雅補郭二卷 翟灝撰。

爾雅正義二十卷　音義三卷 邵晉涵撰。

爾雅補注四卷 周春撰。

爾雅漢注三卷 臧庸撰。

爾雅釋文補三卷 錢大昭撰。

爾雅義疏二十卷 郝懿行撰。

爾雅古義二卷　爾雅釋地以下四篇注四卷 錢坫撰。

爾雅古義二卷 胡承珙撰。

爾雅小箋三卷 江藩撰。

爾雅注疏本證誤五卷 張宗泰撰。

爾雅匡名二十卷 嚴元照撰。

爾雅漢注二十卷 朱孔彰撰。

方言校正十三卷 盧文弨撰。

方言補校一卷 劉台拱撰。

方言疏證十三卷 戴震撰。

方言箋疏十三卷 錢繹撰。

續方言二卷 杭世駿撰。

續方言補證一卷 程際盛撰。

續方言疏證二卷 沈齡撰。

釋名疏證八卷　補遺一卷　續釋名一卷 江聲撰。

廣釋名二卷 張金吾撰。

釋名補證一卷 成蓉鏡撰。

---

① "滿"，原誤作"漢"，據上下文意改。

廣雅疏義二十卷　錢大昭撰。
廣雅疏證十卷　王念孫撰。①
小爾雅訓纂六卷　宋翔鳳撰。
小爾雅義證十三卷　胡承珙撰。
小爾雅疏證五卷　葛其仁撰。
小爾雅約注一卷　朱駿聲撰。
小爾雅疏八卷　王煦撰。
補小爾雅釋度量衡一卷　鄒伯奇撰。
字詁一卷　黃生撰。
連文釋義一卷　王言撰。
別雅五卷　吳玉搢撰。
經籍纂詁一百六卷　補遺一百六卷　阮元撰。
比雅十九卷　洪亮吉撰。
拾雅二十卷　夏味堂撰、夏紀堂注。
駢雅訓纂十六卷　魏茂林撰。
説雅一卷　朱駿聲撰。
疊雅十三卷　史夢蘭撰。
別雅訂五卷　許瀚撰。
　　以上訓詁之屬。
康熙字典四十二卷　張玉書等奉敕撰。
字典考證三十六卷　王引之奉敕撰。
急就章考異一卷　孫星衍撰。
急就章音略一卷　音略考證一卷　王紹蘭撰。
急就章考證一卷　鈕樹玉撰。
急就篇統箋一卷　急就姓氏考一卷　陳本禮撰。

---

① "王"，原誤作"席"，據《清史稿・藝文志》改。

說文廣義三卷　　王夫之撰。
說文引經考二卷　　吳玉搢撰。
說文繫傳考異四卷　附錄一卷　　汪憲撰。
說文答問一卷　　錢大昕撰、薛傳均疏證。
說文舊音一卷　音同字異辨一卷　　畢沅撰。
說文解字段氏注三十六卷　六書音韻表五卷　汲古閣說文訂一卷　　段玉裁撰。
惠氏讀說文記十五卷　　惠棟撰。
王氏讀說文記一卷　說文解字校勘記一卷　　王念孫撰。
說文補考一卷　漢學諧聲二十四卷　古音論一卷　附錄一卷　　戚學標撰。
說文古籀疏證六卷　　莊述祖撰。
六書轉注錄十卷　　洪亮吉撰。
說文解字義證五十卷　說文段注鈔案一卷補一卷　　桂馥撰。
說文段注訂補十四卷　　王紹蘭撰。
說文徐氏新附考證一卷　說文統釋序注一卷　　錢大昭撰。
說文解字斠詮十四卷　　錢坫撰。
席氏讀說文記十四卷　　席世昌撰。
說文管見三卷　　胡秉虔撰。
六書說一卷　　江聲撰。
說文校義三十卷　　姚文田、嚴可均撰。
說文聲系十四卷　說文解字考異十四卷　偏旁舉略一卷　　姚文田撰。
說文翼十六卷　說文聲類二卷　說文訂正一卷　　嚴可均撰。
說文解字群經正字二十八卷　　邵瑛撰。
說文通訓定聲十八卷補遺一卷　柬韻一卷　說雅一卷　小學識餘四卷　　朱駿聲撰。
說文段注札記一卷　　徐松撰。

說文古本考十四卷　沈濤撰。
說文繫傳校錄三十卷　說文釋例二十卷　說文補正二十卷
　說文解字句讀三十卷　句讀補正三十卷　說文韻譜校五卷
　新附考校正一卷　正字略一卷　文字蒙求四卷　王筠撰。
說文段注訂八卷　說文新附考六卷續考一卷　說文解字校錄
　三十卷　鈕樹玉撰。
說文釋例二卷　說文音韻表十八卷　江沅撰。
說文段注匡謬八卷　徐承慶撰。
說文辨疑一卷　顧廣圻撰。
說文段注札記一卷　龔自珍撰。
許氏說音四卷　許桂林撰。
說文引經考異十六卷　柳榮宗撰。
說文疑疑二卷　附錄一卷　孔廣居撰。
說文新附考六卷　說文逸字二卷　鄭珍撰。
說文聲讀考七卷　說文聲訂二卷　說文建首字讀一卷　苗夔撰。
六書轉注說二卷　夏炘撰。
說文諧聲孳生述一卷　陳立撰。
說文引經考證八卷　說文舉例一卷　陳瑑撰。
唐寫本說文木部箋異一卷　莫友芝撰。
諧聲補逸十四卷　附禮記一卷　宋保撰。
說文外編十六卷　說文引經例辨三卷　雷浚撰。
說文揭原二卷　說文發疑六卷　張行孚撰。
說文解字索隱一卷　補例一卷　張度撰。
說文古籀補十四卷　補遺一卷　附錄一卷　字說一卷　吳大澂撰。
古籀拾遺三卷　附宋政和禮器之文字考一卷　名原二卷　孫詒讓撰。
說文引群說故二十七卷　鄭文焯撰。

汗簡箋正七卷　鄭珍撰。
隸釋刊誤一卷　黃丕烈撰。
繆篆分韻五卷　補一卷　桂馥撰。
篆隸考異二卷　周靖撰。
隸辨八卷　顧藹吉撰。
漢隸拾遺一卷　王念孫撰。
隸篇十五卷　續十五卷　補十五卷　翟云升撰。
積古齋鐘鼎彝器款識十卷　阮元撰。
筠清館金文五卷　吳榮光撰。
从古堂款識學十六卷　徐同柏撰。
攈古錄金文九卷　吳式芬撰。
兩罍軒彝器圖釋十二卷　吳雲撰。
攀古樓彝器款識二卷　潘祖蔭撰。
　　以上字書之屬。
易音二卷　詩本音十卷　顧炎武撰。
詩叶韻辨一卷　王夫之撰。
易韻四卷　毛奇齡撰。
詩聲類十二卷　詩聲分例一卷　孔廣森撰。
詩聲衍一卷　劉逢禄撰。
毛詩雙聲疊韻說一卷　王筠撰。
毛詩韻訂十卷　苗夔撰。
三百篇原聲七卷　夏味堂撰。
唐韻正二十卷　韻補正一卷　顧炎武撰。
廣韻正四卷　李因篤撰。
唐韻考五卷　紀容舒撰。
廣韻四聲正一卷　江有誥撰。
九經補韻考正一卷　錢繹撰。

音論三卷　古音表二卷　顧炎武撰。
古今通韻十二卷①　毛奇齡撰。
古今韻考四卷　李因篤撰。
聲韻叢說一卷　韻問一卷　毛先舒撰。
古韻標準四卷　江永撰。
聲韻考四卷　聲類表十卷　轉語二十章　戴震撰。
聲類四卷　音韻問答一卷　錢大昕撰。
漢魏音四卷　洪亮吉撰。
古音諧八卷　姚文田撰。
古韻論三卷　胡秉虔撰。
古今韻準一卷　朱駿聲撰。
廿一部諧聲表一卷　入聲表一卷　江有誥撰。
歌麻古韻考四卷　苗夔撰。
五音論二卷　鄒漢勛論。
述韻十卷　夏燮撰。
韻府鉤沈四卷　雷浚撰。
榕村韻書五卷②　李光地撰。
詩韻析五卷　附錄二卷　汪紱撰。
音韻闡微十八卷　韻譜一卷　李光地等奉敕撰。
音韻述微三十卷　乾隆時敕撰。
數音八卷　潘耒撰。
等初元聲十卷　熊士伯撰。
四聲初韻表四卷　音學辨微一卷　江永撰。
沈氏四聲考二卷　紀昀撰。
四聲韻和表五卷　洪榜撰。

———————

① "韻"，原誤作"韶"，據《清史稿·藝文志》改。
② "榕"，原誤作"熔"，據《清史稿·藝文志》改。

四聲易知錄四卷　姚文田撰。
等韻叢說一卷　江有誥撰。
四聲切韻表補正三卷　江曰楨撰。
劉氏碎金一卷　中州切音論贅論一卷　劉禧延撰。
四聲定切四卷　劉熙載撰。
切韻考六卷　外篇三卷　陳禮撰。
　　以上韻書之屬。
增訂清文鑑三十二卷　補編四卷　總綱八卷　補總綱二卷　傅恒等奉敕撰。
西域同文志二十四卷　傅恒等奉敕撰。
滿洲蒙古漢字三合切音清文鑑三十三卷　阿桂等奉敕撰。①
滿漢對音字式一卷　乾隆時敕撰。
清文備考六卷　戴穀撰。
清文啓蒙四卷　舞格撰。
三合便覽十二卷　不著撰人名氏。
清文總彙二卷　不著撰人名氏。
　　以上清文之屬。

---

① "敕"下原衍一"撰"字，據《清史稿·藝文志》删。